江苏商务发展

2019

主 编 ◎ 马明龙　赵建军

南京大学出版社

图书在版编目(CIP)数据

江苏商务发展.2019/马明龙,赵建军主编.—南京:南京大学出版社,2020.9
ISBN 978-7-305-23297-8

Ⅰ.①江…　Ⅱ.①马　②赵…　Ⅲ.①商业经济—经济发展—研究报告—江苏—2019　Ⅳ.①F727.53

中国版本图书馆 CIP 数据核字(2020)第 083199 号

出版发行　南京大学出版社
社　　址　南京市汉口路 22 号　　　　邮　　编　210093
出 版 人　金鑫荣

书　　名　**江苏商务发展 2019**
主　　编　马明龙　赵建军
责任编辑　府剑萍　　　　　　　　编辑热线　025-83592315
照　　排　南京开卷文化传媒有限公司
印　　刷　南京玉河印刷厂
开　　本　787×960　1/16　印张 23.5　字数 370 千
版　　次　2020 年 9 月第 1 版　2020 年 9 月第 1 次印刷
ISBN　978-7-305-23297-8
定　　价　99.00 元

网　　址:http://www.njupco.com
官方微博:http://weibo.com/njupco
官方微信号:njupress
销售咨询热线:(025)83594756

《江苏商务发展 2019》编委会

主　　　　任	马明龙　　赵建军		
副　主　任	陈晓梅　姜　昕　　朱益民　　周常青　　孙　津		
	高成祥　周晓阳　　郁冰莹　　王　存		
编　　　委	（按姓氏笔画为序）		
	王　正　王善华　　王煜晶　　卞益斌　　方　斌		
	孔祥林　朱卫东　　朱宝荣　　汤大军　　杜骎骎		
	李明双　李晓东　　张伯平　　张星洋　　张培明		
	陆　坚　陈晓冬　　吴　炜　　何剑波　　赵厚军		
	贾绪光　夏网生　　倪海清　　徐干松　　黄　楹		
	崔　健　强　培　　楼海中　　魏　巍		
主　　　编	马明龙　　赵建军		
副　主　编	朱益民		
编辑室负责人	祝美琴		
编　　　辑	李嘉佳　董燕萍　　薛　雪　　刘舒亚　　范良成		
	倪　蓉　张　贤　　王晓凤　　伍　玲		
编 写 人 员	（按姓氏笔画为序）		
	于　璐　万　洁　　叶　晴　　冯　涛　　刘　畅		
	刘　辉　刘　琼　　朱书文　　任星宇　　孙新潮		
	冷　眉　吴　迪　　李　坚　　李汉春　　张　明		
	杨　刚　陆　莹　　张志伟　　张惟佳　　施　敏		
	胡晓岚　袁　园　　徐　琅　　徐楷行　　郭亚鹏		
	夏圣凯　梁东晨　　常小朋　　彭　程　　蒋苏婕		
	董子文　虞佳伟　　蒯梦原　　翟金一　　蔡挺进		

目录
CONTENTS

第一部分　全省商务发展情况

第二部分　全省设区市及直管县(市)商务发展情况

第三部分 "不忘初心、牢记使命"主题教育情况

第四部分 领导讲话与重要文件

第一部分
全省商务发展情况

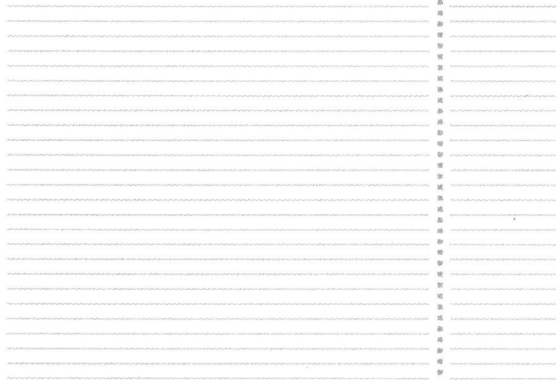

江苏商务发展2019
JiangSu Commerce Development Report

2019 年江苏省商务运行情况············

2019 年，面对世界经济增长放缓、外部需求动力疲弱、中美经贸摩擦等众多不利因素，在省委、省政府的坚强领导下，江苏省商务系统坚持稳中求进工作总基调，坚持新发展理念，坚持高质量发展，商务运行在高基数上实现总体平稳、稳中提质，为全省经济社会发展大局作出积极贡献。

一 消费品市场运行平稳

2019 年，全省实现社会消费品零售总额35 291.2亿元，同比增长 6.2％，低于全国平均水平 1.8 个百分点，占全国比重为 8.6％。

（一）社会消费品零售总额高位运行，增速回落

全省社会消费品零售总额同比增长 6.2％，增速较2018 年同期回落1.7 个百分点。限额以上社会消费品零售总额13 428.2亿元，同比下降 1.2％，增速较 2018 年同期回落 4.8 个百分点。其中，限额以上住宿和餐饮业增长较快，实现社零额 883.9 亿元，同比增长 5.2％，增速较 2018 年同

期上升 0.5 个百分点;限额以上批发和零售业实现社零额 12 544.3 亿元,同比下降 1.6%,增速较 2018 年同期回落 5.1 个百分点。

(二)部分消费升级类商品增长较快

限额以上书报杂志类、中西药品类、化妆品类、日用品类增速较快,同比分别增长 19.8%、10.6%、8.2%、8.0%。基本生活类商品增速放缓,限额以上粮油、食品、饮料、烟酒类商品零售额同比增长 1.8%,较 2018 年同期下降 2.6 个百分点;服装、鞋帽、针纺织品类同比增长 1.6%,较 2018 年同期下降 6 个百分点。

表 1　2019 年主要行业限额以上社会消费品零售总额

金额单位:亿元

指　　标	2019 年		
	绝对值	同比	比重
全省限额以上社会消费品零售总额	13 428.2	−1.2%	100.0%
限额以上批发和零售业	12 544.3	−1.6%	93.4%
汽车类	3 694.6	−1.6%	27.5%
粮油、食品、饮料、烟酒类	1 776.3	1.8%	13.2%
石油及制品类	1 556.7	−1.9%	11.6%
服装、鞋帽、针纺织品类	1 304.4	1.6%	9.7%
家用电器和音像器材类	916.2	0.4%	6.8%
日用品类	581.8	8.0%	4.3%
中西药品类	431.4	10.6%	3.2%
建筑及装潢材料类	379.9	−4.5%	2.8%
通讯器材类	341.9	−23.0%	2.5%
金银珠宝类	310.4	−0.5%	2.3%
文化办公用品类	245.5	−31.8%	1.8%
书报杂志类	209.6	19.8%	1.6%
化妆品类	209.1	8.2%	1.6%
家具类	157.8	−2.0%	1.2%
限额以上住宿和餐饮业	883.9	5.2%	6.6%

（三）消费新业态增长较快

2019 年,全省实现网络零售额 10 367.3 亿元,同比增长 21.0%,比全国平均水平高 2.6 个百分点,占全国比重为 9.7%,网络零售额排名居全国第五位,与 2018 年持平。全省农村电商网络零售额 2 583.6 亿元,同比增长 24.5%,全国排名第二。

二 货物贸易进出口稳中提质

2019 年,全省货物贸易进出口 43 379.7 亿元,同比下降 0.9%。其中,出口 27 208.6 亿元,同比增长 2.1%;进口 16 171.1 亿元,同比下降 5.7%。按美元计算,全省进出口 6 294.7 亿美元,同比下降 5.2%。其中,出口 3 947.8 亿美元,同比下降 2.3%;进口 2 346.9 亿美元,同比下降 9.7%。进出口规模连续 17 年保持全国第二位,占全国比重 13.8%。

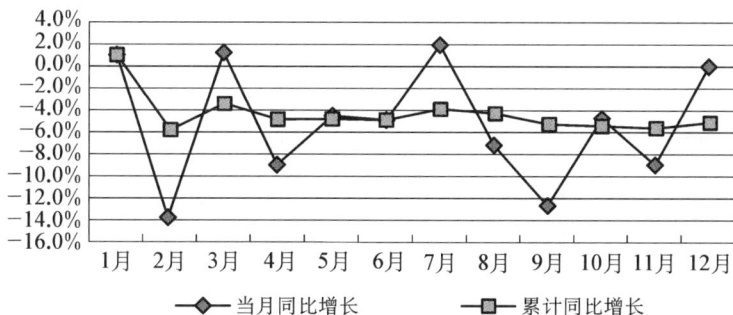

图 1 2019 年全省月度进出口增长走势图（按美元计价）

（一）一般贸易进出口占比首次过半

2019 年,全省一般贸易进出口 3 249.1 亿美元,同比增长 0.3%,占全省比重 51.6%,占比提升 2.8 个百分点,主导地位继续巩固。其中,出口增长 3.3%、进口下降 4.6%。加工贸易进出口 2 364.7 亿美元,下降 9.2%,占全省比重 37.6%。其中,出口下降 3.5%,进口下降 17.6%。保税监管场所进出境货物进出口同比下降 10.1%,海关特殊监管区域物流货物进出口同比下降 18.6%,外投设备进口增长 18.7%。

（二）新兴市场增势良好

2019 年,全省对新兴市场出口 1 831.7 亿美元,同比增长 8.0％,占全省比重 46.4％,占比提高 4.4 个百分点。其中,对东盟出口 511.4 亿美元,增长 12.5％,占比 13.0％。对"一带一路"沿线国家出口增长 7.8％,占全省比重为 26.8％,占比提升 2.5 个百分点。对四大传统市场出口 2 116.1 亿美元,同比下降 9.7％,占全省比重为 53.6％。其中,对欧盟出口 766.5 亿美元,增长 1.8％,对美国、中国香港、日本分别出口 788.6 亿美元、294.9 亿美元、266.0 亿美元,分别下降 15.2％、0.3％、和 27.2％。欧盟、美国、东盟、韩国位列全省前四大贸易伙伴,进出口分别为 1 061.7 亿美元、907.4 亿美元、840.7 亿美元和 688.3 亿美元,占比分别为 16.9％、14.4％、13.4％和 10.9％。欧盟时隔 5 年后再度超过美国成为全省第一大贸易伙伴。

（三）民营企业进出口增势显著

2019 年,全省民营企业实现进出口额 1 977.7 亿美元,逆势增长 4.4％,快于全省平均水平 9.6 个百分点,占全省比重 31.4％,占比提高 2.9 个百分点。其中,出口同比增长 8.4％,进口同比下降 5.3％。外资企业进出口 3 740.1 亿美元,同比下降 8.0％,占全省比重 59.4％。其中,出口同比下降 3.8％,进口同比下降 13.1％。国有企业进出口 576.9 亿美元,同比下降 15.5％。其中,出口同比下降 26.2％,进口同比增长 6.9％。

（四）地域分布更趋平衡

2019 年,苏北地区实现进出口额 406.1 亿美元,同比增长 2.9％,快于全省平均水平 8.1 个百分点,占全省比重 6.5％,占比提升 0.6 个百分点。苏南地区、苏中地区分别实现进出口额 5 265.1 亿美元、623.4 亿美元,同比下降 5.9％、4.5％,占全省比重为 83.6％、9.9％。13 个设区市中,南京、徐州、盐城 3 个市进出口实现正增长,南京、无锡、常州、泰州、徐州、连云港、盐城、宿迁 8 个市进出口好于全省平均水平,南京、常州、徐州、淮安、盐城、宿迁 6 个市出口实现正增长。

三　利用外资持续提质增效

2019 年，全省新设立 3 410 个外商投资项目，同比增长 1.9％；新增合同外资 626.0 亿美元，同比增长 3.4％；实际使用外资 261.2 亿美元，同比增长 2.1％，总体规模保持稳定。根据商务部口径，全省实际使用外资 227.8 亿美元，增长 2.3％，占全国实际使用外资的 16.5％，位居全国第一。

（一）战略性新兴产业占比提升

2019 年，全省制造业实际使用外资 127.4 亿美元，占全省实际使用外资比重为 46.6％。以先进制造业为主的十大战略性新兴产业实际使用外资 181.5 亿美元，同比增长 46.4％，占全省实际使用外资比重为 69.5％，占比较 2018 年同期提高 21.1 个百分点。

（二）服务业外资结构优化

2019 年，全省服务业实际使用外资 121.7 亿美元，占全省实际使用外资比重为 46.6％。现代服务业实际使用外资 60.6 亿美元，同比增长 18.5％，占全省服务业实际使用外资比重为 49.8％，占比提升 9.9 个百分点。其中，科学研究、技术服务和地质勘查业，现代商贸业，信息传输、计算机服务和软件业实际使用外资分别同比增长 219.7％、14.9％、17.3％。房地产业实际使用外资 35.3 亿美元，占服务业实际使用外资比重为 29.0％，降低 11.8 个百分点。

（三）来自英美德日韩的外资增长较快

2019 年，来自英国、美国、德国的实际使用外资分别增长 106.4％、60.2％、20.0％。主要投资来源地中，来自中国香港、韩国、中国台湾、日本的实际使用外资分别增长 0.2％、28.6％、56.6％、25.5％。来自"一带一路"沿线国家的实际使用外资为 14.3 亿美元，同比下降 8.9％。

（四）苏中苏北地区增速快于全省

2019 年，苏南地区实际使用外资 155.0 亿美元，同比增长 0.9％，占全省比重为 59.3％；苏中地区实际使用外资 54.8 亿美元，同比增长 4.2％，占全省比重为 21.0％；苏北地区实际使用外资 51.5 亿美元，同比增长 3.5％，占全省比重为 19.7％。苏中、苏北地区增速分别快于全省平均水平 2.1 个、1.4 个百分点。

表 2 2019 年全省各地区使用外资情况

单位：万美元

地　区	实际使用外资			协议利用外资		
	本期累计	同比	占比	本期累计	同比	占比
全省	2 612 425	2.1％	100.0％	6 260 268	3.4％	100.0％
苏南地区	1 549 734	0.9％	59.3％	3 065 007	−13.4％	49.0％
苏中地区	548 018	4.2％	21.0％	1 421 288	14.0％	22.7％
苏北地区	514 673	3.5％	19.7％	1 773 973	40.1％	28.3％

四　"走出去"平稳有序发展

2019 年，全省新增对外投资项目 827 个，同比增长 5.2％；中方协议投资额 89.5 亿美元，同比下降 6.1％；中方实际投资额 52.4 亿美元，同比增长 0.6％。全省对外承包工程完成营业额 77.8 亿美元，同比下降 6.5％。劳务人员实际收入总额 8.7 亿美元，同比增长 9.1％。

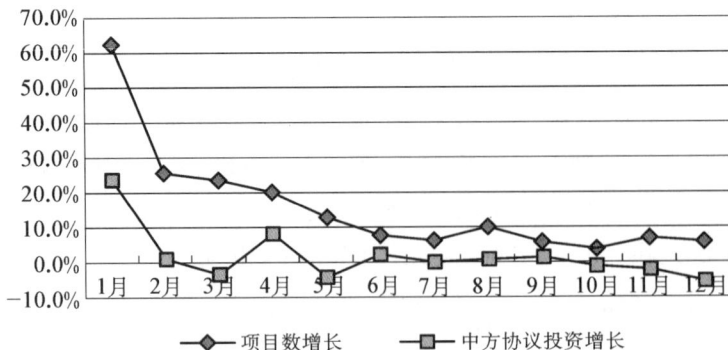

图 2 2019 年全省境外投资累计增长情况

（一）对"一带一路"沿线国家投资积极推进

2019 年,全省对"一带一路"沿线国家投资项目 289 个,同比增长 23.0％,占全省的比重 34.9％;新增中方协议投资额 34.3 亿美元,同比增长 48.2％,高于全省平均水平 54.3 个百分点,占全省的比重 38.3％,占比提升 13.8 个百分点。截至 2019 年年底,全省对外承包工程已覆盖了"一带一路"沿线 50 个国家。

（二）制造业对外投资占比持续提升

2019 年,全省对外投资主要流向制造业、批发和零售业、租赁和商务服务业。其中制造业中方协议额 46.6 亿美元,增长 12.0％,占全省比重为 52.1％,比 2018 年提高 8.7 个百分点。对外投资流向第三产业 37.7 亿美元,下降 19.9％,占全省比重为 42.2％。其中批发和零售业、租赁和商务服务业增长较快,分别增长 15.4％、14.0％,占比分别为 19.5％、12.2％。

（三）民营企业引领"走出去"健康发展

2019 年,民营企业对外投资项目 671 个,占比 81.1％,新增中方协议投资额 76.2 亿美元,占全省总量的 85.2％,较 2018 年提升 4.4 个百分点。国有及国有控股企业对外投资项目 58 个,新增中方协议投资额 4.8 亿美元;外资企业对外投资项目 95 个,新增中方协议投资额 7.2 亿美元。

（四）外派劳务人数保持全国领先

2019 年,全省对外劳务合作业务继续处于全国第一方阵,对外承包工程和劳务合作项下年末在外各类劳务人员数量为 98 913 人,位居全国第二,累计派出各类劳务人员 38 133 人,位居全国第四。

2019 年江苏省消费品市场运行和促进情况

2019 年,江苏省消费品市场运行总体平稳,居民基本生活类商品增长良好,网上零售占比提高,个性消费需求上升,消费升级持续推进。

一 消费品市场运行平稳

(一)市场运行总体平稳

从全年分月增幅来看,2019 年增长速度均保持在 6%～7%合理区间。上半年,全省社零总额增长 7%,为全年最高。之后除三季度小幅上升 0.1 个点外,社零总额增长速度基本呈回落势头。按经营单位所在地分,城镇消费品零售额增长 6%;农村消费品零售额增长 7.7%。按行业分,批发和零售业零售额增长 5.9%;住宿和餐饮业零售额增长8.7%。按消费类型分,2019 年实现餐饮收入 3 731.1 亿元,比 2018 年增长 10.3%;商品零售 31 560.1 亿元,增长5.7%。与全国及其他主要省份相比,2019 年,江苏社会消费品零售总额增幅比全国平均水平低 1.8 个百分点,比浙江省、广东省、上海市和山东省分别低 2.5 个、1.8 个、0.3 个和 0.2 个百分点。

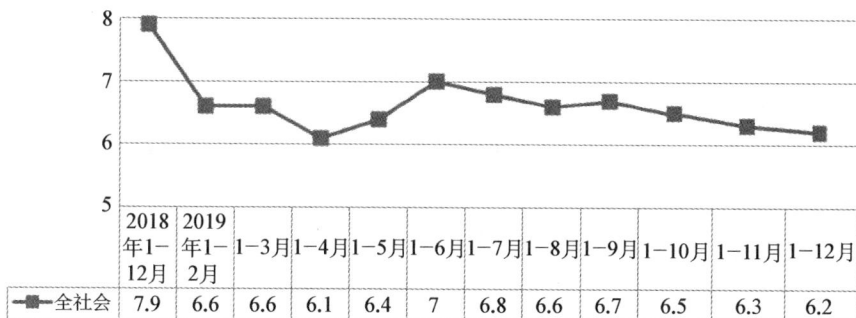

	2018年1-12月	2019年1-2月	1-3月	1-4月	1-5月	1-6月	1-7月	1-8月	1-9月	1-10月	1-11月	1-12月
全社会	7.9	6.6	6.6	6.1	6.4	7	6.8	6.6	6.7	6.5	6.3	6.2

图 1　2019 年全省分月零售额累计增幅(%)

(二)限上增速明显放缓

2019 年全省限额以上单位实现零售额 13 428.2 亿元,同比下降 1.2%。与 2018 年相比,2019 年全省限上单位零售额当月增幅波动较大,有升有降。除 3 月、5 月、6 月增幅为正外,其余月份当月增幅均为负增长(5 月、6 月当月增幅冲高,主要受江苏汽车国五国六标准切换,国五汽车降价优惠,销售井喷,拉高限上零售额增幅)。而 4 月、7 月、8 月、10 月当月降幅分别达 5.6%、4.5%、4.7%、4.8%。11 月、12 月零售额当月降幅有所收窄。其中,11 月份,全省限额以上单位实现零售额 1 234.8 亿元,同比下降 1.5%;12 月份,实现零售额1 383.0 亿元,同比下降 1.6%。

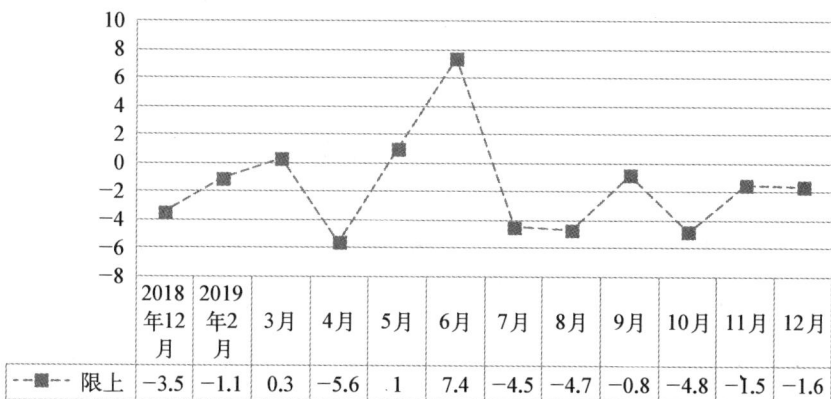

	2018年12月	2019年2月	3月	4月	5月	6月	7月	8月	9月	10月	11月	12月
限上	-3.5	-1.1	0.3	-5.6	.1	7.4	-4.5	-4.7	-0.8	-4.8	-1.5	-1.6

图 2　2019 年全省当月限上零售额增幅(%)

（三）餐饮行业增长良好

分行业来看,2019 年以来,批发零售住宿餐饮四个行业销售额(营业额)增幅总体均呈一定程度下滑趋势。2019 年批发业销售额同比增长 7.4%,持续走低,较一、二、三季度分别回落 1.7 个、0.6 个和 0.3 个百分点;零售业销售额同比增长 7.1%;住宿业营业额增幅较一季度下滑明显,回落 2 个百分点;而餐饮业增势良好,全年均保持两位数增长。

表 1　2019 年全省各行业销售额(营业额)增幅情况　　　　　单位:%

	1—12 月	1—9 月	1—6 月	1—3 月
批发业	7.4	7.7	8.0	9.1
零售业	7.1	7.1	7.6	7.5
住宿业	6.5	8.0	7.9	8.5
餐饮业	12.5	12.7	12.6	12.8

（四）主要商品涨跌互现

1. 基本生活消费增长平稳

2019 年,全省限上粮油食品类、饮料类、烟酒类、服装鞋帽针纺织品类和日用品类商品零售额同比分别增长 1%、3.4%、4.1%、1.6%和 8%,分别快于限上批零业零售额增幅 2.6 个、5 个、5.7 个、3.2 个和 9.6 个百分点。

2. 石油及制品类商品增速继续下滑

受市场需求减弱、油罐改造、价格促销以及非法经营成品油等因素的影响,石油及其制品类商品市场销售表现不佳。2019 年,全省限上石油及制品类商品零售额同比下降 1.9%,比 2018 年大幅回落 14.1 个百分点,较 2019 年上半年和前三季度分别回落 3 个、0.9 个百分点。石油及制品类商品占限上批零业零售额比重为 12.4%,对限上零售的贡献,由 2018 年向上拉动 1.4 个百分点转为 2019 年向下拉低 0.2 个百分点。

3. 汽车类商品有所回落

2019 年,江苏国五国六标准切换、新能源汽车补贴下降,汽车市场面临前所未有的大拐点。2019 年,全省限上汽车类商品零售额同比下降 1.6%,较

2018 年跌幅收窄 1.3 个百分点,特别是 2019 年 6 月因排放标准切换,汽车销售出现井喷态势,透支了 2019 年下半年市场需求。汽车类商品零售占比达 29.5%,拉低限上批零业零售额增速 0.5 个百分点,拉动率比 2018 年提高 0.4 个百分点。

4. 居住类商品需求持续低迷

2019 年以来,全省房地产市场调控政策依然从紧。与家居有关的商品类别,主要有建筑及装潢材料类、家具类、家用电器音响器材类、五金电料类等四大类,2019 年,全省限上五金电料类、家具类和建筑及装潢材料类零售额,同比分别下降 12.7%、2.0% 和 4.5%。家用电器和音响器材类同比仅增长 0.4%。

5. 消费升级类商品增长较快

消费升级背后对应的是市场日益细分,个性消费、品质消费的特征更加明显,90 后更偏好美妆产品,80 后更注重文化提升,70 后、60 后对酒类的偏好显著上升,60 后更加关注健康。2019 年,全省中西药品类、化妆品类比 2018 年分别增长 10.6% 和 8.2%,增幅较 2018 年分别提高 7.9 个和 5.2 个百分点;书报杂志类比上年增长 19.8%,增幅较 2018 年提高 3.9 个百分点。

二 市场运行和消费促进工作

(一)量质双超、保持前列,做好第二届进口博览会的组展工作

1. 建立常态长效工作机制

始终秉持"中央有要求、江苏有行动、落实见成效"的工作基调,建立交易团、交易分团及交易团秘书处 3 个层面的工作机制,联络和协调 21 个部门为成员单位和 16 个交易分团的交易组织工作。

2. 精准化完成招商工作

先后在南京、昆山、徐州组织了 3 场招商路演及展前对接活动,加强采购商与参展商的对接交流。在交易团各成员单位、各交易分团的共同努力下,全省报名工作取得了良好成绩,人员结构更加优化,报名质量优于上年,优于全国。2019 年,全省实际到会人数 5.05 万人,比首届增加 1.8 万人,同比增长 56%。采购商邀请工作圆满完成"保持前列、量质双超"的任务目标。同时,为

实现采购商邀请工作常态化,启动数据库建设工作,将展商、采购商、展品、意向成交和合同执行情况数据入库,以逐步形成稳定的采购商邀请渠道。

3. 高效有序组织参会及后勤保障工作

2019 年,全省的报名人数及单位数都超过上年,交通安排等参会组织工作压力大。为保障交易团有序参会,交易团秘书处不断细化现场工作方案、接待方案、参会人员分流方案,做好工作预案。同时加强与上海市、进口博览局以及对口接待单位静安区政府的沟通,成立专门工作组做好后勤保障工作,引导采购商错峰抵达、错峰观展。第二届进口博览会江苏交易团意向成交额位居全国地方交易团的前列,成交采购商数量、成交规模和结构都好于上届。江苏交易团累计成交订单 1 416 笔,成交超亿美元的订单累计金额占比 38.6%,500 万美元(含)以下的订单超千笔,累计金额占比超两成。江苏交易团的工作得到了商务部的高度肯定,并作为全国商务工作会议上唯一省份介绍进博会工作经验。

(二)多措并举、注重实效,促进商务领域消费升级

1. 开展全省商务领域 2019 年消费升级"520 行动计划"

结合省委省政府对 2019 年及未来一段时期商务发展工作的安排,制定了全省商务领域 2019 年消费升级"520 行动计划":"5"是指五大目标,促进城乡消费升级、推进流通转型创新、大力发展电子商务、扩大消费领域开放、进一步优化消费环境。"20"是指通过 20 项重点工作举措,稳步推进全省消费促进工作。始终把扩大消费作为全系统重要工作来抓,各设区市商务部门上下联动,突出重点工作,多渠道、多形式采取措施促进消费升级,取得了积极的成效。

2. 鼓励企业开展以旧换新

支持苏宁集团在全省开展"全江苏看苏宁"以旧换新促消费活动。把便捷和优惠下沉到农村,将农村对旧家电的危害性不敏感作为重点突破方向,苏宁以旧换新带动销售 6.4 亿元。

3. 鼓励首店和"夜经济"发展

鼓励首店进驻、首发新品和"夜经济"等新模式新业态创新发展,鼓励主要商圈和特色商业街与文化、旅游休闲等紧密结合,适当延长营业时间,开设深

夜营业专区、24 小时便利店和"深夜食堂"等特色餐饮街区,打造夜间消费场景和集聚区,活跃夜间商业和市场。南京印发《打造"夜之金陵"品牌的实施方案》和《进一步促进商业品牌首店、连锁便利店发展的若干措施》,进一步挖掘消费潜力。

(三)突出重点、做实做细,努力保障猪肉市场供应

1. 建立健全组织机构

成立"省商务厅生活必需品市场供应应急领导小组",结合商务工作实际,突出工作重点,狠抓市场保供工作。针对 2019 年猪肉市场价格持续上涨,加大对各商贸流通企业突发公共事件应对工作指导力度,督促各地分别成立相应的组织机构,形成了全省上下分级负责为主的商务系统突发事件应对工作指挥体系。

2. 有效应对非洲猪瘟疫情

下发《省商务厅关于加强非洲猪瘟疫情防控工作保障市场稳定的紧急通知》,采取有效措施,做好市场保供工作,落实储备工作,稳定猪肉市场供应,维护社会稳定。各级商务主管部门强化对猪肉市场的日监测制度,及时掌握非洲猪瘟疫情和市场供应情况,加强生猪生产及其产品流通管理,进一步规范农批、农贸、零售企业经营行为,强化肉类产品追溯管理,严格落实索证索票制度,完善购销档案,加强卫生质量安全的检测,严把市场准入关。

3. 切实做好节日市场保障工作

增加生猪产品临时储备量,及时做好其他替代商品的市场供应。并对重大节日和汛期等特殊时间节点的市场保供工作及时进行部署。根据"保供应、促消费、惠民生"的总要求,针对春节市场购买集中、消费集聚的特点,全面积极行动,全力组织货源,加强商品调运,充实重要商品的储备,为广大人民群众欢度佳节做好保障。

4. 严格落实省级猪肉储备

按照《江苏省政府三定方案》要求,与省粮食和物资储备局完成省级猪肉储备移交工作。对省级猪肉储备相关文档合同进行了交接,同时,对省级储备肉进行了专项审计和入库核查工作。

（四）依法行政，开展安全大排查大整治，加强成品油行业监管和服务

1. 加强日常监管

落实《成品油市场管理办法》有关要求，积极推进成品油市场"放、管、服"工作。实现年检工作信息化。运用成品油管理平台组织对辖区内成品油企业进行线上年检，做到一站一档。优化年检标准，为企业经营创造更优的发展环境。2019 年，全省通过年检的加油站共计 5 239 个，整改中 122 个，因双层罐改造或其他因素待年检 216 个。

2. 充分发挥行业协会作用

全省石油流通行业协会在经营企业年度检查、行业标准制定、处理纠纷矛盾、企业管理等方面发挥着积极有效作用，为政府和企业搭建了良好的沟通平台。积极推动设区市行业协会的组建，2019 年，全省 13 个设区市，已有 10 个设区市设立了市级石油流通行业协会。

3. 开展成品油市场安全大排查大整治工作

下发《省商务厅关于全面开展成品油市场安全大排查大整治专项行动的通知》（苏商运〔2019〕185 号）和《省商务厅关于进一步加强成品油和化工品混合库监管的通知》（苏商运〔2019〕429 号），开展全面排查，聘请 68 名专家组成专家库参与检查，对全省 29 座油库、17 座加油站进行现场安全检查，及时下达了 14 份核查整改通知。进一步规范混合库的成品油存储管理，加大对混合库的巡查整治力度，明确各部门的职责，力争把混合库风险隐患降到最低。

4. 探索"互联网＋监管"

运用大数据和互联网技术，全方位监控成品油"进口"和"出口"，充分掌握油品"进出"动向，建立一站式成品油智慧监测云平台，打击整治非法经营行为。

5. 配合相关部门开展双层罐改造工作

结合经营资质年度检查，节日市场供应和安全生产检查等，开展加油站地下油罐防渗池或双层罐改造情况调研、抽查、督促。2019 年完成双层罐改造加油站 2 000 个。

（五）优化样本，注重成果转化，不断完善城乡市场信息监测体系

1. 优化样本结构

调整淘汰了100多家代表性不强，报送情况较差的企业，提高了监测的准确性。目前，全省生活必需品、生产资料、重点流通企业三大直报系统共有样本企业2 038家，及时报送率达到95％以上。

2. 强化节日信息监测

建立重点商品、重点企业的日报、周报、月报监测制度，强化节日信息监测，在春节、"十一"等重点节假日期间，时刻监测全省节日市场情况，做到每日一报。

3. 加强监测成果转化

加强市场重要商品监测分析，深入了解市场运行情况，掌握市场特点，提出调控建议。2019年以来，共撰写上报各类市场分析材料150余篇，大部分被商务部采用，多篇被省委、省政府采用。

4. 不断提升公共服务水平

充分利用网站等平台，发布"江苏商务预报"，扩大"江苏商务预报"影响，提升公共服务水平。2019年以来，通过"江苏商务预报"网站向社会发布各类信息5 000余条，其中原创并推荐给商务部2 800余条。

（六）政策扶持、加大宣传，利用国际化平台提升茧丝绸管理水平

1. 重点打造国家级平台

注重推进纺织行业供给侧结构性改革，加强纺织服装创意设计能力建设和自主品牌建设，作为全国首批特色小镇，扶持震泽镇发展丝绸家纺产业。2019年，吴江丝绸文化创意产业园获批国家工业和信息化部授予的纺织服装创意设计试点园区。

2. 扩大丝绸品牌影响力

组织企业参加"中国丝绸·联结世界"——2019中国丝绸整体宣传展及2019中国国际丝绸博览会。帮助企业积极应对市场变化，让企业更了解市场，使产品更加贴近市场，加大丝绸企业品牌的展示与宣传，扩大丝绸品牌的影响力。

2019 年江苏省商贸流通情况…………

2019 年,江苏省进一步深化流通体制机制改革,加快零售业创新转型,推进流通现代化发展,积极发展流通服务经济社会发展全局的功能和作用。

一 商贸流通总体情况

(一) 批发零售业概况

全省限额以上批发和零售业实现零售额 12 544.3 亿元,同比下降 1.6%,增速较上年同期回落 5.1 个百分点。

(二) 拍卖行业平稳发展

截至 2019 年年底,全省共有拍卖企业 523 家,其中正常申报经营报表的企业有 414 家,109 家处于关停休眠或不作为状态;注册拍卖师 799 人。414 家申报企业中,131 家零申报,283 家有实际业绩。

1. 成交额情况

2019 年,全省共举办各类拍卖会 5 021 场,比 2018 年增加了 356 场,上升 7.6%;成交额 218.72 亿元,同比上升 0.52%。其中,金融机构委托成交额 75 亿元,同比下降 9%;其他机构委托成交额 64 亿元,同比上升 19%;政府部门委托成交额 60 亿元,同比上升 8%。拍卖企业间的分化加剧,成交额超亿元的企业有 59 家,合计成交额 146 亿元,占比为 66.9%。拍卖行业成交情况见表 1、表 2。

表 1　2019 年委托成交情况表

单位:万元

分类占比%	法院	政府部门	金融机构	破产清算	其他机构	个人	合计 100%
	0.3%	27.3%	34.5%	0.4%	29.1%	8.4%	
成交额	6 261	597 142	753 823	8 875	637 006	184 129	2 187 236
同比增长率	−51%	8%	−9%	−80%	19%	−11%	0.52%

表 2　2019 年标的成交情况表

单位:万元

分类占比%	房地产	土地使用权	机动车	农副产	股权债权	无形资产	文物艺术品	其他	合计 100%
	43.5%	0.4%	1%	0.1%	36.6%	1.8%	0.9%	15.8%	
成交额	950 563	8 794	21 317	2 867	799 944	38 939	19 274	345 538	2 187 236
同比增长率	−5%	—	−60%	−65%	37%	−57%	−24%	−13%	0.52%

2. 佣金收入情况

2019 年佣金收入为 2.8 亿元,同比下降了 8.4%。主要来源房地产佣金为 1.3 亿元占 46.4%、政府部门委托佣金 0.9 亿元占 32.1%、其他佣金 0.9 亿元,占比 32.1%。佣金收入超过 200 万元的有 42 家,佣金为 1.8 亿元,占比 64.3%。从统计数据来看,部分拍卖企业在转型过程中受政策影响大,业务结构调整不到位,企业没有得到发展,甚至一些企业常年没有业务,处于歇业状态。

3. 地区发展参差不齐

2019 年,全省各地拍卖的成交额中,南京、苏州、无锡、南通、常州五市的成交额占全省成交额的比重超过 80%,达到 82.2%。其他各市成交额所占比重均较低,详见表 3。

表 3　2019 年全省各地拍卖成交情况表

单位:万元

地　区	2019 年成交额	占比(%)	同比增长	
			2018 年同期值	增长率(%)
江苏省	2 187 236.239	100	2 175 839.903	0.52
南京市	478 475.575 8	21.88	616 622.884 6	−22.4
无锡市	390 491.069 5	17.85	356 350.21	9.58
徐州市	91 037.479 1	4.16	52 259.931 9	74.2
常州市	163 407.945 2	7.47	186 427.839 5	−12.35
苏州市	442 833.708 7	20.25	363 754.206 9	21.74
南通市	321 565.583 6	14.7	250 900.767 3	28.16
连云港市	68 752.323 8	3.14	7 812.569 8	780.02
淮安市	51 084.446 1	2.34	84 677.882 1	−39.67
盐城市	50 899.195 8	2.33	90 323.175	−43.65
扬州市	25 705.59	1.18	46 112.178 8	−44.25
镇江市	25 903.099 5	1.18	27 198.736	−4.76
泰州市	43 298.227 3	1.98	37 643.660 1	15.02
宿迁市	23 929.743	1.09	35 957.33	−33.45
昆山市	9 852.251 6	0.45	19 798.530 9	−50.24

(三)特许经营

规范开展商业特许经营备案,2019 年,全省开展商业特许经营备案企业 74 家,截至 2019 年年底,全省备案企业共有 285 家。

二　推动商贸流通改革加快发展

(一)积极推进高品位步行街建设

推进南京夫子庙步行街改造提升全国试点,组织南京夫子庙步行街参加第二届进博会展演,培育形成具有国内领先水平的高品位步行街。突出商业品位、文化品位、建筑品位和地域特色,制定省级高品位步行街评价指标,评选8条试点街区和13条培育街区,在扬州市组织召开全省推进省级高品位步行街建设现场会,明确工作目标,部署工作任务,为全省流通创新、消费升级打造平台。

(二)加快品牌连锁便利店发展

坚持"政府引导、市场运作"原则,选取南京、无锡市为品牌连锁便利店发展工作重点推进城市,引导便利店加强商品经营能力、客户服务能力、物流配送能力以及信息技术应用能力建设,让消费更便利、优质、放心。在商务部推进品牌连锁便利店发展工作会议上介绍江苏的经验和做法。

(三)推进老字号传承保护创新发展

1. 积极扩大老字号影响力

组织 39 家全省老字号企业参加"水韵江苏"澳门文化嘉年华活动,展示带有浓郁江苏地方特色的老字号产品及非物质文化遗产技艺,进一步弘扬了老字号文化和商业文明精神。

2. 继续推进第二批江苏老字号的认定

经过前期初审、专家评审、网上公示、复审复议,最终认定 95 家老字号企业(品牌)为第二批江苏老字号并公布发文。目前全省共有 271 家"江苏老字号"。

3. 鼓励老字号企业开展品牌宣传推广

组织老字号企业参加第二届长三角(上海)品牌博览会"老字号展区"、2019 淮北食品工业博览会、2019 第十三届中华老字号博览会(上海)、第十六届中华老字号博览会(浙江)等专业展会和老字号活动,扩大老字号品牌影响力。

4. 组织老字号企业开拓创新

2019 年,老字号企业首次参加紫金奖文创大赛,设置"老字号企业定制设计赛"专项赛事,以"老字号新视界"参赛。邀请参赛者就产品包装、产品造型、产品图案、店面形象等设计出符合定制需求的作品。完成 7 场企业开放日活动,面向海内外共征集 355 件作品,并初评出 86 件优秀作品。

5. 推动建立长三角交流合作平台

组织企业参加上海长三角老字号一体化工作座谈会,顺畅联系沟通机制,加强协同合作,成立全国首个区域性老字号企业联盟——长三角老字号企业联盟,进一步推动长三角老字号企业相互支持、共同发展。

(四)继续推进创建绿色商场

组织全省商务系统和企业 50 多人次进行《绿色商场》行业标准培训,提升《绿色商场》创建工作认知度和参与度。按照《关于开展 2019 年绿色商场创建工作的通知》,明确创建目标、申报范围、创建程序以及工作要求,列出申报材料清单,统一格式规范。2019 年,扩大创建业态范围,除了购物中心和商场外,增加了大型连锁超市,全省共有 48 家被评为绿色商场,其中国家级 20 家,省级 29 家,数量位居全国前列。

(五)开展新型流通方式试点

较好地完成苏州市供应链体系建设试点工作。试点项目物流标准化建设、现代技术创新应用、新流通商业模式研究把握等能力和水平明显提升,引领社会物流标准化和供应链创新应用区域协同、资源优化、跨界融合、产业互补、降本增效等能力和水平明显提升,助力政府治理模式创新、服务能力升级、公共管理精准化和专业化及信息化等能力和水平明显提升。同时,加快推进南京、徐州市流通领域现代供应链体系建设试点工作。南京、无锡和徐州市城乡物流配送效率明显提高,物流成本逐步下降。

(六)加强商务诚信体系建设

1. 强化制度建设

认真落实"构建以信用为基础的新型监管机制"要求,出台《商务领域信用"红黑名单"管理办法(试行)》,规范商务领域信用"红黑名单"的认定、发布、推送、惩戒、修复等管理方式,推动商务领域新型信用监管机制构建。

2. 夯实平台基础

加快商务诚信体系建设,将平台二期、三期建设合并实施,在拓展数据采集渠道、整合扩充数据资源、丰富并深化商务信用服务功能、扩充商务诚信监管应用功能、深化商务信用数据应用、安全保障等方面进一步完善。平台运营围绕开展标准规范及制度建设、信息资源管理、信用服务、网站运营管理、宣传推广等方面,增强商务诚信平台的可持续运营能力。

3. 营造诚信氛围

突出"弘扬诚信理念,促进高质量发展"活动主题,组织开展"诚信宣传月"系列活动。全省共组织宣传 58 次,发放宣传材料 1.9 万份,现场提供咨询服务 4 321 人次,电视、报纸、电台广播等新闻媒体宣传 8 次,"两微一端"新媒体宣传 290 条,宣传覆盖总人数 13 万人次。通过形式多样的宣传活动,商贸企业的诚信意识明显增强,诚信自律机制逐步建立,诚信经营理念进一步确立。

(七)进一步加强直销行业监管

1. 开展直销产品直销培训员复核

组织全省直销企业直销产品、直销培训员和直销员的复核工作,复核前直销产品数量共 180 种,复核后直销产品数量共 166 种,减少 7.8%;复核前直销培训员数量 102 人,复核后直销培训员数量 52 人,减少 49%;复核前直销员数量 24 736 人,复核后直销员数量 24 279 人,减少 1.8%。

2. 开展直销企业及分支机构复核

遵循"坚持依法依规、坚持问题导向、坚持从严管理"的工作原则,按照企业自查、市局初查、省厅复核的工作程序,组织开展对直销企业及其分支机构、服务网点信息复核和企业信用建档工作。

(八)规范单用途商业预付卡管理

1. 督促"应备未备"企业备案

加强对单用途商业预付卡发卡企业的抽查,重点是大型商业零售企业以及大型餐饮、美容美发、洗浴等预付卡发行规模大、用卡占比高、消费者数量众多的发卡企业。按照"应备尽备"的要求,及时约谈企业负责人,通过责令整改或行政处罚,督促应备未备企业及时备案。

2. 严把审核预付卡企业备案信息关

建立备案制度,仔细审核备案资料的合规性和完备性,属于品牌、集团发卡企业的,督促其进行备案。同时,严格核对发卡企业在业务信息系统中的备案表信息,确保与其提交的实物备案资料完全一致。

3. 加大执法检查和处罚力度

对新闻媒体曝光、消费者举报以及现场抽查中发现的违规企业,加大查处力度。对因经营问题即将停业的发卡企业,督促其提前公告、及时兑付预付资金。对涉及备案或发卡管理的举报投诉,严格依照《办法》查处。对涉及消费者权益的举报或投诉,按照《办法》和《条例》的规定和"谁审批、谁监管,谁主管、谁监管"的原则,区分情况予以严肃查处或及时移交有权查处部门。对关门跑路的发卡企业,及时掌握相关信息和涉及金额,加强与相关部门沟通,涉嫌非法集资和诈骗的及时向属地公安部门移交。

(九) 构建良好流通环境

1. 严厉打击侵权假冒行为

整理了近3年省政府打击侵权假冒重要会议和重要文件、近3年省双打办收发文件、近3年迎接国家绩效考核材料等7个方面的文件资料。围绕省双打办《2019年江苏省打击侵犯知识产权和制售假冒伪劣商品工作要点》以及《2019—2020年江苏省各部门贯彻落实国发〔2017〕14号文件工作任务细化表》,积极开展工作。

2. 组织"互联网＋监管"相关工作

按照省政务办《关于做好监管动态信息和监管曝光台信息报送工作的函》的工作部署,报送了7条监管动态信息和曝光台信息。

3. 组织第四届中阿博览会主题省活动

按照江苏积极推进"一带一路"交汇点建设和高质量发展的要求,以"交汇、创新、机遇、共赢"为主题,精心策划主题省展览,成为历届中阿博览会中参展规模最大的主题省展览。博览会两省区合作对接会上,共签约合作项目42个,计划总投资200.3亿元。

2019 年,江苏省商务系统市场体系建设发展良好,积极推进供应链创新与应用,稳步推进农产品流通,深入开展汽车促消费,协调推进长三角区域市场一体化,取得明显成效。

一 积极推进供应链创新与应用

(一)率先编制发布供应链案例库和白皮书

组织开展供应链创新与应用企业案例征集活动,建立包含 34 个企业案例的供应链创新与应用案例库,精选 24 个案例,汇编完成《江苏省供应链创新与应用白皮书 2019》。为全国首家正式印发《白皮书》,获商务部肯定,广受企业好评。

(二)培育供应链创新与应用省级重点企业和重点产业链条

联合省工信厅、农业农村厅、住建厅、地方金融监管局、生态环境厅等部门,正式启动和实施省级重点企业和重点链条培育工作。在全国试点 33 家企业的基础上,新确定 123 家供应链重点企业和 18 条地方产业链条,连同南京、张家港 2 个全国试点城市,构成了富有江苏特色的点线面结合、梯度培育、以点带线、由线及面的供应链创新和应用工作推进体系。

(三)积极推进全省供应链创新与应用工作

参加全国供应链创新与应用试点工作推进大会,组织召开全省供应链创新与应用工作推进会。总结近年来全省各地、各部门以及重点骨干企业所开展的工作、成效及经验,分析当前面临的形势和任务,并对下一阶段工作再动员、再部署。

(四)加强供应链研究,营造良好发展氛围

先后组织两批共计 17 家企业召开专题座谈会。对标供应链服务业全国先进的深圳市,开展了两地供应链创新与应用的比较研究。支持鼓励各类企业积极加强供应链理论研究,成立供应链研究院。指导张家港市政府联合中国物流联合采购会,以及万联网、悦达集团、伊斯特威尔公司、汇鸿集团等,先后在全省多地举办全国性或区域性供应链主题论坛。建立供应链行业专家库。

(五)成立全国首家省级供应链行业协会

指导江苏汇鸿国际集团股份有限公司作为主发起单位,省内来自金融、流通、制造、建筑、农业等领域的 12 家具有引领力的企业作为联合发起单位,经民政部门批准,于 2019 年年底正式成立江苏省现代供应链协会,为全国首家省级层面的供应链行业协会。

二　稳步推进农产品流通

(一)推动社区商业"三进三提升"

出台《关于促进社区消费推动社区商业"三进三提升"的指导意见》,引导

各市通过连锁经营、品牌企业、新型业态的集聚与引领,提升社区商业的组织化、品质化、便利化水平。2019 年,全省各地建设改造农贸市场 206 个,新建社区便利网点超过 1 739 家。

(二)推进多渠道拓宽贫困地区农产品营销渠道

贯彻落实《商务部等 10 部门关于印发〈多渠道拓宽贫困地区农产品营销渠道实施方案〉的通知》精神,联合省教育厅、交通运输厅等 9 个部门召开了工作座谈会,研究商讨各部门贯彻落实方案的举措和计划,建立了联系机制。下发《省商务厅等 11 部门关于印发多渠道拓宽经济薄弱地区和贫困地区农产品营销渠道实施方案的通知》。联系省蔬菜协会、冷链学会等行业组织召开工作座谈会,推动行业协会加强产销对接扶贫工作。积极组织开展产销对接活动。先后组织省内农批市场、连锁超市等农产品流通企业参加 2019 全国农产品产销对接扶贫(新疆)活动、全国农商互联暨精准扶贫产销对接大会(济南)、苏拉农畜产品产销对接洽谈会(拉萨)、长三角地区农产品产销对接洽谈会(杭州)、2019 合肥农产品产销对接会、陕西名优产品展销活动、青海商品大集活动等全国性和区域性农产品产销对接活动。

(三)开展农商互联完善农产品供应链

按照《财政部办公厅 商务部办公厅关于推动农商互联完善农产品供应链的通知》要求,积极开展工作,江苏获评成为国家试点实施省份,完善农产品供应链,发挥良好的社会效应。

三 深入开展汽车促消费

(一)营造良好消费环境

按照《汽车销售管理办法》和《江苏省关于贯彻〈汽车销售管理办法〉的实施细则(试行)》要求,组织开展各类宣传培训活动。指导地方全面梳理监管与执法职责,做好新车销售的监管与执法工作。指导各地按照"双随机,一公开"原则,多次开展汽车销售市场专项执法检查工作。强化汽车流通领域安全生产管理,督促各地严格执行"报废汽车回收证明"发放制度和二手车交易"实物、实名、实情、实地"登记制度。指导各地开展形式多样的汽车促销活动。

(二)积极拓展消费渠道

推动取消二手车省内限迁政策落实,促进二手车便利交易。2019 年,全省系统的 116 家二手车交易市场,实现交易量 126 万台次,同比增长 18.2%;交易额 741 亿元,同比增长 11.1%。加强报废机动车回收管理,为新车消费腾挪空间,指导南京、苏州、常州、连云港、淮安、盐城和宿迁等地商务部门,配合有关部门做好机动车提前淘汰补贴工作。2019 年,全省共回收拆解机动车 10.9 万辆,同比增长 63.2%。

(三)打造良好营商环境

为确保国五国六新旧排放标准平稳切换,有效化解矛盾,省商务厅邀请省工信厅、公安厅、生态环境厅等部门及省汽车流通协会、省汽车经销商商会以及经销商,召开了新旧排放标准相关情况沟通会,为企业、协会和相关部门搭建沟通交流平台。启动江苏省报废机动车回收管理实施方案,建立评审专库,依法开展回收拆解活动。

四 协调推进长三角区域市场一体化

按照《2019 年推进长三角区域一体化工作要点》开展工作。围绕《长三角地区一体化发展三年行动计划(2018—2020 年)》《2019 年推进长三角区域一体化工作要点》等文件,同沪、浙、皖、赣商务部门,紧密联系、推动协同开放、建设一体化市场,积极深化合作,加强区域联动,推动园区共建共享、协同办好世博会、长三角区域"走出去人才地图"建设和农产品产销对接等全方位合作。

2019 年江苏省对外贸易运行情况······

2019 年,在省委、省政府的坚强领导下,全省商务系统积极应对中美经贸摩擦等各种风险挑战,狠抓政策落实,优化涉企服务,全省外贸运行稳中提质,高质量发展取得明显成效。

一 全省外贸运行稳中提质

(一)进出口低开低走,降幅深于全国平均水平

2019 年,全省进出口总体低位运行。其中,出口逐步放缓,单月出口自 8 月份起由增转降,累计降幅较前三季度加深 0.7 个百分点;进口在连续 13 个月单月下降后由降转增,12 月当月增长 4.4%,累计降幅较前三季度收窄 1.3 个百分点。与全国相比,进出口降幅深于全国平均水平 4.2 个百分点,其中出口、进口分别深 2.8 个和 6.9 个百分点。

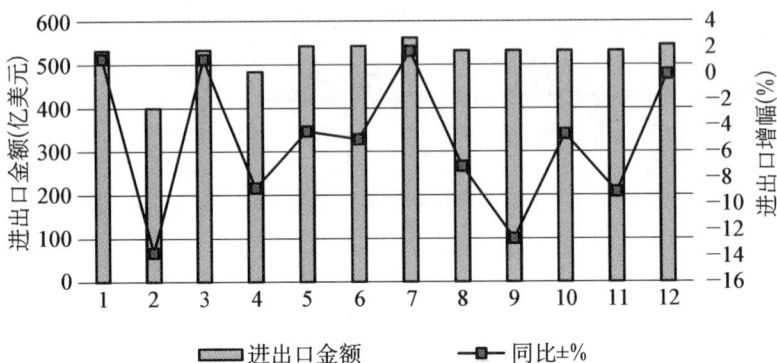

图 1　2019 年全省月度进出口趋势

(二)欧盟跃居第一大贸易伙伴,"一带一路"市场占比提升

2019 年,对四大传统市场合计出口 2 116.1 亿美元,下降 9.7%,占比 53.6%。其中,对欧盟出口 766.5 亿美元,增长 1.8%,对美国、日本、中国香港出口 788.6 亿美元、294.9 亿美元、266.0 亿美元,分别下降 15.2%、0.3%和 27.2%。对"一带一路"沿线国家出口增长 7.8%,占比 26.8%,提高 2.5 个百分点。

占比七成的前五大进口来源地中,自东盟进口 329.3 亿美元,微增 0.2%;自韩国、日本、欧盟、中国台湾分别进口 428.6 亿美元、295.5 亿美元、295.2 亿美元和 294.3 亿美元,下降 23.9%、2.6%、4.5%和 10.1%。

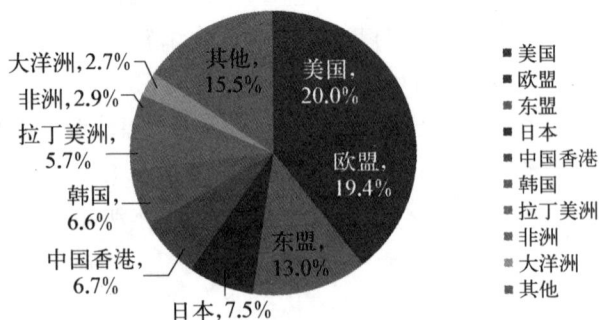

图 2　2019 年全省主要出口市场分布图

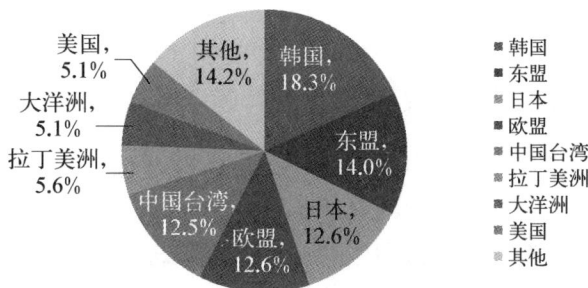

图 3　2019 年全省主要进口市场分布图

（三）机电、高新技术产品进、出齐降，大宗商品进口降幅收窄

2019 年，机电产品出口下降 2.4％，占比 66.0％；高新技术产品出口下降 5.8％，占比 36.6％。占比 3/4 的八大重点行业出口"三升五降"：占比三成的 IT 产品出口下降 8.9％；其中，集成电路增长 5.7％，手机、笔记本电脑出口分别下降 3.6％、6.4％。交通运输设备出口下降 3.0％；其中，船舶出口微降 0.2％。纺织服装、化学品、钢材出口分别下降 3.3％、7.7％和 13.3％。机械设备、轻工产品和光伏出口分别增长 3.9％、5.2％和 30.7％。

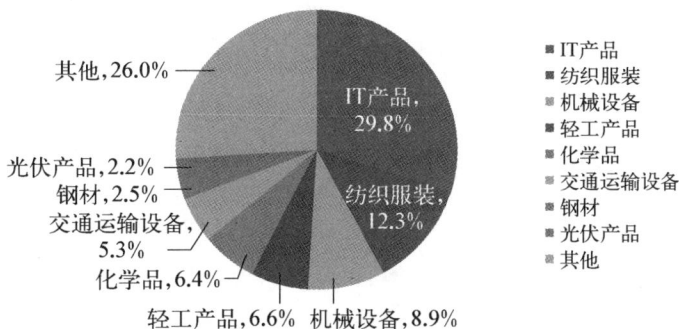

图 4　2019 年全省主要出口行业分布

占比近六成的机电产品进口下降 12.0％。占比四成的高新技术产品进口持续 11 个月两位数下降，累计进口降幅 13.4％；其中，集成电路进口下降 19.9％。占比近两成的 20 种大宗原辅材料进口降幅逐渐收窄，累计下降

8.0%;其中,11 种商品进口数量下降、18 种商品进口价格下跌。占比一成的机械设备进口下降 2.9%。

(四)民营企业增势显著,外资企业持续低迷

2019 年,民营企业进出口 1 977.7 亿美元,逆势增长 4.4%,占比 31.4%,提升 2.9 个百分点;其中,出口增长 8.4%,进口下降 5.3%。外资企业进出口 3 740.1 亿美元,下降 8.0%,占比 59.4%;其中,出口下降 3.8%,进口下降 13.1%。国有企业进出口 576.9 亿美元,下降 15.5%;其中,出口下降 26.2%,进口增长 6.9%。

表 1   2019 年全省各类企业进出口情况

单位:万美元

企业性质	进出口完成情况					
	出口完成情况			进口完成情况		
	累计出口	同比%	占比%	累计进口	同比%	占比%
内资企业	18 007 202	−0.4	45.6	7 538 642	−1.8	32.1
国有企业	3 400 565	−26.2	8.6	2 368 626	6.9	10.1
民营企业	14 606 637	8.4	37.0	5 170 016	−5.3	22.0
外资企业	21 471 229	−3.8	54.4	15 929 907	−13.1	67.9

(五)一般贸易占比首次过半,加工贸易进、出疲弱

2019 年,一般贸易进出口 3 249.1 亿美元,微增 0.3%,占比 51.6%,提升 2.8 个百分点,主导地位继续巩固;其中,出口增长 3.3%,进口下降 4.6%。加工贸易进出口 2 364.7 亿美元,下降 9.2%,占比 37.6%;其中,出口下降 3.5%,进口连续 13 个月单月负增长,累计下降 17.6%。保税监管场所进出境货物进出口下降 10.1%,海关特殊监管区域物流货物进出口下降 18.6%,外投设备进口增长 18.7%。

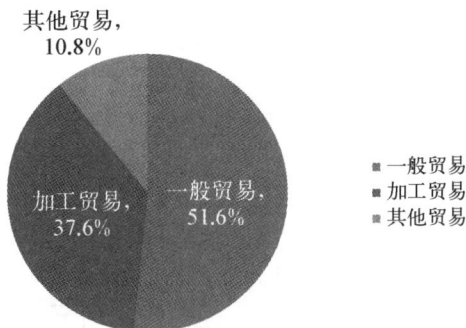

图 5　2019 年全省进出口贸易方式分布

（六）苏北板块占比提升，3 个市进出口正增长

2019 年，苏北进出口增长 2.9％，占比 6.5％，提升 0.6 个百分点；苏南、苏中进出口分别下降 5.9％、4.5％。13 个设区市中，南京、徐州、盐城 3 个市进出口实现正增长，南京、无锡、常州、泰州、徐州、连云港、盐城、宿迁 8 个市进出口好于全省平均水平，南京、常州、徐州、淮安、盐城、宿迁 6 个市出口实现正增长。

（七）有进出口实绩的企业数超过 7 万家

2019 年，全省有进出口实绩的企业 73 051 家，增加 5 309 家。其中，有出口实绩企业 62 883 家，增加 4 841 家；有进口实绩企业 33 900 家，增加 2 340 家。年进出口规模超 1 亿美元的企业 810 家，较 2018 年减少 37 家。名硕电脑(苏州)有限公司、三星电子(苏州)半导体有限公司、苏州得尔达国际物流有限公司进出口超百亿美元。

表2 2019年全省各设区市进出口情况

金额单位：万美元

名称	进出口			出口			进口		
	累计	同比%	占比%	累计	同比%	占比%	累计	同比%	占比%
全省	62 946 980	-5.2	100	39 478 431	-2.3	100	23 468 549	-9.7	100
苏州	31 908 646	-9.9	50.7	19 203 988	-7.2	48.6	12 704 658	-13.7	54.1
无锡	9 243 021	-1.1	14.7	5 545 986	-2.3	14.0	3 697 035	0.8	15.8
南京	6 996 023	6.8	11.1	4 353 320	14.9	11.0	2 642 704	-4.3	11.3
南通	3 657 146	-5.2	5.8	2 488 965	-2.2	6.3	1 168 182	-11.1	5.0
常州	3 383 487	-1.6	5.4	2 524 101	0.7	6.4	859 386	-7.7	3.7
泰州	1 446 582	-1.8	2.3	953 159	0.0	2.4	493 423	-5.1	2.1
徐州	1 351 908	15.1	2.1	1 128 831	16.3	2.9	223 077	9.6	1.0
扬州	1 130 517	-5.7	1.8	836 469	-2.1	2.1	294 049	-14.8	1.3
镇江	1 120 260	-5.4	1.8	786 720	-1.4	2.0	333 540	-13.6	1.4
盐城	961 240	0.7	1.5	641 236	6.3	1.6	320 004	-9.1	1.4
连云港	935 076	-2.1	1.5	388 869	-6.4	1.0	546 207	1.2	2.3
淮安	470 535	-6.1	0.7	338 002	0.4	0.9	132 533	-19.3	0.6
宿迁	342 539	-4.9	0.5	288 786	6.3	0.7	53 752	-39.2	0.2

名称	进出口			出口			进口		
	累计	同比%	占比%	累计	同比%	占比%	累计	同比%	占比%
苏南	52 651 437	−5.9	83.6	32 414 114	−3.1	82.1	20 237 323	−9.9	86.2
苏中	6 234 245	−4.5	9.9	4 278 593	−1.7	10.8	1 955 653	−10.2	8.3
苏北	4 061 298	2.9	6.5	2 785 724	7.2	7.1	1 275 574	−5.4	5.4

注：按各市进出口规模排序。

二 坚持不懈推动外贸稳增长、调结构、转动能

(一) 稳外贸工作落实落细

推动省政府与商务部签署部省合作框架协议,形成部省协同推动开放型经济发展的工作合力,稳定外贸推动经济高质量发展。面向基层、企业开展政策宣讲,建立政策落实台账制度,推动各地、各部门将政策落地、落细、落实。全力应对中美经贸摩擦,及时开展影响分析和风险分析,落实外贸月度通报制度,密切跟踪 IT、纺织服装等重点行业以及五大重点地区和 1 230、711 家重点对美出口企业的运行动态,准确研判形势;与南京海关联合开展各类课题研究,指导基层和企业有针对性地做好相关工作,有效稳定企业生产经营。

(二) 多元化市场拓展稳步推进

全年组织超万家次企业参加境内外 156 个重点货物贸易展会,支持企业全力巩固美国市场,深入开拓欧、日等传统市场,大力拓展新兴市场。出台《江苏省推进"丝路贸易"促进计划专项行动方案》,加大对"一带一路"沿线市场的开拓力度,2019 年沿线国家重点货物贸易展会占比达到 40%。加强境外营销服务体系建设,在欧美、非洲和"一带一路"沿线市场新布局 10 家省级公共海外仓,截至 2019 年年底,14 家省级公共海外仓仓储面积合计 16 万多平方米,服务企业超 600 家。推动中欧班列优化整合,贯彻实施《江苏省中欧班列建设发展规划实施方案(2017—2020)》,推动组建省级国际货运班列公司。

(三) 进口政策效应不断显现

会同省财政厅出台《江苏省鼓励进口技术和产品目录(2019 版)》,鼓励企业进一步扩大先进技术、高端装备和关键零部件进口。第二届中国国际进口博览会招商、统计、配套活动等各项工作圆满完成,会同进博局在全省举办 3 场招商路演活动,江苏交易团报名单位 2 万家,报名人数 8.2 万人,企业报名人数占比 82%,高于首届 7 个百分点,高于全国 10 个百分点;全力做好现场成交统计工作,成交规模在全国领先;配合省政府在进博会期间举办"中国

（南京）跨境电商进口商品采购洽谈会"等配套活动,积极承接进博会溢出效应。加快打造进口载体平台,支持昆山、张家港申报争取国家进口贸易促进创新示范区。推动张家港保税港区汽车整车进口口岸错位发展,稳步扩大汽车平行进口规模,大力发展改装特色产业,2019 年平行进口汽车 7 906 台,在全国排名第三。

（四）品牌效应和产业集聚持续强化

以 360 个省级出口品牌和 39 家领军企业的示范引领为抓手,利用广交会、华交会等各类平台加大宣传推介力度,江苏品牌在国际市场的影响力不断提升。完善出口基地梯度培育机制,2019 年,无锡惠山汽车零部件等 5 个基地新获批国家外贸转型升级基地。截至 2019 年年底,全省共有省级以上各类基地 78 个,其中国家级基地 35 个。引导加工贸易创新发展,支持重点企业开展全球检测维修业务和再制造试点。捷普电子(无锡)有限公司、中车戚墅堰机车有限公司和常州中车通用电气柴油机有限公司获批开展保税检测维修业务。

（五）创新驱动对外贸易转型升级

稳步推进苏州、南京和无锡跨境电商综试区建设,苏州线上综合服务平台功能不断拓展,南京和无锡搭建线上综合服务平台取得突破,三地在项目招引、创业孵化基地建设、O2O 线下展销中心等方面开展一系列工作,取得成效;联合海关、税务等部门共同推进跨境电商零售进出口新政落地,南京、无锡先后开通网购保税进口。徐州、南通获评新一轮国家跨境电商综试区。启动"出口基地线上拓展"行动,在丹阳举办首场外贸转型升级基地跨境电商业务培训,170 余人参加培训。截至 2019 年年底,全省具备一定规模的跨境电商产业园区超过 40 个,其中 15 家省级跨境电商产业园投资总额超 70 亿元,引进和培育跨境电商主体及配套企业近千家。2019 年,全省纳入海关统计的跨境电商零售出口增长 3.8 倍,进口增长 43.3%。

推动海门、常熟两个试点强化部门会商共议机制,加快建设信息监管平台,进一步完善外贸服务、金融载体和综合物流体系。举办 50 余场招商对接等专场活动,建好"一带一路"进出口商品交易会、叠石桥家纺国际博览会等自办展会平台,提升试点国际知名度和影响力。2019 年,常熟市场采购贸易出口额为 9.3 亿美元,增长 3.2%,海门市场采购贸易出口额为 6.1 亿美元,增长 11.4%。

(六)贸易管理服务水平进一步提升

1. "放管服"改革深入推进

落实自贸区贸易便利化举措,与商务部保持密切沟通,持续关注和落实对外贸易经营者备案和原产地企业备案"两证合一"等自贸区改革试点经验复制推广工作。积极配合推进全省自贸区"证照分离"改革试点,做好自贸区和国家级开发区赋权等工作,进一步便利基层企业开展外贸业务。

2. 进出口涉企服务逐步优化

根据商务部、海关总署有关公告精神,组织全省符合条件的企业向商务部申报各类商品资质和配额,做好贸管商品的业务指导、政策咨询和调研服务工作。解决企业实际困难,协调解决汇鸿外经公司银焊条归类问题,帮助企业尽快恢复正常经营秩序。

3. 机电产品国际招标平台成效显著

2019 年,全省共完成 2 741 个机电产品国际招标项目,委托金额 36.1 亿美元,中标金额 32.0 亿美元,节资率 11.3%。加强招标机构管理,新增 24 家招标机构,截至 2019 年年底,全省共有 96 家机电产品国际招标代理机构。对 7 家机电产品国际招标投标代理机构、28 个招标项目开展"双随机一公开"监管工作,推动机电产品国际招投标行业健康稳定发展。

2019 年,江苏省服务贸易增势平稳,服务外包继续保持稳健增长势头,服务贸易结构持续优化,服务外包规模保持全国领先地位。

一 服务贸易增势平稳

2019 年,全省服务贸易进出口 853.6 亿美元,同比增长 0.5%,其中出口 396.9 亿美元,同比增长 0.5%,进口 456.8 亿美元,同比增长 0.5%,逆差 59.9 亿美元。服务贸易占对外贸易比重为 11.94%。

(一)服务贸易结构持续优化

2019 年,全省知识密集型服务进出口额 359.1 亿美元,同比增长 2.3%,高于进出口整体增速 1.8 个百分点,占服务进出口总额的比重达到 42.1%,同比提升 4.8 个百分点。其中,知识密集型服务出口额 241.0 亿美元,同比增长 2.5%,占服务出口总额的比重达 60.7%,同比提升 1.1 个百分点;知识密集型服务进口额 118.1 亿美元,同比增长

1.9%,占服务进口总额的比重达 25.9%,同比提升 0.4 个百分点。

(二)苏南处于领跑地位,苏中、苏北占比有所提升

苏南五市服务贸易进出口占全省比重达 84.8%,其中苏州、南京、无锡、常州、镇江服务贸易进出口占全省比重分别为 40.9%、21.8%、15.5%、2.7%、2.5%;苏中服务贸易进出口占全省比重为 9.7%,较 2018 年提升 1 个百分点。其中南通市服务贸易进出口 53.9 亿美元,同比增长 18.8%,增速位列全省第一。苏北五市服务贸易进出口占全省比重为 5.5%,较 2018 年提升 0.2 个百分点。

(三)服务贸易主要市场保持稳定

中国香港、美国、日本、韩国、中国台湾为全省前五大服务贸易市场,共计占全省服务进出口比重达 45.5%。其中,对中国香港、美国、日本服务贸易保持正增长,同比增长分别为 0.5%、5.4%、3.7%,占比分别为 12.7%、11.8%、9.3%。对韩国服务贸易同比下降 13.3%,降幅较上年扩大 2.1 个百分点。对中国台湾服务贸易同比下降 4.8%,降幅较上年减小 13.8 个百分点。在全省排名前十的服务贸易市场中,德国、新加坡、荷兰、英国、瑞士分列第 6 至第 10 位,同比增长分别为 3.0%、1.1%、24.7%、16.1%、3.4%。荷兰、德国、美国分别为全省服务贸易前三大逆差来源地,逆差额分别为 10.8 亿美元、6.5 亿美元、3.3 亿美元。中国香港、中国台湾、新加坡是全省服务贸易最大顺差来源地,顺差额分别为 12.6 亿美元、7.3 亿美元、3.9 亿美元。

二 服务外包规模全国领先

根据商务部统计,2019 年,全省服务外包业务合同额 623.0 亿美元,同比增长 3.7%,其中,离岸合同额 293.8 亿美元,同比增长 1.8%;在岸合同额 324.7 亿美元,同比增长 4.0%。服务外包业务执行额 512.6 亿美元,同比增长 2.3%,其中,离岸执行额 242.6 亿美元,同比增长 1.9%;在岸执行额 266.3 亿美元,同比增长 1.2%。系统登记服务外包企业 14 205 家,从业人数约 197 万人。

（一）规模继续保持全国领先

全省服务外包离岸执行额占全国的比重约为 25％,江苏省服务外包规模已连续多年保持全国领先地位。

（二）示范城市业务突出

南京、无锡、苏州 3 个老牌示范城市仍为全省离岸执行额存量中坚力量,但总量占比有所下降。全省 5 个国家级服务外包示范城市中,无锡、南京和苏州离岸执行额分别为 74.8 亿美元、64.9 亿美元和 51.7 亿美元,占比分别为 30.8％、26.7％和 21.3％。新增国家级示范城市南通和镇江离岸执行额分别为 26.5 亿美元和 8.3 亿美元,占比分别为 10.9％和 3.4％,南通成为全省第四个离岸执行额突破 20 亿美元的城市。省级示范城市中,徐州、泰州、常州离岸执行额分别为 9.1 亿美元、4.3 亿美元、2.9 亿美元;南通、徐州、镇江、泰州、常州等新晋国家级示范城市和省级示范城市离岸执行额合计占全省 21％,较2018 年同期提升 8 个百分点,地位不断提升。

（三）知识密集型服务外包业务增长迅速

全省信息技术解决方案、云计算、医药和生物技术研发服务等知识密集型外包服务取得长足进步。2019 年,全省生物医药研发、工程技术设计外包离岸执行额分别逾 20 亿美元、14 亿美元,在基数较大的情况下实现了两位数增长。新一代信息技术数据服务离岸执行额 1.2 亿美元,其中,云计算服务 1 252.8万美元,较 2018 年增长 294.7％。人工智能、区块链服务为 2019 年新增统计项目,离岸执行额分别为 3 571.1 万美元、6 764.7 万美元。

（四）主要发包市场继续占据主导地位,中国香港超越美国,成为最大发包地

中国香港、美国、欧盟占据我国离岸发包市场的前三位,全年服务外包执行额分别为 48.5 亿美元、45.4 亿美元、34.2 亿美元,中国香港同比增长 31.5％,超过美国,成为全省离岸外包业务第一大来源地。美国和欧盟离岸外包执行额同比下降 7.1％和 1.1％。日本、中国台湾、韩国分列第 4 到第 6 位,

以上 6 个国家和地区合计占全省离岸发包市场的 3/4,业务地位突出。

三　主要工作及成效

(一)深入开展服务贸易创新发展试点

南京、苏州大力培育服务贸易新业态新模式,在检测维修、特殊物品通关便利化、知识产权等方面又取得了一批可复制可推广的经验。在商务部印发的深化试点 20 个最佳实践案例中,南京、苏州贡献了 5 个案例,占总数的 1/4。

(二)文化、中医药、数字等特色服务培育再创佳绩

全省 32 家企业、10 个项目入选 2019—2020 年国家文化出口重点企业和重点项目目录,数量创近年新高,其中重点企业数量上升到全国各省级第二位(仅次于北京)。江苏省中医院、南京中医药大学入选首批国家中医药服务出口基地,占全国的 2/17。中国(南京)软件谷入选首批 12 家国家数字服务出口基地。

(三)服务外包提档升级加速

服务外包产业结构持续优化,离岸业务规模继续保持全国首位,KPO 占比约 40%,高附加值、高技术含量的外包业务增长加快。服务外包载体建设全国领先,南京在国家级示范城市综合评价中位列第一,徐州在新申报示范城市综合评价中位居第二。

2019 年江苏省电子商务发展情况……

　　2019 年,电子商务作为服务全省经济稳增长、调结构、促转型的新引擎,作为促进"大众创业、万众创新"的新举措,作为推进乡村振兴战略的重要手段,在推动高质量发展方面取得了良好成效。2019 年江苏网络零售额 10 367.33 亿元,全国排名第五(次于广东、浙江、上海、北京),增长 21.01%,其中农村地区网络零售额 2 583.55 亿元,居全国第二(仅次于浙江),增幅 24.5%。

一　农村电商实现深入发展

(一)农村电商示范创建取得新突破

　　2019 年全省有 9 个县(市)获批为国家电子商务进农村综合示范县,数量位居东部地区前列。东海县获得国务院"全国推进农产品流通现代化、发展农村电商和产销对接工作成效明显"典型市县。

(二) 农商互联和产销对接深入开展

阿里、京东、苏宁等平台企业进一步实现"渠道下沉",汇通达等省内重点企业整合传统乡镇夫妻店,促进农产品上行和消费品下行,助力农村流通体系转型升级。

(三) 电商精准扶贫稳步推进

加大对苏北经济薄弱地区的支持力度,发挥电商精准扶贫功效,助力脱贫攻坚,在 9 个国家电子商务进农村综合示范县中,苏北地区有 4 个县入选。省商务厅大力推动开展电商扶贫培训,对苏北 5 市的农村电商从业者、创业者以及农民专业合作社、种养殖大户、农产品相关企业等进行电商实操业务能力提升培训。积极推动开展网络扶贫东西部协作,支持省内企业运用电商对口帮扶拉萨、西宁等。

二 电子商务示范体系进一步提升

(一) 国家示范层面

省商务厅加强对全省 20 家国家电子商务示范企业的服务和分类指导,鼓励和支持其拓宽交流与合作渠道,在扩大内需、促进消费方面创新发展、做大做强。指导和督促国家电子商务示范基地结合本地区发展特点,创新发展模式,强化承载能力、提升孵化能力、增强辐射能力。推荐省内优秀电商园区参加商务部综合考评,其中徐州软件园电商基地和盐城电商快递产业园两家园区以全国第 1 名、第 2 名的评价得分,被增补为国家电子商务示范基地,使得全省国家电子商务示范基地总数达到 9 家,跃居全国第一。

(二) 省级示范层面

205 家企业被确认为 2019—2020 年江苏省电子商务示范企业,95 个园区被确认为江苏省电子商务示范基地,16 个园区被确认为电子商务与快递物流协同发展示范基地。

三　电商新模式加快应用

（一）数字商务转型加快

全省商务领域企业加快数字化转型,促进新旧动能转换、资源优化配置、质量效率提升,共有4家企业被商务部确认为首批线上线下融合发展数字商务企业。相关企业与政府部门深入,加快电商数据资源共享,推动各类电商运营企业改变传统营销模式,通过大数据分析运用,实现精准化营销、个性化服务。

（二）传统社区便利店推动智慧化转型升级

苏宁小店、盒马鲜生、天猫小店、饿了么等新零售各类业态在省内加快布点,更好地满足全省居民对便利消费、品质消费的需求。

四　电商服务支撑体系不断完善

（一）认真贯彻落实《电子商务法》

全省广泛开展《电子商务法》宣讲和教育,引导各类电商从业人员自觉守法经营、诚信自律;引导电商平台企业加强自我管理,有效维护各方合法权益,促进电子商务健康发展。

（二）进一步规范电商市场秩序

省商务厅制发《进一步推进电子商务诚信建设的通知》,积极推动电商诚信工作开展,建设江苏电子商务诚信公共服务平台,推动电子商务诚信公共服务和监督管理,推进电子商务信用标准规范、评价体系建设,为全省电子商务持续健康发展提供良好环境。

（三）加大电商人才培养力度

组织开展专业电商人才培训，支持各地发挥行业协会、专业机构、相关院校、龙头企业、电商基地等资源优势，开展不同类型、不同层次的培训。

（四）积极组织开展电商活动

全省各地踊跃举办电商高峰论坛、电商展览会、对接会等活动。宿迁"2019 运河品牌电商大会"、徐州"2019 中国（徐州）跨境电商数字服务论坛和首届淮海经济区电商博览会"、南京"2019 江苏电子商务大会"、扬州"2019 中国（扬州）电子商务高质量发展大会"等，均取得广泛影响和效益，全省电商应用和创新发展的氛围更加浓厚。

五 电商龙头企业与江苏合作更加深化

阿里巴巴江苏总部项目进展顺利，2019 年度累计投资达 13.02 亿元。在第一批《阿里巴巴集团与江苏合作需求清单项目推进计划》合作清单，共 9 个方面 18 个项目顺利推进的基础上，双方又围绕税企互动、农村电商、社区电商、民生服务、工业互联网、城市大脑、智慧物流等领域形成第二批合作需求清单，共 20 项内容，继续深入挖掘阿里巴巴江苏总部项目的战略性功能，发挥阿里巴巴在科技、电子商务、大数据等领域的优势，力争通过全方位多领域合作，推动全省在经济发展、民生服务、社会治理等方面的高质量发展，助力建设"强富美高"新江苏。

2019 年,江苏省努力创新外资工作思路和方式方法,强化重大外资项目跟踪服务,积极培育外资总部经济,及时防范和化解外资风险,完善外商投资环境,全力推进开放型经济高质量发展。

一 利用外资持续提质增效

(一)外资大项目到资保持稳定

新设及净增资 1 亿美元以上企业 341 家,同比增长 12.2%。全年到资超亿美元项目 31 个,实际使用外资 57.8 亿美元,占全省实际使用外资的 22.1%。台积电、乐金化学、SK 海力士、华虹半导体、中环领先半导体等重大项目陆续到资均超过 2 亿美元。

(二)重点行业到资保持增长

全省制造业实际使用外资 127.4 亿美元,同比增长 14.1%,占全省实际使用外资的 48.8%。战略性新兴产业实际使用外资 181.5 亿美元,同比增长 46.5%,占全省实际使用外资的 69.5%,占比较 2018 年同期提高了 21.1 个百分点。全省服务业实际使用外资 121.7 亿美元,占全省实际使用外资的 46.6%。现代服务业实际使用外资 60.6 亿美元,同比增长 18.5%,占全省服务业实际使用外资的 49.9%,占比较 2018 年同期提高了 10 个百分点。拜腾汽车、苏宁体育、孩子王、康众汽配等一批独角兽企业相继到资。

(三)外资来源地持续多元化

主要投资来源地中,来自英国、韩国、德国的实际使用外资分别同比增长 106.4%、28.6%、20.0%。全省来自东盟的实际使用外资 14.0 亿美元,同比下降 8.2%,其中来自新加坡的实际使用外资同比下降 3.1%。

(四)区域发展持续稳定增长

2019 年,苏南地区实际使用外资 155.0 亿美元,同比增长 0.9%,占全省总量的 59.3%;苏中地区实际使用外资 54.8 亿美元,同比增长 4.2%,占全省总量的 21.0%;苏北地区实际使用外资 51.5 亿美元,同比增长 3.5%,占全省总量的 19.7%。

二 促进外资提质增效工作

(一)加强政策引导,坚定不移"稳外资"

2019 年年初,出台《关于推进开放型经济高质量发展的若干政策措施》,在"稳外资"方面重点提出以下举措:一是建立完善外商投资企业创新发展机制。瞄准产业发展制约瓶颈,支持外资龙头骨干企业组建产业技术创新战略联盟,鼓励外资研发中心参与公共服务平台建设。二是创新引资引智引技相结合的招商机制。推动和引导外资深度参与全省先进制造业集群建设,将先进制造业外资鼓励类项目优先纳入省重大项目储备库,对列入省年度重大项目投资计划中的重大外资产业项目全额保障用地计划。三是加大财税政策支持力度。外国投资者以其在全省设立企业所得人民币利润再投资,符合产业发展方向且年实际到账外资金额超过 1 亿元人民币的予以重点支持。同时，对年实际到账外资金额超过 2 亿美元的世界 500 强企业投资项目,省级商务发展专项资金按"一事一议"方式给予重点支持。乐金化学(南京)信息电子材料有限公司和 SK 海力士半导体(中国)有限公司各获专项奖励支持 600 万元。

(二) 积极开展投资促进工作

分别在韩国首尔和日本东京举办了开放创新合作交流会,推介江苏的优势产业和营商环境,两场活动现场签约 25 个投资项目,投资总额 80 多亿美元。积极邀请海内外在经济领域具有相当影响力的江苏籍知名人士参加第二届江苏发展大会暨首届全球苏商大会。在上海举办了与上海美国商会和部分美国跨国公司交流会,重点就企业关心的环保审批、化工整治等问题进行了交流。邀请多国创新企业、科研团队和省内相关园区、创投风投机构在南京举办了第三届国际知识产权应用暨项目合作大会。组织全省 13 个设区市 300 多人参加了 2019 厦门国际投资贸易洽谈会暨丝路投资大会,组织参加了投资项目推介和对接活动,积极接触国内外客商,加强互动交流。

(三) 做好重大外资项目跟踪服务工作

成立省领导挂钩重大外资项目推进工作专班。与 SK 海力士半导体二工厂项目、LG 三元锂电池项目所在地相关部门进行具体对接,与项目的相关人员直接联系,摸清项目推进情况,听取企业诉求,形成推进工作方案,领导现场调研并协调解决问题。

(四) 积极推进江苏与 SK 集团的战略合作

2019 年 5 月,江苏省人民政府与韩国 SK 集团签署战略合作框架协议。2019 年 11 月,"江苏省与韩国 SK 集团战略合作框架协议召集人会议"在宁召开,梳理了相关领域合作推进情况,双方商定在原有五大合作领域基础上增加电池即服务、人工智能、社会价值 3 个合作领域。2019 年 11 月 23 日,双方领导交流了目前各领域合作情况,对进展表示满意。

（五）强化外资总部培育

举办全省外资总部促进政策培训班,加强总部政策宣传解读。进一步加大对外资总部资金扶持力度,积极推动省、市两级建立联席会议工作机制,指导有条件的市（县、区）建设外资总部服务中心,推动总部基地建设工作,进一步优化外资总部企业的服务。开展新一批外资总部和功能性机构申报确认工作,新认定跨国公司地区总部 23 家、功能性机构 10 家。2019 年 10 月份在南京召开了江苏省外资总部经济推进大会,会上发布了《江苏外资总部经济发展蓝皮书》。

（六）及时防范和化解外资风险

高度重视外资企业撤资、关停等异动情况,加强对重点外资企业的跟踪,建立重点预警企业库和风险预警机制,主动帮助企业解决困难,防范化解产业链风险、结构性风险等各类风险。高度重视外资企业安全生产工作,督促外资企业进一步强化安全生产意识,切实负起安全生产管理之责。

（七）加强对全省外资招引工作的指导

强化外资招引工作的组织领导和机制建设,把外资规模、质量和效益等指标纳入地方综合绩效考核体系,在全省进一步强化通报、督查、考核、激励、约谈等五大工作机制。每周通过"江苏外资"微信公众服务号平台,进行政策发布、信息交流。全年共发布 45 期近 200 条政务微信信息,为全省外资管理部门和外资企业提供了便捷的信息通道,及时了解掌握外资政策的最新动态。举办了全省招商引资经验交流会,发布了招商引资体制机制创新案例,积极探索引入市场化招商运作方式。此外还委托江苏长江产业经济研究院就如何充分发挥外资在打造全省先进制造业集群中的作用进行重点课题研究。

（八）进一步完善外商投资环境

举办"江苏省外资政策法规宣讲会",就《外商投资法》进行主题宣讲。会同有关部门开展与现行开放政策不符的法规、规章和规范性文件的废止或修订工作。进一步完善全省外商投资投诉调解机制,处理多起外商投资纠纷投诉、行政复议、行政诉讼。积极研究建立更加紧密的部门协作联动制度,特别是探索完善外资企业知识产权保护机制。完善重点企业联系制度及"一事一议"制度,为重大项目提供"直通车"服务。

2019 年江苏省对外经济技术合作情况

2019 年,江苏省以"一带一路"建设为引领,加强规划和引导,推动重大项目实施,进一步规范经营秩序,做好安全工作,全省对外经济技术合作健康有序发展。

一 "走出去"平稳有序发展

(一)境外投资总体趋缓

2019 年,全省新增对外投资项目 827 个,同比增长 5.2%;中方协议投资额 89.5 亿美元,同比下降 6.1%;中方实际投资额 40.8 亿美元,同比下降 22.1%,位列全国第 7 位。截至 2019 年年底,全省累计对外投资项目 7 410 个,中方协议投资额 788.9 亿美元,实际对外投资额 500 亿美元。全国非金融类对外直接投资分省市区情况见表 1。

表1 2019年全国非金融类对外直接投资分省市区情况

单位:万美元

序　号	省市区名称	直接投资额
1	广东省	1 027 731
2	上海市	905 767
3	浙江省	873 219
4	北京市	726 315
5	山东省	613 331
6	福建省	431 899
7	江苏省	408 428

表2 2019年江苏省境外投资分主体类型情况

金额单位:万美元

指　标	新批项目数			中方协议投资		
	1—12月	同比	比重	1—12月	同比	比重
全部	827	5.22%	100%	894 502.774	−6.08%	100%
国有及国有控股企业	58	−19.44%	7.01%	47 626.922 5	−45.2%	5.32%
集体企业	3	−50%	0.36%	12 858	175.16%	1.44%
民营企业	671	14.31%	81.14%	762 359.293 6	−1.05%	85.23%
外资企业	95	−21.49%	11.49%	71 658.557 9	−20.7%	8.01%

1. 投资项目规模有所下降

2019年,全省协议对外投资项目827个,比2018年增加41个,平均单个项目对外投资额为1 082.2万美元,比上年下降123.9万美元。其中,最大项目为响水恒生不锈钢铸造有限公司在印尼设立的协议投资2.95亿美元的冶金金属工业有限公司,该项目也是当年全省最大的对外投资项目。

2. 中国香港为对外投资首选目的地

2019年,全省对中国香港的协议投资额为18.5亿美元,占全省总量的20.7%;对新加坡的投资为7.1亿美元,占全省总量的8%;对印尼投资6.6亿美元,占全省总量的 7.4%。全省对外投资排名前五的国别和地区依次是中国香港、新加坡、印尼、美国和越南。

3. 苏南地区优势较大

2019 年,苏南地区对外投资 69.3 亿美元,占全省比重为 77.4%。苏中地区对外投资 12.3 亿美元,占全省比重为 13.7%。苏北地区对外投资 7.9 亿美元,占全省比重为 8.9%。其中,苏州市对外投资 30.1 亿美元,领跑全省。南京市对外投资 14.6 亿美元,无锡市对外投资 14.5 亿美元,分列第 2、第 3 位。

(二)对外承包工程不断拓展

2019 年,全省对外承包工程新签合同额 68 亿美元,同比上升 3.2%;完成营业额为 77.8 亿美元,同比下降 6.5%。对外承包工程新签合同额位列全国第七,位于广东、四川、湖北、山东、上海、北京之后;完成营业额位列全国第四,位于广东、山东、上海之后。

1. 新签合同额实现正增长

2019 年,全省对外承包工程新签合同额同比上升 3.2%。5 000 万美元以上的大项目共 39 个,新签合同额 37.9 亿美元,其中最大的项目为惠生(南通)重工有限公司在法国承建的 Arctici LNG 2(F-217)石油化工项目,合同额 3.1 亿美元。

2. 新业态工程增长明显

2019 年,全省对外承包新业态工程新签合同额 36.5 亿美元,占比 53.7%。其中,交通运输新签合同额 4.7 亿美元,电力工程新签合同额 12.1 亿美元,制造加工设施建设新签合同额 4.4 亿美元,工业建设新签合同额 6.1 亿美元,石油化工新签合同额 6.3 亿美元,水利建设项目新签合同额 1.6 亿美元,废水(物)处理项目新签合同额 0.7 亿美元,通讯工程建设新签合同额 0.6 亿美元。一般建筑项目新签合同额 26.3 亿美元,占比 38.7%。新业态业务量比一般建筑项目业务量占比多近 15 个百分点。

3. 开拓"一带一路"市场的能力不断加强

2019 年,全省企业在"一带一路"沿线国家承包工程新签合同额 38.6 亿美元,同比增长 17.7%;完成营业额 41.8 亿美元,同比下降 12.6%。截至 2019 年年底,全省对外承包工程覆盖了"一带一路"沿线 50 个国家,其中,柬埔寨、孟加拉国、泰国、印度尼西亚和菲律宾为新签合同额前五位国别。

（三）对外劳务合作稳步发展

2019 年,全省对外劳务合作新签劳务人员合同工资总额 39 769 万美元;劳务人员实际收入总额 86 888 万美元,同比增长 9%;派出劳务人员 23 704 人(含海员);期末在外劳务人员 69 860 人。全省在外劳务人员分布的主要国家(地区)为日本、新加坡、中国香港、巴哈马、俄罗斯。

1. 传统劳务市场稳步发展

日本是江苏省重点传统外派劳务市场,江苏省企业对日劳务输出一直以优秀的工人和良好的服务赢得市场。2019 年,全省对日劳务新签劳务人员合同工资总额 18 226 万美元;劳务人员实际收入总额 18 633 万美元,同比增长 1.3%;派出各类赴日劳务人员 4 602 人。

2. 高端劳务市场增长明显

全省现有两家中以劳务合作试点企业。截至目前,两家试点企业向以色列派出劳务人员 2 617 人;累计新签劳务人员合同工资总额 3 862 万美元;累计劳务人员实际收入总额 5 852 万美元。以色列建筑劳务的外派成为全省对外劳务合作新的增长点。

3. 对外劳务扶贫成效显著

江苏省响应国家号召,将脱贫攻坚战与对外劳务合作有机结合起来,通过对外劳务合作拓宽帮扶贫困地区劳动力就业渠道,提升劳动技能,助力贫困人口脱贫致富。2019 年,全省派出劳务人员来自国家级贫困县 850 人;来自省级贫困县 1 181 人;来自中西部地区 1 260 人。

（四）境外合作园区发挥作用

2019 年,全省在 6 个国家建有 7 个境外园区。包括 3 家国家级园区:西哈努克港经济特区、埃塞俄比亚东方工业园、中阿(联酋)产能合作示范园;4 家省级园区:印尼东加里曼丹岛农工贸经济合作区、江苏—新阳嘎农工贸现代产业园、印尼吉打邦农林生态产业园、徐工巴西工业园。7 家园区累计占地面积 1 220 平方公里,投资 24.5 亿美元,入区企业 324 家,总产值 35 亿美元,上缴东道国税费 1.3 亿美元,为当地创造就业岗位 5.5 万个。此外,还有 1 家共建园区:哈萨克斯坦"霍尔果斯—东门"经济特区。境外园区为全省企业全球资源优化配置、转移产能、抱团发展提供支点,也对促进东道国产业升级、经济社会发展和双边经贸关系发展发挥了积极作用。柬埔寨西哈努克港经济特区入选商务部编写的"一带一路"故事丛书第一辑。

二　积极推进对外经济技术合作

(一)完成省委省政府年度重点工作

出台了《推进重点合作园区提升计划专项行动方案》,新确认 1 家省级境外经贸合作区——徐工巴西工业园,成功举办了江苏省上市公司海外投资大会暨"一带一路"投资推进会、中央金融机构与江苏"走出去"企业对接会、中柬和中埃(塞)以及中白工业园等 8 家境外园区专题投资推介会。

(二)研究制定系列推进政策

2019 年,代省政府拟定《重点合作园区提升计划》和《江苏省对外劳务合作管理办法》,该《办法》被商务部转发全国。代省政府拟定《江苏省境外经贸合作区创新发展行动方案(2020—2022)》。

(三)持续加强宣传推广

2019 年,组织举办哈萨克斯坦四州投资合作推介会等 15 场经贸推介活动;组织近 90 家企业赴俄罗斯等 15 个国家开展投资促进活动。更新《"一带一路"投资合作指南(2018—2019)》。通过各类媒体和厅网站访谈节目,定期向社会通报工作进展情况。

(四)不断优化服务方式

2019 年,推动成立了西班牙江苏商会。与省司法厅共同推动成立江苏驻埃塞俄比亚等 6 个海外法律服务中心。牵头成立江苏省电力企业"走出去"联盟。与中国对外承包工程商会共同举办了央企与苏企合作"走出去"对接会。召开江苏上市公司海外投资大会暨"一带一路"投资推进会。新确认徐工巴西工业园为省级境外经贸合作区。与省贸促会共同举办第十一届中国(江苏)企业跨国投资研讨会。

（五）强化"走出去"人才供给

会同省教育厅升级了"走出去人才地图"2.0 版。与省教育厅在南京举办第二届"走出去"企业外国留学生招聘会。"走出去人才地图"已列入长三角区域一体化发展年度工作计划。组织 22 期"走出去"企业培训班,共培训全省企业高管及商务部门人员约 1 800 人次。

（六）筑牢走出去风险底线保障体系

打造全国首创的"江苏省出国外派境外工作人员人身意外伤害保险全覆盖"项目,共有 82 000 多人受益。联合中信保打造"江苏企业走出去统保平台",共承保项目 634 个,总保额 173.9 亿美元。启动全国首创的"江苏省企业人员海外安全防卫保险"。

（七）积极应对贸易摩擦

制定工作应急预案,首次拟定了"江苏省企业投资应急预案",重点引导出口市场在有关国别的江苏中小企业赴境外合作区投资设厂。

（八）参加相关博览会

牵头组织企业赴长沙参加第一届中非经贸博览会,赴银川参加第四届中阿(拉伯)博览会、苏企央企对接会,取得圆满成果。

2019 年江苏省开发区建设发展情况

2019 年，面对复杂多变的国际国内发展环境，江苏开发区坚持以习近平新时代中国特色社会主义思想为指导，认真践行新发展理念，按照省委十三届六次全会的决策部署，全面落实全省对外开放大会精神，以深入推进供给侧结构性改革为主线，以推动高质量发展为中心，以"一特三提升"为导向，加快推进开发区向现代产业园区转型，全省开发区保持良好的发展态势。

一 基本情况

（一）开放型经济主阵地作用凸显

2019 年，开发区创造了全省 50％以上的经济总量和一般公共预算收入，完成了全省 80％以上的进出口总额和实际使用外资。外商投资的高新技术企业和 1 亿美元以上的大项目 90％以上均落户开发区，对经济社会贡献持续增强，改革开放排头兵、转型升级主阵地、创新驱动强引擎作用更加凸显，成为推动全省双向开放、高质量发展的主力军。

（二）国家级经开区综合发展水平居全国前列

根据商务部 2019 年国家级经开区综合发展水平考核评价结果,江苏国家级经开区建设取得较好成绩,综合发展水平考核评价结果居全国前列。全省有 4 家经开区进入前 10,苏州工业园区连续 4 年位居第一,昆山、江宁和南京经开区分别位居第 5、第 7 和第 9 位。前 30 位中全省经开区占 8 家,比 2018 年增加 1 家;前 50 位中全省经开区占 14 家;前 80 位中全省经开区占 20 家。全省 26 家参评经开区中有 22 家位于前 100 位。本轮考评中,有 14 家经开区位次前移,其中张家港、吴江、扬州、如皋、盐城及沭阳经开区位次分别上升 38、11、29、15、30 和 45 位。全省 26 家国家级经开区位次平均较上年上升 3.5 位(见表 1)。

表 1　2018—2019 年江苏国家级经开区综合发展水平考核评价排名情况

序　号	开发区名称	2018 年排名	2019 年排名	进位情况
1	苏州工业园区	1	1	0
2	昆山经济技术开发区	5	5	0
3	江宁经济技术开发区	8	7	1
4	南京经济技术开发区	11	9	2
5	镇江经济技术开发区	22	24	—2
6	徐州经济技术开发区	34	25	9
7	连云港经济技术开发区	23	27	—4
8	南通经济技术开发区	39	30	9
9	张家港经济技术开发区	70	32	38
10	吴江经济技术开发区	45	34	11
11	相城经济技术开发区	44	38	6
12	常熟经济技术开发区	41	41	0
13	吴中经济技术开发区	47	42	5
14	海门经济技术开发区	51	50	1
15	宜兴经济技术开发区	55	53	2

序　号	开发区名称	2018 年排名	2019 年排名	进位情况
16	海安经济技术开发区	56	59	—3
17	扬州经济技术开发区	89	60	29
18	太仓港经济技术开发区	58	61	—3
19	如皋经济技术开发区	79	64	15
20	锡山经济技术开发区	46	77	—31
21	淮安经济技术开发区	29	81	—52
22	盐城经济技术开发区	125	95	30
23	靖江经济技术开发区	94	103	—9
24	沭阳经济技术开发区	154	109	45
25	苏州浒墅关经济技术开发区	112	114	—2
26	宿迁经济技术开发区	122	155	—33

二　主要工作与成效

（一）加强顶层设计，抓好政策落地

1. 督促落实《条例》

对《江苏省开发区条例》实施 1 周年情况开展联合督查，重点检验开发区管理体制、行政审批、综合执法等重点领域立法实际效果。通过督查，督促各地健全机制，抓好落地生效，推动解决开发区实际问题，促进开发区高质量发展。

2. 推动出台《规划》

起草《江苏省开发区总体发展规划》，对 2020—2025 年全省开发区的重大工程、重大计划、重大行动做出重点谋划，体现了高质量发展的要求。

3. 贯彻落实国发 11 号文

贯彻落实《国务院关于推进国家级经济技术开发区创新提升 打造改革开

放新高地的意见》（国发〔2019〕11号），研究起草《关于推进全省经济开发区创新提升 打造改革开放新高地的实施意见》，引导推动全省经济开发区开放创新、科技创新、制度创新，加快形成高质量发展新优势。

（二）聚焦改革创新，推动先行先试

1. 稳步推进全省开发区区域评估工作

成立"江苏省开发区区域评估工作领导小组"，制定《江苏省开发区区域评估工作方案（试行）》及其实施细则，进一步扩大区域评估试点范围。截至2019年年底，共有8项评估事项在全省158家开发区内有序推进，有力提升进区项目审批效率，切实减轻企业负担，更好地激发企业活力、优化营商环境。

2. 积极推进开发区与自贸试验区联动发展

将复制推广自贸试验区改革试点经验作为推进全省开发区改革创新的重要抓手，重点支持中韩（盐城）产业园等有条件的开放平台实施自贸试验区各项改革举措的叠加融合与集成创新。

3. 着力推进苏州工业园区开放创新综合试验

积极推广苏州工业园区五大示范平台建设方面的经验成效；做好园区深化开展开放创新综合试验工作方案的修订完善，推动省政府办公厅向商务部办公厅报送《关于报送苏州工业园区深化开展开放创新综合试验工作方案的函》（苏政办函〔2019〕28号）。

（三）加强考核督查，激发担当作为

1. 加强考核

按照省政府新版考核评价办法，组织实施2018年度全省经济开发区考核评价，科学运用考核评价结果，引导开发区走特色发展、创新发展、绿色发展和集约发展之路。

2. 鼓励创新

根据省政府统一部署，对推进经济开发区转型升级创新发展成效明显的南京、南通市予以督查激励，做好浦口经济开发区调区、海门工业园区更名、溧水经济开发区升级等配套激励工作，为开发区拓宽发展空间、突出发展定位、提升发展能级提供有力支撑。

（四）培育载体平台，打造开放创新高地

1. 特色创新示范园区推动集聚发展

围绕省政府明确培育的新型电力（新能源）装备等 13 类具有国际竞争力的先进制造业集群，继续推进特色创新示范园区建设。加强统筹协调、分类指导，认定 18 家开发区为第二批省级特色创新（产业）示范园区，有力推动全省开发区错位发展、互补发展、特色发展。

2. 智慧园区建设助推转型升级

围绕《智慧江苏建设三年行动计划（2018—2020 年）》（苏政办发〔2018〕70 号）相关要求，继续鼓励引导有条件的开发区创建省级智慧园区。加强业务培训和指导，评定第二批 10 家省级智慧园区，推动全省开发区信息网络宽带化、基础设施智能化、规划管理信息化、公共服务便捷化、社会治理精细化、产业发展现代化。

3. 国际合作园区创建工作成效初显

出台《江苏省国际合作园区认定与管理暂行办法》（苏商开发〔2019〕463 号），组织评定首批 9 家"江苏省国际合作园区"，通过创建一批主体功能突出、外资来源地相对集中的国际合作园区，引导开发区积极探索、进一步深化国际合作，推动国际先进技术、高端制造业项目在国际合作园区集聚落地，拓宽与发达国家和地区的产业技术合作通道，不断提升国际合作园区能级。

（五）聚焦产才融合，打造"智力引擎"

1. 推动高端人才集聚

配合省委组织部（省人才办）在苏州召开全省产才融合暨园区人才工作推进会议，参与起草出台《关于强化招才引智推动"双招双引"的实施办法》（苏人才办〔2019〕30 号），推进打造开发区产业高地、人才高地、创新高地；编制《江苏开发区》画册，系统详实地专题介绍开发区"双招双引"政策，图文并茂地展示开发区招才引智典型案例。

2. 积极组织开展"双招双引"工作

与省人才办共同带领有关开发区先后赴以色列、挪威、日本、韩国等国开展"双招双引"活动，帮助开发区以人才引领产业，以产业集聚人才，推动人才

与项目技术引进交汇融合。

3. 组织开展开发区管理人员培训班

分别举办全省开发区创新发展专题培训班、创新提升专题培训班、智慧园区培训班,切实提升开发区干部队伍的业务技能和管理服务水平。各类"双招双引"和培训活动做到多层次、分类别、多形式、重实效,为全省开发区高质量发展打造强有力的"智力引擎"。

(六) 推进合作共建,强化协调发展

1. 加快推动省际合作共建

深化苏陕扶贫协作共建"区中园",联合陕西省商务厅在南京召开联席会议和项目推介会,赴陕西对 10 家"区中园"进行全覆盖式走访、调研,工作交流力度进一步加大,项目落户进程进一步加快,协同招商模式进一步创新。全年"区中园"共引进投资项目 44 个,到位资金超过 40 亿元,直接帮扶和消费帮扶超千人,取得阶段性成效。

2. 推动省内共建园区高质量发展

配合省苏北办拟定出台《关于推动南北共建园区高质量发展若干政策措施》,对全省 45 家南北共建园区开展年度考核评价和督查,引导和促进南北共建园区高质量发展。

3. 积极参与融入国家战略

积极响应"一带一路"倡议,与宁夏商务厅互派代表团开展经贸交流活动。积极融入长江经济带建设,组织 18 家国家级经济技术开发区参加 2019 年度商务部"长江经济带东西部国家级经济技术开发区交流合作活动",目前共有 7 家经济技术开发区与长江经济带西部经济技术开发区结对交流合作;同时,按照省长江经济带办公室统一部署,协调推动长江经济带商务领域的相关工作。

2019 年江苏省口岸运行和开放情况

2019 年，江苏省口岸管理工作以"一带一路"建设和长江经济带发展等国家战略为引领，着力推动全省口岸健康可持续发展，口岸建设运行和开放等取得了新进展。

一 口岸基本情况

（一）口岸概况

全省拥有海岸线 954 公里，分布在连云港、盐城和南通 3 市，约占全国海岸线的 1/10；长江江苏段全长 418 公里，素有长江"黄金水道"之称。丰富的海岸线和得天独厚的长江岸线，为江苏开设口岸、发展经济提供了优越的自然条件。目前，全省拥有一类口岸共 26 个，形成了齐全配套的立体式口岸对外开放格局，不仅为全省大部分货物出入境提供服务，同时也为中西部地区对外贸易提供优良通道。

（二）口岸分布

截至 2019 年年底，全省一类口岸共 26 个，其中，空运一类口岸9个,水运一类口岸17个,其中,海港一类口岸5个,河港一类口岸12个。

表1　2019年江苏省口岸分布情况表

一类口岸(26)	空运一类口岸(9)		南京空运口岸、盐城空运口岸、无锡空运口岸、徐州空运口岸、常州空运口岸、淮安空运口岸、扬州空运口岸、南通空运口岸、连云港空运口岸
	水运一类口岸(17)	海港一类口岸(5)	连云港水运口岸、盐城大丰水运口岸、南通如东洋口港水运口岸、南通启东水运口岸、盐城水运口岸
		河港一类口岸(12)	南京水运口岸、常州水运口岸、南通水运口岸、扬州水运口岸、镇江水运口岸、泰州水运口岸、苏州张家港水运口岸、苏州常熟水运口岸、苏州太仓水运口岸、无锡江阴水运口岸、南通如皋水运口岸、泰州靖江水运口岸

(三)口岸运行

2019年,全省水运口岸共完成外贸货运量50 661.82万吨,同比增长7.38%,外贸集装箱运量达到8 245 726.75标箱,同比增长3.2%;空运口岸出入境旅客6 526 583人次,同比增长13.39%,外贸货邮量241 852.55吨,同比增长4.59%。

表2　2019年江苏省水运口岸外贸货物和外贸集装箱运输情况表

	外贸货运量(万吨)		外贸集装箱运量(标箱)	
	自年初累计	同比增长(%)	自年初累计	同比增长(%)
全省合计	50 661.82	7.38	8 245 726.75	3.2
连云港水运(海港)口岸	12 923.43	8.74	2 850 671	3.17
南通水运(河港)口岸	3 202.72	−23.16	315 596.25	−10.03
张家港水运(河港)口岸	5 970.62	9.3	597 322	−10.12
南京水运(河港)口岸	2 534.81	13.49	1 459 000	20.58

(续表)

	外贸货运量（万吨）		外贸集装箱运量（标箱）	
	自年初累计	同比增长（％）	自年初累计	同比增长（％）
镇江水运（河港）口岸	4 334.73	10.76	184 017	−2.17
江阴水运（河港）口岸	5 250.14	19.39	41 731	−11.21
扬州水运（河港）口岸	1 137	3.2	229 760	7.02
泰州水运（河港）口岸	1 299.71	−2.55	105 063	−9.11
靖江水运（河港）口岸	1 347.7	32.82	—	
太仓水运（河港）口岸	7 479.57	4.11	2 132 478.5	−0.04
常熟水运（河港）口岸	1 202.46	−3.53	122 400	8.16
常州水运（河港）口岸	1 199.2	26.32	150 788	−10.4
大丰水运（海港）口岸	1 020.8	54.45	30 200	39.34
如皋水运（河港）口岸	849.53	1.38	26 700	147.72
启东水运（海港）口岸	343.1	60.11		
如东水运（海港）口岸	566.3	−14.7		

表3　2019 年全省空运口岸出入境旅客及外贸货邮量运输情况表

	出入境旅客（人次）	同比（％）	外贸货邮量（吨）	同比（％）
全省合计	6 526 583	13.39	241 852.55	4.59
南京空运口岸	3 853 000	6.9	204 000	−3.77
无锡空运口岸	1 040 463	9.87	34 567.5	97.3
常州空运口岸	602 146	44.19	419.9	26.78
盐城空运口岸	113 616	17.7	1 378.8	364.41
徐州空运口岸	197 207	15.78	269.1	−36.8
淮安空运口岸	88 798	−13.48	—	—

	出入境旅客（人次）	同比（%）	外贸货邮量（吨）	同比（%）
扬州空运口岸	276 082	24.31	——	——
南通空运口岸	279 916	69.02	812.25	19.59
连云港空运口岸	75 355	122.5	405	135.43

（四）码头（泊位）开放

2019 年，获得江苏省政府批准对外开放的码头（泊位）有 6 个。

表 4　2019 年新获批对外开放的码头（泊位）表

序号	码头（泊位）名称
1	张家港永嘉集装箱码头有限公司 17 号泊位
2	中船澄西扬州船舶有限公司舾装码头
3	招商局重工（江苏）有限公司 1 号、2 号码头
4	燕达（海门）重型装备制造有限公司码头
5	南通一德实业有限公司码头二期工程 5 万吨级通用泊位
6	江苏华电句容储运有限公司码头（华电一期泊位）

二 扎实有序地推进口岸协调、开放和管理工作

（一）优化全省口岸管理体制机制

1. 推进管理体制优化

本轮机构改革中，省口岸办整建制划转至省商务厅，但省口岸办牌子未予明确。为落实好省领导做强口岸办、推动全省口岸更好发展的指示精神，厅党组积极争取明确省口岸办机构，强化设置规格；根据厅党组的指示，省口岸综合管理部门在各市机构改革中积极与各地口岸综合管理部门保持联系，有效落实厅领导的要求；切实发挥业务指导作用，经社团管理部门批准，以不脱钩

方式推进省口岸协会换届改选,加强协会建设,重塑协会运行机制,搭建更加有利于推动全省口岸发展的平台,健全口岸管理服务的"两条腿"之一,有效地贯彻了省领导和厅党组加强全省口岸管理服务,促进口岸健康发展的要求,为优化全省口岸管理体制机制打下坚实基础。

2. 完善工作机制

大力推进口岸工作机制体系不断完善。一是口岸激励机制。纵横结合,横向上争取厅人教处、省表彰办支持,纵向上进一步完善细化国家相关要求,以运行管理先进口岸共建为主要抓手,推动各地强化口岸运行管理,进一步形成创先争优的良好氛围。二是口岸约束机制。以动态管理、警示提示约谈等措施手段为主要抓手,重点关注航空口岸运量考核指标和"十三五"口岸开放任务完成情况,督促地方加强管理,引起了相关地方口岸的高度重视和反响。三是口岸发展推进机制。以帮助梳理思路、探索发展路径为主要抓手,以优化口岸营商环境、推进通关便利化为目标,鼓励地方口岸充分发挥自主性、创新性,促进口岸特色化、个性化发展。四是口岸联动机制。以强化口岸管理部门协作和企业交流合作为主要抓手,把口岸管理部门相关负责同志吸纳进入省口岸协会,强化政企交流与企业间合作,统筹搭建互动平台。五是口岸工作协调机制。本次机构改革后,省市口岸综合管理部门、省级查验单位均调整了机构设置。省口岸综合管理部门积极加强与各方沟通对接,向上对接国家口岸办、交通运输部等相关部门,争取到大力支持;省级层面密切联系省政府办公厅、省级查验单位,畅通沟通渠道;向下本着服务基层的原则,与各地口岸办保持紧密联系,及时解决基层提出的问题,积极支持各地口岸办相关工作。口岸工作协调机制已理顺畅通。

(二)优化全省口岸营商环境

1. 总体设计,推动落实

省口岸综合管理部门认真贯彻落实国务院优化口岸营商环境促进跨境贸易便利化工作方案,牵头起草并以省政府名义印发了江苏省优化口岸营商环境促进跨境贸易便利化实施方案,明确了全省 24 项工作举措和责任部门,为全年工作打下扎实基础。制定出台 2019 年全省口岸工作要点,明确了工作思路,细化了重点任务。召开全省口岸办主任会议,交流口岸工作,研究部署新形势下促进口岸建设发展,提升口岸服务功能,各地口岸齐心协力,明确目标任务,加大工作力度,切实有效推动落实优化口岸营商环境。

2. 增强能力,优化服务

加大国际贸易"单一窗口"推广应用力度,保持应用率稳定达标,有考核指标任务的国际贸易"单一窗口"主要业务(货物、运输工具、舱单申报)应用率已全面达到 100%。拓展平台服务功能,根据国口办部署,全省积极开展减免税业务系统、原产地证系统、船舶吨税系统试点工作,得到了国口办的认可并在全国推广。优化口岸服务,重点推进有外贸集装箱业务和国际货运包机业务的口岸公开公示口岸作业时限标准,推广应用信息化系统,显著提升无纸化作业覆盖率。强化口岸骨干人才能力建设,参加国口办组织的干部培训,并及时对全省各市口岸办开展相关业务培训,进一步提升口岸综合管理能力;以省口岸协会的名义邀请省级领导为全省口岸管理部门、口岸运营企业的骨干讲课。

3. 协调配合,提效降费

积极协调和配合省各有关部门,根据国家部委的统一部署,全面落实简化证件和随附单据相关工作。2019 年以来,实现了出口原产地证网上申报,推广原产地证书自助打印;推进海关专用缴款书企业自行打印无纸化改革;取消了汽车零部件自动进口许可证;全面推广电子报关委托,申报环节海关不再要求企业提交纸质报关委托书;推动简化报关手续,进口申报环节企业无须向海关提交装箱清单,出口申报环节企业无须向海关提交发票、装箱清单。配合省财政厅进一步规范口岸收费,加强口岸收费目录清单动态管理,对全省所有一类口岸的收费目录清单进行了细化完善,并于 5 月 1 日前在"单一窗口"上进行全面公示,企业可以随时查询和比较全省乃至全国各口岸收费情况,充分享受公开透明的知情权。按照国口办统一部署,会同南京海关,完成全省免除查验没有问题外贸集装箱吊装移位仓储费用全面试点的口岸查验场所(场地)明细清单统计汇总报送工作。

(三)推进全省口岸开放

1. 口岸对外开放和扩大对外开放

一是协调推进并完成了连云港水运口岸扩大开放验收等相关工作。二是督导盐城港滨海港区对外开放验收等相关工作。三是积极推进盐城港响水港区和射阳港区对外开放。四是积极推进南通港水运口岸(通州湾)和连云港空运口岸扩大对外开放。

2. 开放港口范围内码头对外开放

开展了连云港港、南京港、南通港、扬州港、镇江港等水运口岸 19 个码头(泊位)对外开放的验收、报批等相关工作。其中,11 个码头(泊位)已正式获批对外开放。

3. 开放港口范围内码头(泊位)临时启用

为支持地方经济发展和企业生产经营,对还不具备正式开放条件的码头(泊位),按照相关文件规定要求,全年共开展了 10 个码头(泊位)临时启用的审查、审批工作。

4. 非开放港口范围内码头临时对外开放

积极推进连云港港徐圩港区、赣榆港区和灌河港区,盐城港响水港区、射阳港区的临时对外开放。2019 年,上述港区均获交通运输部 2 次临时开放批准。

(四)促进口岸健康发展

1. 鼓励地方口岸个性化错位发展

积极支持无锡申报药品指定口岸,支持无锡机场航空口岸建设和国际货运业务发展,支持淮安建设国际航空枢纽,支持推进徐州国际陆港建设。深入实地,加强现场服务,支持苏州铁路口岸开放,赴口岸现场调研服务并提出指导意见。主动为基层出主意想办法,支持连云港机场口岸扩大开放。着力抓好运行管理先进口岸共建,以完善评价指标为导向,坚持国门安全一票否决机制,引导全省口岸管理部门提升管理水平、口岸运营企业优化服务、地方口岸争先创优特色发展。大力促进口岸功能服务国家战略,支持地方经济发展。积极支持发挥口岸作为重要开放平台的作用,在提高通关效率、推广应用国际贸易"单一窗口"、增强口岸运输能力、支持临空经济发展、助力"一带一路"交汇点建设等方面提供口岸功能支持。

2. 加强口岸综合信息管理和运用

加强数据安全管理,根据海关总署印发的《国际贸易"单一窗口"数据安全管理办法》,以省外经贸发展联席会议办公室名义印发了《中国(江苏)国际贸易"单一窗口"数据安全管理实施细则》,对省级"单一窗口"及其互联平台明确数据安全管理要求。组织完成《中国口岸年鉴》和《中国国际贸易单一窗口年鉴》江苏部分、《江苏年鉴》口岸部分的编撰工作,其中,《中国口岸年鉴》和《中国国际贸易单一窗口年鉴》江苏部分分别获得中国口岸协会颁发的组稿工作三等奖。注意收集各地口岸信息,研究全省口岸发展需求,谋划全省口岸"十三五"发展和"十四五"规划的衔接工作,做好编制"十四五"规划意见的准备工作。

3. 推进智慧口岸建设

新建和优化一批具有江苏特色的口岸信息化项目,推动智慧口岸功能向国际贸易产业链前伸后移。新建水铁联运系统,实现铁路客运数据交换,推进铁路客运数据分析系统建设;建设具有实效性的通关系统,深化与连云港、张家港、扬州等港口码头数据对接,实现物流通关时效展示;推进金融服务模块建设,积极探索新的数据对接方式和合作模式,上线运营建设银行、中国银行、工商银行、农业银行、民生银行、南京银行、兴业银行及中信保太平洋保险、紫金保险等金融服务项目;建设商品识别码系统,实现与关税系统编码中心零售商共享数据通用接口对接;深化与邮政、交通等部门数据对接,进一步推进跨境综合服务、物流服务等系统建设。

4. 建设国内一流的江苏特色电子口岸

2019年,实现中国(江苏)国际贸易"单一窗口"与20个部门的数据系统对接,新增加的空运运输工具(民航)、特殊药品联网审批(食药监)、快件(邮政)、结付汇(外汇)、商务诚信(商务)等功能全部实现对接上线。通过功能拓展,中国(江苏)国际贸易"单一窗口"实现了12大基本功能,涵盖货物申报、舱单申报、运输工具申报、税费支付、许可证件申领、原产地证书申领、企业资质办理、出口退税、查询统计、口岸物流时效评估、加贸保税、跨境电商等,基本涵盖国际贸易全链条,在全国处于领先地位。

5. 有效提升空港口岸的发展质量

一是积极推动淮安、盐城空运口岸出入境旅客运量的达标。二是大力支持空港口岸加快开通新增国际航线。南通空运口岸开通了孟买—南通—大阪国际定期全货机航线,扬州空运口岸开通了扬州—澳门、扬州—吉隆坡国际航班,盐城空运口岸计划开通的盐城—芽庄国际航线各项工作已准备就绪。三是加快推进空运口岸 7×24 小时通关保障。目前,南京空运口岸已于 2019 年 12 月 23 日对外宣布,正式实行 7×24 小时通关保障;无锡空运口岸也在积极协调海关、边检加快推进 7×24 小时通关保障。

(五) 加强口岸功能辐射带动作用

1. 推进自贸试验区口岸服务创新

创新合作机制,首开省市共建先河。发挥省电子口岸平台优势,借鉴和提升苏州自贸片区(工业园区)先进经验,推进省电子口岸公司与苏州跨境电商公司签订了战略合作协议,首次实现省级单位和自贸试验区开展合作共建,深入推进项目建设,打造江苏自贸区综合服务平台。创新服务模式,探索建设自贸试验区统一门户。指导省电子口岸公司制定自贸试验区统一门户建设方案,为管理部门提供对外统一信息发布、政策宣传和招商引资的省级信息化平台,探索建设省内首个自贸试验区网络的"一张名片"。创新系统功能,首推自贸试验区口岸金融信息综合服务试点。指导省电子口岸公司建设金融服务系统,一期建设围绕离岸贸易真实性验证和结算便利化开展创新和提供服务,帮助银行降低风险,促进银行提供更多优质服务,首次实现与外汇管理信息的对接。计划首先在苏州自贸片区落地试点,成熟后逐步推广到其他片区。

2. 支持自贸试验区口岸功能建设与发展

发挥中国(江苏)国际贸易"单一窗口"综合服务功能,推进"单一窗口"在自贸试验区全面应用,探索争取在自贸试验区率先开展国际贸易"单一窗口"相关应用项目试点。会同有关部门,探索研究支持自贸试验区发展的口岸管理新模式,不断提升自贸片区跨境贸易便利化水平。指导帮助连云港、苏州等片区申报铁路开放口岸资质,积极打造片区口岸开放新平台,推动形成片区口岸组合运行优势。鼓励徐州国际陆港探索特殊监管区域内的口岸功能叠加与创新,推动连云港、徐州、淮安口岸资源互通,助力"物流金三角"建设。

3. 推进跨区域口岸资源共享

大力推动长三角口岸城市群大通关合作苏皖(皖苏)项目对接。2019 年 12 月,全省联合安徽省口岸办在安徽池州举办专场对接活动,全省 12 个市县的口岸办、16 家企业,与安徽省的 10 家企业展开面对面对接,共同交流两省口岸大通关合作需求、推进干支线水水中转合作项目,内容涉及大通关建设协作、口岸物流多式联运、口岸港口基础设施建设，口岸经济区建设，船务、船代、货代企业引进，航线航班开通加密等。这已是两省连续第 9 次共同举办项目对接会，受到地方口岸办和企业的普遍欢迎。对接会成果丰硕，促成一批项目的合作和对接。积极开展与上海口岸对接，召开专题座谈会，研究推动苏沪相关口岸信息共享，推进落实跨区域口岸信息互联互通"最后一公里"。

2019 年江苏省进出口公平贸易情况

2019 年，江苏省科学谋划应对贸易摩擦，坚持横向协作、纵向联动，凝聚合力，有效应对外部环境变化的冲击，贸易救济工作走在全国前列。

一　进出口公平贸易情况

（一）总体情况

2019 年，全省遭遇各类贸易摩擦案件 157 起（包括原审案件、各类复审案件和"337 调查"），同比（下同）增长 3.3%；涉案金额 36 亿美元，减少 46.6%；涉案企业 6 580 家，减少 2.9%。其中，遭遇国外新发起的案件 87 起（仅统计"两反一保"，即反倾销、反补贴和保障措施调查），减少 5.4%；涉案金额 30.6 亿美元，减少 48.4%；涉案企业 5 105 家，增长 2.4%。截止到 2019 年年底，全省 40 多家企业代表全行业申请贸易救济原审调查 38 起，复审调查 34 起。2019 年当年参与发起原审调查 2 起，复审调查 4 起。

（二）主要特点

2019 年，从遭遇贸易摩擦特点看，传统产业仍然是国外对江苏贸易救济调查的重点，涉及冶金、金属制品、纺织、化学、机械、有色金属、建筑材料、汽车、造纸、食品、电子、医疗器械 12 个行业。24 个国家（地区）对江苏发起贸易救济调查，美国、印度、阿根廷、印度尼西亚是对江苏贸易救济调查的主要发起方。经济相对发达地区涉案较多。从贸易救济调查特点看，江苏企业参与发起的贸易救济调查主要集中在化工、光伏等产业。

二　积极谋划科学应对贸易摩擦，主动发起贸易救济调查

（一）妥善处置贸易摩擦大案要案取得良好效果

1. 实行"一案一会"制度

针对全省涉案金额在 1 亿美元以上以及强制应诉企业在江苏的案件，实行"一案一会"制度，在第一时间召开专案预警通报及应对工作会，合计参会人数近 200 人，为应诉企业提供必要的政策支持。组织重点涉案企业配合商务部、行业商协会开展无损害抗辩、参加听证会、与国外调查机关和相关行业组织或企业进行谈判。

2. 完善全过程指导服务机制

对大案要案持续跟踪、服务和开展应对效能评估。根据商务部统一部署，对近年来全省 18 家涉美贸易救济案件企业开展应对效果评估、经验总结。

3. 强化部门联动工作机制

发挥省应对贸易摩擦联席会议制度作用，协调 5 个省直部门（单位）、4 个设区市，高效完成 13 起反补贴调查政府问卷的填答和证据材料的提报工作。协助商务部在扬州成功承办中组部的地方党政领导干部贸易摩擦应对和补贴规范使用专题研究班。根据国家统一部署，指导省直部门及各地方人民政府开展有关产品补贴清理工作，累计梳理 3 000 余条项目，涉及企业 700 余家，涉及金额近 26 亿元，切实维护守规则大国形象。

（二）预警体系建设走在全国前列

2019 年,江苏省级进出口公平贸易工作站 27 个,其中综合型工作站 3 个,专业协会型工作站 10 个,龙头企业型工作站 14 个,主要分布在医药、化工、光伏、钢铁、机械、轻工、纺织服装、建筑建材、食品原辅料等多个省内重点行业,发布公平贸易信息,上报行业相关分析,为业内企业及时调整应对策略服务,也为领导决策提供参考依据。除了预警服务,工作站在妥善处理大案要案、有效维护出口市场、引导企业转型升级、推动行业建立标准等方面也发挥着重要的作用和功能。

（三）主动维护产业安全推动产业做大做强

南京诺奥新材料、南京荣欣化工代表国内产业申请对美国进口的正丙醇发起"双反"调查。商务部正式立案调查。这是中美经贸摩擦升级以来,中国对来自美国的进口产品发起的第一起"双反"调查,也是 2012 年以来中国对美国的第三起"双反"案。近十年来,支持南京德纳化工有限公司代表国内产业对美国和欧盟进口的乙二醇和二甘醇的单丁醚产品先后发起反倾销原审调查、期中复审调查和期终复审调查,均获得商务部肯定性裁决。反倾销措施改变了产业竞争格局,培育了竞争新优势。

（四）探索开展相关工作提高水平和能力

2019 年,在商务部世贸司指导下,针对省委、省政府拟出台的部分政策文件,以及部分省级部门如发改委、财政厅等和部分地方如常州、南通、张家港等拟出台或已出台的政策文件探索性地进行贸易政策合规性审查,研提合规意见,积极推动文件出台。根据商务部和省政府要求,针对外国质疑的补贴政策,广泛征求有关地市意见,及时完成核实上报任务,不断提高政策的透明度,切实履行我国在 WTO 项下的通报义务,营造更加稳定、开放、公平的外贸环境。配合商务部对 3 起出口管制案件进行核查,对 5 家单位进行 6 项最终用户访问。针对美国将省内 10 家企业分别列入出口管制名单,积极应对,协调邀请有关专家指导梳理业务,厘清风险点,研判形势并提出建议。

三 创新做法获肯定

据不完全统计，2019 年在国外对华贸易救济调查案件作出裁决的案件中，江苏企业通过参与应诉并获得胜诉的案件共 32 起，有效维护出口市场份额约 12.5 亿美元，缓解了贸易摩擦对江苏经济运行和企业经营造成的影响，也给全省企业和行业增强了信心，提供了宝贵的应对经验。

2019 年，江苏预警体系建设经验得到国家的充分肯定，国家层面借鉴江苏公平贸易工作站做法，首次建立国家级应对贸易摩擦工作站，江苏佰腾科技有限公司运营的"江苏省应对美国 337 调查公平贸易工作站"成为全国唯一一家地方工作站升级为国家级工作站，为全国应对美国 337 调查提供专业服务。2019 年 4 月，全国贸易救济工作会上，江苏专门就贸易救济机制建设介绍经验。2019 年 8 月，商务部在成都举办的应对贸易摩擦培训班上，江苏应邀就建立预警体系、法律服务机制等向全体学员授课。

江苏贯彻落实党中央、国务院决策部署，把中美经贸摩擦应对作为防范化解重大风险的重要方面，牢固树立"一盘棋"思想，统筹推进应对工作，务实举措和创新做法，得到国家有关部门的充分肯定，"江苏经验"在全国宣传推广。

　　建设自由贸易试验区(以下简称自贸试验区)是党中央在新时代推进改革开放的一项战略举措,在我国改革开放进程中具有里程碑意义。2019 年,江苏高标准高质量申报建设自贸试验区,加快推进各项改革试点任务落实,工作取得积极成效。

一　加强组织领导,建立自贸试验区管理体制

(一)领导高度重视

　　党中央、国务院高度重视自贸试验区建设工作。习近平总书记多次作出重要批示指示,李克强总理多次听取自贸试验区工作汇报,提出明确要求。2018 年年底,党中央综合考虑改革开放 40 周年重大历史背景、当前国际国内形势及国家对外开放总体战略布局等因素,决定研究推进在江苏新设自贸试验区。2019 年 6 月底,习近平总书记、李克强总理先后对江苏自贸试验区总体方案作出重要批示,中央深改委第 8 次会议、中央政治局常委会先后审议并

通过江苏自贸试验区总体方案。省委、省政府将自贸试验区建设工作作为服务和融入重大国家战略、推动高质量发展的重要举措,省委娄勤俭书记、吴政隆省长先后多次作出批示指示,召开专题会议,开展专题调研,研究推进自贸试验区工作。

(二)建立管理体制

省委、省政府专门成立省委娄勤俭书记任第一组长、吴政隆省长任组长的工作领导小组,办公室设在省商务厅,49 个省有关部门、单位主要负责同志为领导小组成员。在领导小组下设实体经济创新发展和产业转型升级、服务国家战略、投资体制改革、贸易转型升级、金融开放创新、"放管服"改革、事中事后监管、法制建设、统计监测等 9 个专题工作组。省编委下达批复,在省商务厅成立江苏省自由贸易试验区工作办公室,负责指导督促、协调推进各片区及相关单位自贸试验区改革试点任务。南京、苏州、连云港 3 市均成立主要领导挂帅的领导小组,并按程序报编制部门批准成立自贸片区管委会,初步建立了权责明晰、精简高效的自贸试验区管理体制。

(三)加强组织动员

2019 年 10 月 22 日,省委娄勤俭书记主持召开江苏自贸试验区工作领导小组第一次全体会议,强调要坚持高标定位、高点起步,推动集成超越、后发先至,全力打造国内一流、国际公认的自贸试验区,奋力走在全国自贸试验区建设的前列。2019 年 8 月 30 日,吴政隆省长主持召开省政府常务会议,强调要解放思想、锐意创新、敢闯敢试,努力在全国自贸试验区建设中干在实处、走在前列。省委常委、常务副省长樊金龙召开专题会议,研究推进江苏自贸试验区连云港片区工作。郭元强副省长牵头省委《把自贸区建成新时代改革开放新高地》重点课题,专门赴上海、四川、重庆等地开展调查研究,并主持召开智库专家座谈会,听取意见建议。南京、苏州、连云港片区及时召开领导小组会议,研究审议相关政策文件,加快部署推进自贸试验区改革试点任务落实。

二 积极汇报争取，做好自贸试验区申报工作

（一）编制总体方案

按照党中央、国务院决策部署和商务部工作安排，2019 年 1 月 18 日，江苏启动新设一批自贸试验区申报工作。省商务厅抽调力量组成工作专班，起草江苏自贸试验区总体方案初稿并征求省有关部门意见。2019 年 1 月 26 日，省政府正式将总体方案初稿报送商务部。2019 年 2 月 13 日—4 月 23 日，商务部就江苏自贸试验区总体方案先后两轮征求 50 个国家相关部门意见建议，并修改完善。在先后经中央深改委和中央政治局常委会审议通过后，2019 年 8 月 2 日，国务院正式批复同意设立江苏自贸试验区，并印发总体方案。

（二）划定区域范围

按照商务部、自然资源部统一要求，省商务厅会同省自然资源厅组织南京、苏州、连云港 3 市确定了片区四至范围，按要求进行复核，制作全省自贸试验区区域范围示意图、片区界址点坐标表、片区界桩示意图等资料并报商务部、自然资源部审核。经审核，全省自贸试验区总面积 119.97 平方公里，其中，南京片区 39.55 平方公里，苏州片区 60.15 平方公里，连云港片区 20.27 平方公里。

（三）积极争取支持

2019 年 3 月 1 日，省委娄勤俭书记、吴政隆省长赴商务部拜会钟山部长，争取商务部支持。厅主要负责同志多次赴商务部，向钟山部长和相关司局汇报江苏自贸试验区总体方案编制和 3 个片区区域划定情况，争取支持。总体方案编制期间，工作小组积极向国家相关部门汇报沟通相关政策诉求，争取一批含金量高的改革举措在全省自贸试验区先行先试。国务院印发的总体方案 113 项改革创新举措中，42 项为全省创新提出。

三 加强统筹协调，抓好改革创新任务落实

（一）细化工作举措

在总体方案基础上，对 113 条改革试点任务进行细化分解，研究制定《中国（江苏）自由贸易试验区建设实施方案》，提出 5 个方面 35 项工作举措，形成首批落实清单（62 项）、对接细化清单（51 项）和深化改革清单（19 项），明确了部门分工和时序进度。南京片区印发实施方案及《关于促进中国（江苏）自由贸易试验区南京片区高质量发展的意见》，形成了"1＋9"政策体系，央视新闻进行了专门报道。苏州片区印发实施方案及《关于支持中国（江苏）自由贸易试验区苏州片区高质量发展的工作意见》，并确定了昆山、常熟、张家港等 14 个自贸试验区苏州片区联动创新区。连云港片区印发实施方案及《关于促进中国（江苏）自由贸易试验区连云港片区发展的若干意见（试行）》。省商务厅率先印发支持自贸试验区改革创新的 7 个方面 20 条政策举措，南京海关、人行南京分行、省自然资源厅、江苏海事局印发相关支持政策。

（二）加大推进力度

省商务厅积极履行领导小组办公室牵头协调职责，厅主要负责同志专门召开 9 个专题工作组推进会，加快推进自贸试验区"62＋51＋19"项改革试点任务落实，抓紧研究制定配套政策，共同做好对片区赋权、地方立法和信息报送等工作。加强对片区改革创新分类指导，就自贸试验区改革试点任务逐项细化工作举措，明确序时进度安排。目前，首批落实清单 62 项任务全面启动实施，对接细化清单 51 项任务和深化改革清单 19 项任务正在抓紧向国家相关部门对接。

（三）加快项目落地

围绕 3 个片区重点发展的优势产业，加大高质量产业项目引进力度。南京片区剑桥大学南京科技创新中心正式奠基，华为鲲鹏生态产业基地正式开园。苏州片区飞利浦全球企业服务中心、基石药业联合创新中心、三星电机华

东分拨中心等一批总部项目进驻。连云港片区中云物流园区等货运枢纽工程建成投用，首个 400 万吨级精选矿项目投产试运行。2019 年 9—12 月，全省自贸试验区累计新增注册企业 1.24 万家，其中外资企业 145 家，累计实际利用外资 6.44 亿美元。

四 深化制度创新，彰显改革成效

（一）加快转变政府职能

省政府印发《在自贸试验区开展"证照分离"改革全覆盖试点实施方案》（苏政发〔2019〕73 号），改革事项涵盖法律、行政法规、国务院决定设定的涉企经营许可事项 523 项以及江苏省地方性法规、地方政府规章设定涉企经营许可事项 12 项，同时将试点范围扩大至苏南国家自主创新示范区、南京江北新区及全省省级以上开发区。苏州片区推动"三减一优"改革，编制企业（项目）、自然人政务服务全景化事项清单，单事项办理的时限压缩 35%、材料压缩 14%、环节压缩 33%，率先试行建设项目环评审批告知承诺制改革和分布式光伏发电项目容缺审批改革，首创企业登记住所信息联网查验制度。

（二）深化投资管理体制改革

全面落实外商投资准入前国民待遇加负面清单管理制度，支持外商独资设立经营性教育培训和职业技能培训机构，全省首家外商独资设立职业技能培训机构"江苏德英培训服务有限公司"在南京片区挂牌成立，央视《新闻联播》专门进行报道。台湾律师事务所首次落户南京片区。苏州片区加快推进国家级境外投资服务中心建设，优化境外投资企业备案和项目备案工作"单一窗口"模式，实现同时申报、同步办理、全程网上审批。

（三）推动贸易转型升级

加快推进服务贸易创新发展，南京片区积极推动建设知识产权服务业集聚发展区，集聚知识产权服务机构 50 多家。苏州片区试点打造全国首家保税检测集聚区，完成全国首票保税检测外发试点业务。推出"关助融"海关信用惠企新模式,金融机构将企业海关信用信息纳入信贷分析池,授信资金近 6 亿元,缓解近 50 家进出口企业融资难融资贵的问题。实行进口研发(测试)用未注册医疗器械分级管理,提升进口通关效率,加快了医疗器械产品的开发与上市速度。加快建设国际先进的国际贸易"单一窗口",连云港口岸国际贸易"单一窗口"初步实现与国际贸易有关的政府部门、企业间数据的开放共享。

(四)推动金融服务实体经济发展

创新知识产权融资模式,南京片区以"我的麦田"为载体,打造"互联网＋金融＋知识产权"的知识产权互联网公共服务平台,有效解决科技型中小企业融资难题。加快实施货物贸易外汇收支便利化试点,苏州片区三井住友银行园区支行成为省内唯一开展试点业务的外资银行,连云港片区 12 家企业结算总额超 15 亿元。扩大资本项目收入支付使用审核便利化试点规模,苏州片区 56 家企业开展试点业务,累计支付金额 34.71 亿元。创新"绿色智造贷"金融服务,将制造业企业绿色、智能技改扶持机制由事后按投资比例补贴调整为事前融资息费补贴,每家企业年均节约融资成本约 50 万元。

(五)深化科技管理体制改革

推进新型研发机构依托高校或科研院所对知识产权或科技成果进行转移转化,南京片区鼓励科研人员与高校院所对知识产权与科技成果进行"分割确权"或事先约定收益比例。创新科技资金"拨投结合""投贷联动"机制,苏州片区实施高新技术企业、瞪羚企业、独角兽企业、上市企业专项培育行动,2019 年共培育各级独角兽企业 8 家(5 家已上市)、准独角兽企业 33 家(5 家已上市)、瞪羚企业 369 家。成立中国(苏州)知识产权保护中心,围绕重点产业,一站式提供专利快速审查、快速维权、保护协作、导航运营等服务。

(六)更好服务和融入国家战略

加快推进"一带一路"交汇点建设,打造"一带一路"沿线国家(地区)交流合作平台,拓展提升中哈物流基地、上合组织(连云港)国际物流园建设,连云港片区汽车整车进口口岸、大宗商品交易中心、国际邮件互换局(交换站)等功能性平台完成基础研究。搭建多式联运综合服务平台,"连云港—哈萨克斯坦—土耳其"铁空联运首次试单运行,成为继海铁联运、铁铁联运后又一新的过境物流运输模式。中欧班列(连云港)每列车数由 41 车提高到 45 车,满载率、重箱率均达到 100%,东西双向运输比例接近 1∶1。苏州片区依托全国唯一的国家级境外投资服务示范平台和长三角境外投资促进中心,打造服务中国企业"走出去"的重要平台,中新集团与印尼金光集团共建中国—印尼"一带一路"科技产业园,与新加坡胜科城镇发展有限公司共建缅甸仰光合作项目。深度融入长三角区域一体化发展,探索"飞地经济"合作模式,高水平推进苏通科技产业园、中新苏滁高新技术产业开发区、中新嘉善现代产业园、宁淮特别合作区等合作园区建设。

五 加强协同联动,建立长效机制

(一)形成工作合力

印发实施领导小组工作规则、领导小组办公室工作规则、专题工作组工作规则,加强跨部门协调联动,有效形成合力。加强上下联动,省自贸办多次赴片区开展需求调研,召开重点企业座谈会,征集 59 项制度创新需求,及时逐条梳理研究并提请省有关部门提出工作意见。加快研究建立依托互联网的自贸试验区"企业需求直通车"制度,推动形成"企业提需求、部门出方案、片区抓落实"的制度创新常态化机制。

(二)抓好复制推广

认真抓好自贸试验区 202 项改革试点经验复制推广工作,报请省政府制定下发《关于开展自贸试验区第五批改革试点经验复制推广工作的通知》,扎实推进第五批 18 项改革试点经验复制推广工作。积极推动在南京江北新区、苏州工业园区、中韩(盐城)产业园以及连云港部分区域开展自贸试验区改革试点经验叠加复制和集成创新,总结形成了 18 项典型经验成果。目前国务院集中复制推广任务除了第四批中 3 项,第五批中 1 项因国家有关部委尚未明确实施细则外,其余均在全省复制推广落地。

（三）推进片区赋权

认真贯彻落实总体方案提出的"江苏省能够下放的经济社会管理权限,全部下放给自贸试验区"要求,加强与省编办、政务办、司法厅沟通协调,组织南京、苏州、连云港3个片区对1 000多项省级行政管理事项进行梳理研究,提出135项省级赋权的权力事项清单。按照"放"是原则、"不放"是例外的要求,积极与省政务办沟通会商,征求省有关部门向自贸试验区赋权的实施意见,研究提出对3个片区一次性综合赋权的实施方案。

（四）加强制度建设

加快推动地方立法,报请人大常委会法工委同意将《中国(江苏)自由贸易试验区条例》列入2020年度立法计划。加强与省统计局沟通协调,结合全省自贸试验区战略定位和特色优势,研究制定《中国(江苏)自由贸易试验区统计监测制度》,征求省有关部门、片区意见建议并修改完善,结合商务部要求及全省自贸试验区重点任务,提出67项统计监测指标。

（五）强化合作联动

在长三角区域一体化框架下,加强与上海、浙江联动发展,与上海、浙江自贸试验区签订战略合作框架协议,从8个方面共同推动制度创新。积极学习借鉴上海临港、海南、深圳等地先进做法经验,赴上海、四川、重庆、陕西等地开展专题调研。加强与省社科院、南京大学等高端智库研究合作,围绕自贸试验区重点课题共同开展调查研究。组织召开自贸试验区改革创新专家座谈会,听取国务院发展研究中心、商务部研究院等国内知名自贸试验区智库专家意见建议。

（六）加大宣传力度

依托电视、报纸、互联网等宣传媒体,通过新闻发布会、专题报道等多种方式加大对全省自贸试验区宣传力度,营造了良好的舆论氛围。2019年11月18日,人民日报刊登吴政隆省长《坚持把制度创新作为自贸区建设的核心任务》访谈,详细阐述了全省自贸试验区建设的重大意义和主要考虑,产生了广泛的社会影响。2019 年 8 月 26 日,郭元强副省长出席国务院新闻办公室政策吹风会,介绍全省自贸试验区总体工作考虑。2019 年 8 月 30 日江苏自贸试验区揭牌,江苏广电总台、《新华日报》等媒体连续播出或刊发专题报道、跟踪采访。2019 年 9 月 25 日、11 月 2 日、11 月 5 日,依托新苏合作理事会、苏港联席会议、第二届中国国际进口博览会等重大国际交流合作平台,举办自贸试验区专题推介活动,提升江苏自贸试验区影响力。

2019 年江苏省商务重点领域改革情况……………

2019 年，江苏省商务厅认真落实中央和省委、省政府改革决策部署，有序推进商务领域各项改革工作落实落地。其中，高标准高质量申报建设江苏自贸试验区、落实开放型经济高质量发展政策措施、深化苏州工业园区开放创新综合试验 3 项改革任务列入省委《全面深化改革领导小组2019 年工作要点》，各项商务改革工作均取得了积极成效，商务领域体制机制改革创新取得新进展。

一 高标准高质量申报建设江苏自贸试验区

2019 年上半年，按照党中央、国务院统一决策部署和商务部工作安排，在省委、省政府坚强领导下，省商务厅有序推进江苏自贸试验区申报工作。2019 年 8 月 2 日，国务院正式批复设立中国（江苏）自由贸易试验区，并印发《中国（江苏）自由贸易试验区总体方案》。2019 年 8 月30 日，省委书记娄勤俭、省长吴政隆为全省自贸试验区揭牌。

（一）加强组织领导，建立完善工作体制机制

省委、省政府成立省委娄勤俭书记任第一组长、吴政隆省长任组长的领导小组。领导小组下设 9 个专题工作组，推动形成"企业提需求、部门出方案、片区抓落实"的长效机制。

（二）加快出台政策，支持片区发展

在总体方案基础上，研究制定了《中国（江苏）自由贸易试验区建设实施方案》，提出了 5 个方面 35 项工作举措，经中国（江苏）自由贸易试验区工作领导小组审议通过并印发。指导片区研究制定了片区建设实施方案。研究制定了《省商务厅关于支持中国（江苏）自由贸易试验区改革创新的若干措施》，形成了支持片区改革创新的 7 个方面 20 条政策举措。

（三）围绕四张清单，持续深化制度创新

围绕全省自贸试验区建设总体方案，梳理形成首批落实清单、对接细化清单和深化改革清单，及时征集市场主体需求形成政策需求清单。首批落实清单 62 项任务全面启动实施，对接细化清单 51 项任务中 39 项启动实施，总结形成了 3 批 57 个制度创新典型经验案例。"证照分离"改革试点迅速启动。全省首家外商独资职业技能培训机构落户，央视《新闻联播》进行了专题报道。积极打造中欧班列"保税＋出口"货物集装箱混拼新模式，大大提升了中欧班列运行效率，央视新闻频道《走过我们的 2019》作专题报道。

（四）抓好复制推广，推动集成创新

积极协调相关部门，认真抓好自贸试验区前五批 202 条改革试点经验复制推广工作，在南京江北新区、苏州工业园区、中韩（盐城）产业园以及连云港部分区域开展叠加复制和集成创新，总结形成了 18 项经验成果。202 条复制推广的改革试点经验中，除国务院集中复制推广任务第四批中有 3 项，第五批中有 1 项因国家有关部委尚未明确实施细则外，其余均已得到落实。

二　落实开放型经济高质量发展政策措施

（一）报请出台落实全省对外开放大会精神责任分工方案

根据省委娄勤俭书记、吴政隆省长在全省开放大会上的讲话精神以及《关于推动开放型经济高质量发展若干政策措施的意见》（苏发〔2019〕2号）文件要求，在征求并吸收省发展改革委、省工信厅、省财政厅、省自然资源厅、南京海关等48个相关部门、单位的意见建议的基础上，起草了《关于贯彻落实全省对外开放大会精神责任分工方案（代拟稿）》，经全省外经贸发展联席会议上审议通过，2019年5月16日，省开放型经济工作领导小组正式印发《关于印发〈贯彻落实全省对外开放大会精神责任分工方案〉的通知》（苏开放组发〔2019〕2号）。

（二）报请出台江苏开放高质量相关政策措施及考核评价体系

报请省政府出台了《关于做好自由贸易试验区第五批改革试点经验复制推广工作的通知》（苏政办发〔2019〕63号）、《江苏省对外劳务合作管理办法》（苏政办发〔2019〕64号）；徐州淮海国际陆港正式获批，省政府印发《关于同意设立徐州淮海国际港务区的批复》（苏政复〔2019〕46号）。与省考核办多次汇报，积极争取将外贸、外资、对外投资、开发区建设等多项指标纳入全省高质量发展监测评价指标体系，有力促进全省各地开放高质量工作的开展。

三　深化苏州工业园区开放创新综合试验

积极支持苏州工业园区深化开展开放创新综合试验，助推园区全力打造"四大高地"。在打造全方位开放高地方面，积极服务"一带一路"、长三角区域一体化等国家战略，组建长三角境外投资促进中心，与印尼金光集团签署金光科技产业园合作协议、中国—印尼"一带一路"科技产业园合作备忘录。深化营商环境综合改革试点，重磅推出"优化营商环境30条"和深化"放管服"改革"1＋N"服务举措。在打造国际化创新高地方面，启动实施科技创新 3 年攻坚行动计划,在以色列、休斯顿设立离岸创新中心,本土创新、离岸创新互动格局逐步形成。建立关键核心技术协同创新机制,纳米真空互联实验站一期工程完成验收。构建人才乐居保障体系,出台人才优先购买商住房操作办法。在打造高端化产业高地方面,创新国际贸易监管服务模式,在全国率先探索开展保税研发和保税检测业务;试点打造保税检测集聚区获上级海关批复,加速推动检测检验产业集聚发展。创新建立"关助融"公共服务合作机制,助力进出口企业提高信贷额度、降低融资成本。在打造现代化治理高地方面,全省社会主义现代化建设试点扎实推进。全省首个区级"一网通办"平台正式上线,园区登记注册便利化改革、实施创新驱动发展战略两项工作被省政府点名表扬。出台《关于推进中国(江苏)自由贸易试验区苏州片区"证照分离"改革的通知》,率先推动自贸片区"证照分离"改革全覆盖。

四 推进外贸领域改革

(一)深入推进国家级跨境电商综试区建设

指导苏州、南京、无锡跨境电商综试区加快建设"六体系两平台",进一步整合完善线上综合服务平台功能,扩大备案企业和产品范围。苏州综试区线上综合服务平台截至 2019 年年底累计登记备案企业 489 家,累计备案商品约 6.8 万种。支持综试区引进和培育相结合,加快集聚跨境电商经营主体和载体平台,强化跨境电商人才支撑,营造跨境电商发展氛围。南京综试区着力建设龙潭跨境产业园进口商品集散中心,认定 12 家市级跨境电商创新创业孵化基地试点单位;举办南京跨境电商创业创新大赛,在第二届进博会期间成功举办中国(南京)跨境电商进口商品采购洽谈会。苏州综试区大力推动以首批 10 家重点园区为代表的产业集群发展。无锡积极推动线下综合园区建设,邮政跨境电商产业园已孵化 100 多个跨境零售项目。

(二)加快推动全省跨境电商发展

组织开展新一轮跨境电商综试区试点申报,支持徐州、南通、连云港、常州、盐城、宿迁等市积极申报争取新一轮国家级跨境电商综试区。启动"出口基地线上拓展"行动,在丹阳举办外贸转型升级基地跨境电商业务培训,引导基地企业利用跨境电商拓展出口新渠道。以省级跨境电商产业园和省级公共海外仓试点为着力点加快载体平台建设,新认定了 10 家省级公共海外仓,鼓励公共海外仓为外贸企业特别是中小民营企业提供境外仓储、展示、物流等一站式服务,截至 2019 年年底 14 家省级公共海外仓仓储面积合计达 16 万平方米。召开跨境电商综试区零售出口业务协调会,联合海关、税务等相关部门共同推动综试区"无票免税"政策尽快落地。推动各地加快做大跨境电商业务规模,2019 年,全省纳入海关统计的跨电零售进出口 2.7 亿美元,同比增长 3.2 倍,其中,出口增长 3.8 倍,保税网购进口增长 95.9%。

(三)推动市场采购贸易方式试点提质增效

加快完善监管、物流、服务等体系建设。强化会商共议机制,形成商务、海关、税务、外汇等职能部门驻点办公交流模式。建设信息化监管平台,推进海门综合管理系统、常熟市场采购贸易联网信息监管平台升级改造和二期开发,增强系统各部门数据服务和监管功能。打造现代物流体系,海门叠石桥现代物流园项目正式开工建设;常熟加快推进市场驿站、配送中心、物流枢纽"三位一体"的现代物流体系建设,上线智慧物流平台"运融通"。强化外贸服务功能,海门成立叠石桥国际贸易有限公司,组建市场采购贸易服务团队,提升为试点经营主体服务的能力;常熟上线"市采通"平台,提供一站式出口贸易供应链服务。

五　推进全省开发区区域评估工作

(一)健全组织领导机构,建立协调机制

经会商省各有关部门,印发《关于印发江苏省开发区区域评估工作领导小组名单的函》(苏商开发函〔2019〕650 号),由省商务厅负责牵头成立区域评估工作领导小组,省自然资源厅、省生态环境厅、省水利厅和省文物局、省地震局、省气象局相关负责同志为领导小组成员,适时召开联席会议,协调解决区域评估工作中的困难及问题。

（二）召开专题会议，有序推进工作

2019 年，省区域评估工作领导小组组织省有关部门两次召开专题会议对区域评估工作进行了研究部署。省各有关部门负责同志及各设区市开发区主管部门负责同志一起，研究讨论区域评估工作推进方案，明确工作目标及重点事项，厘清任务分工及完成时限。2019 年 10 月，省商务厅联合六部门分别在常州、泰州和淮安召开了全省开发区区域评估工作推进会议，部署下一步全省开发区区域评估工作主要任务，进一步对改革事项进行了解读和工作安排。

（三）出台工作方案，加快形成实效

为有序推进区域评估各事项加快落地、形成实效，省商务厅会同省自然资源厅、省生态环境厅、省水利厅、省文物局、省地震局和省气象局等七部门联合印发了《江苏省开发区区域评估工作方案（试行）》（苏商开发〔2019〕280 号）和《江苏省开发区区域评估工作方案（试行）实施细则》（苏商开发〔2019〕548 号）。

第二部分

全省设区市及直管县（市）商务发展情况

江苏商务发展2019

JiangSu Commerce Development Report

南京市 ·······························

2019 年,南京市商务系统面对世界经济形势深刻变化,积极应对中美贸易摩擦及全球经济下行压力,突出稳外资、稳外贸、促消费,坚持高标准对标找差、创新实干,着力攻坚克难,商务运行总体平稳,主要经济指标保持增长,高水平开放取得新突破,为建设"强富美高"新南京提供了有力支撑。

一　主要商务经济指标完成情况

2019 年,全市实现社会消费品零售总额 6 135.7 亿元,同比增长 5.2%,总量位居全省第一。以人民币计价,实现外贸进出口 4 828.1 亿元,同比增长 11.8%。服务进出口 169.4 亿美元,同比增长 12%。新增实际利用外资 41 亿美元,同比增长 6.4%,总量居全省第二。对外直接投资总额 9.04 亿美元,对外承包工程完成营业额 34.5 亿美元,总量保持全省第一。全市出入境旅客数 385.3 万人次,同比增长 6.9%。国际货邮吞吐量 5.82 万吨,同比增长 3.2%。

二 商务发展工作情况

（一）积极应对贸易摩擦狠抓"一促两稳"

1. 突出促消费多举措推动社零稳增长

针对社零低位运行，深入研究制定传统消费升级、新兴消费培育、内外贸融合发展等对策办法。建立市、区服务小组，"点对点"重点帮助苏宁集团、孩子王、博西家电、永辉超市、国药控股、福中集团等前100家商贸流通企业解决实际问题。统筹开展全市消费促进月活动，参加活动的59家重点商贸企业在活动期间营业额达到173.9亿元，同比增长10.9%，环比增长20.5%。大力发展夜间经济，打造"夜之金陵"品牌。大力发展电子商务，全年实现网络零售额4 220亿元，同比增长27.7%。

2. 突出稳外贸确保对外贸易稳增长

积极应对中美贸易摩擦，建立应对工作机制，重点服务对美出口超千万美元的123家重点企业，帮助企业解决困难问题。充分发挥35个重点外贸企业服务小组作用，突出服务进出口百强企业，夯实支撑基础。深入开展"破零""破冰"行动，现有外贸进出口实绩的企业5 754家，较上一年同期净增539家；新增进出口"破零"企业974家；新引进中自控、小米有品、中电建、拓扑丝路等外贸新业态项目，新认定7家市级外综服试点企业和3家培育对象企业。

3. 突出稳外资加大招引力度提升外资质量

狠抓商务系统精准招商，推进重大项目落地。举办各类招商活动近80余场，市级牵头引进千万元以上商贸流通项目28个，重点服务推进"锦鲤"、LG新能源动力电池、中南新能源项目等一批市级重点项目。成功举办2019中国南京金秋经贸洽谈会、首届全球新能源汽车供应链创新大会、2019南京·高淳医疗器械产业发展推介会、T20南京高校海外校友会创新联盟沙龙等市级重点活动。金洽会共吸引全球20多个国家和地区的7 000余客商参会，集中签约重大项目59个，总投资2 425.5亿元；其中外资项目17个，总投资136.6亿美元。深化"放管服"改革，通过"一口办理"完成备案外资企业493家，均在3个工作日内办结。

（二）以自贸试验区为引领推动更高水平开放

1. 自贸试验区南京片区建设迈出新步伐

2019 年 8 月 26 日,国务院批复设立中国(江苏)自由贸易试验区南京片区,规划面积 39.55 平方公里。全市成立了市委主要领导任组长的自贸试验区南京工作领导小组和日常推进工作机制。2019 年 12 月 18 日,市委、市政府召开新闻发布会,发布南京片区实施方案、"1＋9"政策框架体系。揭牌以来累计接洽产业项目 300 多个,新增注册企业 2 800 多家,推广复制自贸试验区改革试点经验 55 项。

2. 国家级改革试点任务取得新成效

推进跨境电商综试区建设,成功举办第二届进博会跨境电商采购洽谈会,跨境电商进出口增长 59%,网购保税进口模式落地实施。深化服务贸易创新发展试点,成功举办 2019 年全球服务贸易大会。在商务部研究院最新发布的《全球服务贸易发展指数报告 2019》中,南京服务贸易发展指数紧跟沪、京、深、广,处于全国第二梯队领先位置。服务外包示范城市综合评价排名全国第一。大力推进夫子庙步行街改造提升试点,3 家企业获批开展离境退税,引进时尚、网红品牌 970 个。大力推进供应链创新与应用和流通领域现代供应链体系建设试点,形成 11 个标准体系、347 个共用标准框架体系。

（三）以城市国际化为引领打造一流营商环境

1. 大力推进城市国际化建设

围绕市委明确的城市国际化 5 项重点任务,重点推进 16 项市级层面重点目标任务,分类指导 36 个板块特色项目。围绕科技创新、经贸交流、产业对接、文旅体育等举办多项活动,扩大城市影响力。编制印发了《南京城市国际化发展蓝皮书 2019》。据《2019 年全球城市指数报告》(GCI)显示,南京在中国大陆城市的综合排名和潜力排名均位列第五,综合排名较 2018 年再进一位。南京市成为世界城地组织理事会成员、入选联合国教科文组织"世界文学之都"、2020QS 全球最佳留学城市,城市国际知名度影响力进一步提升。

2. 着力提升口岸服务功能

着力打造更加便利的跨境贸易通关环境,加快建设电子口岸平台,全面推广应用国际贸易"单一窗口"标准版。南京空港保税物流中心（B型）获批设立，并通过省级验收。全年新开南京—曼德勒、南京—名古屋、南京—美娜多、南京—金边等4条国际客运航线。进口冰鲜水产口岸、离境退税、外国人实行144小时过境免签政策落地实施。争创全国最佳服务机场，国内旅客自助查验率达50％。

3. 推进开发区高质量发展

南京市5家经济技术开发区进入全省2018年经开区考核评价前30强。其中，27个国家级经开区综合排名中，江宁经开区、南京经开区连续两年保持全省第3、第4位。其中，江宁经开区获批国家知识产权示范园区；江宁经开区、南京经开区获评为国家级绿色园区；南京高新开发区、溧水经开区获批江苏省智慧园区；溧水经开区（新能源汽车产业园）获批江苏省特色创新（产业）示范园区；浦口开发区行政区域范围调整获得省政府批准。

4. 助力在宁企业更好"走出去"

举办全市"走出去"企业海外经理人会议、外经协会等活动，组织近200家企业参与全省第二届"一带一路人才地图"活动。推动中、日、泰三方合作的"南京智慧城"项目尽快落地。中阿产能合作示范园完成项目配套咨询服务公司、设计公司等境外子公司备案设立。推动海企坦桑尼亚新阳嘎农业园项目提档升级。组织11家企业参加首届中非经贸博览会及系列配套活动，现场签约金额达10亿美元。加强央企对接，拓展合作方式和渠道，认真做好境外风险防范。

（四）坚持惠民生狠抓"菜篮子"工程建设

1. 加快农贸市场提档升级

截至2019年年底，全市已累计完成农贸市场提档升级超过300家，改造覆盖面超过80％。国家考核抽查工作组对南京市"菜篮子"市长负责制落实情况给予充分肯定和高度评价。在全国首创"菜篮子"产品社区行活动中，组织30家企业开展社区行活动12场，吸引市民群众达5万余人次。新增冷冻猪肉储备2 700吨，全市冻猪肉总体储备量达到4 500吨，确保市场供应不脱节。

2. 强化品牌建设打造民生名片

以"品味金陵,玩转南京"为主题举办"中国南京美食节",打造"名企""名店""名厨""名菜",促进餐饮业提档升级。扩大老字号品牌规模,组织全市43家老字号企业申报江苏老字号,17家企业通过评审。大力推进家政行业社会诚信体系建设,正式启用"家服e"信用平台,截至2019年年末,已有58家家政企业入驻,在册服务人员7 000多人。

三 商务改革推进情况

持续深化服务贸易创新发展试点,在全国率先搭建服务贸易统保平台,推进省中医院和南京中医药大学入围国家中医药服务出口基地,江苏原力动画制作股份有限公司等10家单位成功入选2019—2020年国家文化出口重点企业目录。加快推进跨境电商综试区建设,推进网购保税进口("1210")业务落地实施。加快推进供应链"双试点"建设,构建供应链标准框架体系,实现设施设备、系统平台、信息系统互联互通。加快推进夫子庙步行街改造提升,积极推进离境退税业务开展,优化街区交通微循环系统,完善街区商业品质和业态分级分类调整,着力发展夜间经济,实现5G无线网络全覆盖。持续优化营商环境,深入贯彻落实《南京市优化营商环境100条》,积极推进口岸提效降费改革。进一步降低企业物流成本。优化提升机场换乘服务体系,南京南站城市候机楼新开通5条国际航班值机业务,禄口国际机场启用24小时直接过境通道和边防出入境自助查验通道,通关时间大幅缩短。在全国率先开展进口关税担保服务。首创建立大数据贸易融资平台。

无锡市

2019 年，无锡市以习近平新时代中国特色社会主义思想为指导，坚持稳中求进总基调，坚持新发展理念，坚持深化市场化改革和扩大高水平开放，千方百计稳外贸、稳外资、扩消费，狠抓重点指标和任务的推进落实，主要商务指标和重点工作均取得较好成效，高质量发展迈出新步伐。

一 主要商务经济指标完成情况

2019 年，全市实现社会消费品零售总额 3 983.41 亿元，同比增长 8.5%，高于全省 2.3 个百分点，列全省第 1 位。全市外贸进出口 6 366.6 亿元，同比增长 3.3%，规模继续位居全省第二。全年实际使用外资 36.2 亿美元，总量居全省第 3 位，协议注册外资超 3 000 万美元的重大外资项目 50 个。

二 商务发展工作情况

（一）攻坚克难，商务发展走向高质量

尽管受到国际环境的影响，全市外贸依然实现稳中提效的目标，在"2018年中国外贸百强城市"排行榜中，无锡市名列全国第十一位，比2017年上升1位。精心筹备召开全市对外开放大会，推动出台了开放型经济高质量发展"1＋3"政策意见。面对繁重而复杂的改造任务，多措并举完成农贸市场改造10家，超额完成市政府为民办实事的目标任务，同时积极制定《无锡市市区2020—2022年农贸市场标准化改造实施方案》。

（二）争先进位，全面提升开放水平

1. 对外贸易结构优化

一般贸易进出口占货物进出口比重47.7％，较上年同期提升了1.2个百分点，新增出口"破零"企业800家，17家企业入围2018年中国对外贸易500强。"外贸小微贷"、"苏贸贷"当年新增投放贷款合计超22亿元，新增受惠企业近500家，覆盖企业近1000家（次）。为全市2494家企业免费提供出口收汇风险保障，承保出口额60.4亿美元，为企业节约保费投入约1.69亿元。

2. 服务贸易创新发展

服务贸易进出口增长5％以上，占对外贸易比重10％左右。深化国家文化出口基地建设，在第六届京交会上展示无锡市文化出口基地，召开无锡文化贸易发展推介会，4家企业被评为国家文化出口重点企业。

3. 利用外资提质增效

全市战略性新兴产业实际使用外资占比超过70％，在全省名列前茅。大力发展外资总部经济，2019年新增省级跨国公司地区总部4家，圆满完成省对设区市个性指标考核任务。着力优化外企服务，走访120家外资企业，受理企业诉求46起，回访满意率达100％。

4. 对外投资稳步推进

全市新备案"一带一路"对外投资项目40个，柬埔寨西港特区发展成果列

入第二届"一带一路"国际合作高峰论坛成果,入驻企业增加至 165 家,无锡一棉、阳光集团埃塞俄比亚纺织基地项目正式投产。总投资 2.92 亿美元的龙道博特是中阿(联酋)产能合作示范园的最大投资项目,也是该园区首个开工项目,预计 2020 年年底一期工程建成投产。

5. 开发区高质量发展

出台了《关于促进全市开发区高质量发展的实施方案》,新认定 3 家省级特色创新示范园区、2 家智慧园区,数量均位列全省第一。积极对接上海、江苏自贸区建设,复制推广自贸区改革试点经验 88 项。新增 1 家国家级外贸转型升级基地。

6. 口岸开放水平不断提升

新开通日本名古屋、韩国首尔等国际航线,洲际货运航班频次全省第一,国际邮件互换局(交换站)设立工作获得海关总署同意,冰鲜水产品进口口岸通过国家验收。

(三)凝心聚力,重大活动成功举办

1. 精心举办经贸招商活动

2019 年,无锡开放合作恳谈会在博鳌亚洲论坛成功举办,无锡市成为首个在论坛举办推介活动的地级市。精心组织有关赴中国台湾、新加坡以及日韩等地的经贸招商活动,推动落实了 LG 化学汽车电池正极材料项目、SKC 半导体清洗涂层项目等多个重大项目。市投促中心加强新项目招引,全年拜访企业和机构 505 家,新开拓有效项目信息源 71 个,重大项目 14 个,推动 6 个项目签约落户。

2. 精心参展第二届进博会

第二届中国国际进口博览会无锡交易分团报名企业数 1 976 家,报名人数 8 137 人,较首届报名企业、人数同比分别增长 48.9% 和 96.8%,成交 10.11 亿美元,位列全省第二,圆满完成了"保持前列、量质双超"的目标任务,筹备和组织工作获得充分肯定。

3. 精心办好服创大赛

第十届大学生服务外包创新创业大赛规模和层次实现新的提升,成功列入"全国高校学科竞赛排名榜"评估体系。成功举办消费促进季、金秋购物节等全市综合消费促进活动,取得良好成效。开展"真正无锡味"美食系列活动,凸显无锡地方美食特色。

(四) 压实责任,扎实开展安全整治

按照无锡市委"四严四实四问五要"要求,推动商贸流通领域安全生产大排查大整治工作。建立完善安全集中整治工作"日报制度、周报制度、领导责任包干制度、信息上报制度、定期会议制度"五项制度;成立局党组成员全员参与的 8 个小组,统筹协调市应急、消防、市场监管、燃气主管部门,对全市 141 家大型商场、超市、城市综合体全面检查;建立企业的隐患清单、问题清单、整改清单,共查出包含 24 项重大隐患的 663 项各类安全隐患,形成 141 家商业(综合体)台账。及时启动安全集中整治第二阶段(整改阶段)工作,采取"四不两直"方式复查了 109 家大型商场、超市、城市综合体,排查隐患 506 项,已落实整改 400 项,整改率为 79.1%。全面推行行政执法"三项制度",加大重点领域执法力度,有效处理 12345、12312 热线等咨询和投诉,开展联合检查、专项检查,全年共处理举报投诉 2 515 单,一般程序查处案件 11 起,处罚近 30 万元。

三 商务改革推进情况

(一) 推进综保区高水平发展

制定出台《关于促进综合保税区高水平开放高质量发展的实施方案》,加快推进综合保税区跨境电子商务、检测维修、再制造业和研发设计等新业态新模式发展,在全省率先获批开展全球检测维修业务,捷普等企业开展维修再制造业务,无锡高新区综保区进出口总额在全省海关特殊监管区域进出口总值排名第二,在全国已封关运作的 73 个综合保税区进出口总值排名第五。

(二) 推进中国(无锡)跨境电商综试区高水平建设

制定出台《关于促进中国(无锡)跨境电子商务综合试验区发展的若干政策》,跨境电商直邮进出口("9610")业务和跨境电商保税进口("1210")业务通

关运行,实现全省"六个第一":省级公共海外仓总数位居全省第一;海关新监管模式(金关二期系统)下跨境电商"1210"模式首单在江阴综保区通关;省内首家实现跨境电商进口代理企业直接对外付汇;省内首家跨境电商保税进口O2O线下体验中心正式开业;全省首个跨境电子商务学院在无锡太湖学院挂牌成立;省内第一批跨境电商专业服务平台建设完成。

(三)加快商贸供给侧改革

无锡市被评为全国城乡高效配送首批 30 个试点城市之一,制定出台《无锡市城乡高效配送试点实施方案》。清名桥历史文化街区被评为江苏省高品位步行街,新增 15 家企业入围"江苏老字号"。佳利达物流等 18 家重点企业和无锡市汽车零部件供应链条等 4 条重点产业链条被评为省级供应链创新与应用重点培育项目,数量位居全省第二。支持梁溪区以"省级商贸流通创新发展示范区"建设为抓手,加强商文旅融合发展,精心打造"吃住行游购娱"六大业态。江阴市成功申报国家农村电商综合示范县,30 家单位获评省级各类电商示范企业、基地。

徐州市

　　2019 年,徐州市围绕高质量发展要求,狠抓政策落实,大力提升服务水平,全力以赴抓招商、稳指标、畅流通、促消费,经济指标稳定增长、重大工程扎实推进、民生实事成效凸显,商务工作取得新突破。

一　主要商务经济指标完成情况

　　2019 年,全市全年实现社会消费品零售总额 3 246.25亿元,同比增长 4.7%。实现外贸进出口 931.88 亿元,同比增长 20.4%。全市服务贸易进出口总额 18.65 亿美元,同比增长 13.19%。全市全年新设外商投资企业 212 家。实际使用外资 20.9 亿美元,总量居全省第 6 位,同比增长10.1%。全市全年"走出去"投资项目 28 个,境外协议投资额 2 亿美元。新签境外承包工程合同额 1.88 亿美元,营业额 1.99 亿美元,同比增长 46.7%。

二 商务发展工作情况

（一）圆满举办重大招商活动

2019 年,全市举办了粤港澳大湾区(深圳)投资推介会、杭州湾投资恳谈会、徐州(北京)投资洽谈会、二十二洽会等重点招商活动,共签约 228 个项目,总投资 3 039.7 亿元,利用外资 20.6 亿美元。成功举办"2019 中国(徐州)国际服务外包合作大会暨国际数字经济峰会",集中签约了 20 个服务外包合作项目,总投资额 29.6 亿元,为全市服务外包产业发展注入强劲动力。组织全市 1 594 家企业、5 295 名专业观众参加"第二届中国国际进口博览会",同比分别增长 87％和 146％,位列全省第五。展会期间,徐州市成功举办中国工程机械之都(徐州)产业对接会,20 个项目现场签约。

（二）着力推动外经贸稳量提质

狠抓政策落地,积极帮助企业应对中美贸易摩擦,加大企业参展参会扶持力度,提高企业实缴出口信用保险资助比例,持续推进普惠金融政策,联合相关金融机构开展两场"苏贸贷"推介会。积极组织全市外经贸企业参加广交会、华交会、京交会等各类大型展会,加强与世界各地的经贸往来。加快培育外贸新业态,争创国家级跨境电子商务综合试验区。徐工电商等 2 家企业获评省级跨境电商公共海外仓。对外劳务合作实现零的突破,共派出劳务人员 112 人,劳务人员收入 66 万美元,新增 1 家对外劳务合作企业。

（三）加快推进载体平台建设

徐州经开区、徐州高新区区域评估工作基本完成;徐州经开区、邳州开发区、新沂开发区成功创建国家级知识产权试点园区,邳州开发区获批省级半导体材料和设备产业园。观音机场进境水果指定口岸海关监管查验区等功能性指定口岸通过国家验收;韩国仁川全货机航线恢复运营;徐州口岸首次获评"省口岸运行管理先进口岸"称号。徐州市争创国家级服务外包示范城市。

（四）深化商贸流通改革

全市 46 个商贸物流项目累计投资 212 亿元,完成年度投资计划的 67.48%,金鹰二期、鼓楼好得家商贸综合体建成并投入运营,主城区新增商业营业面积 120 万平方米。在上年省级城乡高效配送试点的基础上,新获批全国首批城乡高效配送专项行动试点城市,目前主城区已建成多功能共配服务点 100 余家,快递网点整合率达到 30%,快件整合率已占主城区快件总量的 70%;五县(市)以及铜山区已建成县域共配中心,县级快递配送整合率已达 70% 以上,镇级整合率达到 50% 以上,全市建成了 2 233 个村邮站综合服务平台。流通领域现代供应链体系建设试点进展顺利,累计实际投资 1.44 亿元,完成整体投资计划 50.7%。加快提升农产品流通效率,徐州市 7 家农产品企业入选省农商互联、完善农产品供应链试点项目,10 家企业入选供应链创新与应用重点培育企业,2 家企业入选重点产业链条培育企业。徐州金地、徐州苏宁等 4 家商贸企业入围全省绿色商场创建,入围数量位居全省第一。户步山(回龙窝)步行街、彭城商业步行街成功入围全省高品位步行街创建。

（五）大力促进电子商务发展

全年电子商务交易额突破 2 500 亿元,同比增长 25%;网络零售额近 600 亿元,同比增长 20%。电商企业疯狂小狗全年交易额超过 10 亿元,丰县良农商贸全年交易额超 3 亿元,三味图书、东润图书分别突破亿元规模。睢宁县以全省第一的成绩荣获国家级电子商务进农村综合示范县,圆满完成国务院真抓实干工作任务,并获得国家级财政 2 000 万元资金扶持;徐州软件园获评"国家级电子商务示范基地"。在省级层面,18 个村新获评省电子商务示范村,10 个园(街)区新获评省"乡镇电子商务特色产业园(街)区",获评总数均位居全省首位;12 家基地、18 家企业新获评"2019—2020 年省级电子商务示范基地和示范企业"。

常州市

2019 年,常州市主动作为、克难求进,创新思路、狠抓落实,全力推动常州商务经济平稳运行、质效提升,确保全市商务各项工作继续走在全省前列。

一 主要商务经济指标完成情况

2019 年,全市实现社会消费品零售总额 2 815.7 亿元,同比增长 7.8%,高于全省 1.6 个百分点,增幅列全省第 3 位。全市外贸进出口总额 2 330.8 亿元,同比增长 2.8%,高于全省平均水平 3.7 个百分点。一般贸易进出口占比达到 80.8%,同比提升 1.9 个百分点。全市实际到账外资(上报数)26.28 亿美元,同比增长 0.6%;实际到账外资(确认数)25.02 亿美元,同比增长 3.3%,高于全省平均水平 1.2 个百分点。全年新增境外投资项目 85 个,中方协议投资额 8.5 亿美元,同比增长 1.3%,其中,在"一带一路"沿线投资设立项目 29 个,中方协议投资额 2.8 亿美元。全年服务外包合同执行额 7.37 亿美元,同比增长 9.8%,其中离岸业务执行额 2.89 亿美元,同比增长 10.4%。

二 商务发展工作情况

（一）推动外资稳中提质

1. 深入推进产业招商

紧紧围绕"重大项目攻坚年"活动，聚焦"十大产业链"和现代服务业发展，深入持续推进产业链招商，成功组织和参与了"上海经贸合作活动周"、"518展洽会"、"620工博会"、"科技经贸洽谈会"以及深圳、澳门经贸活动等各类境内外重点招商活动14场次，拜访和接待各类客商350多批次，拓展招商中介机构30家，获取并向各板块、开发区介绍有效项目信息48条。全年新增协议注册外资66.03亿美元，同比增长28.9%；十大产业链制造业项目新增协议外资额、实际利用外资额分别占全市制造业的84.7%、80.3%。

2. 持续提升外资质效

制定出台鼓励总部经济发展的政策意见，着力提升外资质效。全年新增总投资超亿美元项目41个，同比增加11个，其中太阳诱电、瑞泰光学、华润化学材料等8个项目总投资超5亿美元；新增德国大众汽车、大陆集团、日本住友、华润4个世界500强投资项目；新增省级跨国公司地区总部和功能性机构3家。

（二）促进外贸平稳运行

1. 全力稳定外贸发展

紧盯中美经贸摩擦最新进展，迅速反应，及时预警，对重点出口企业实施订单监测制度和挂钩联系制度，常州市佰腾公司创成全省唯一一家国家级贸易摩擦工作站，也是全国唯一由企业承建的国家级工作站。积极扩大进口，认真组织和参与第二届进口交易博览会，常州市卓郎智能、埃马克、林德气体、三菱电机等10多家企业获批参展，常州交易团组织了1 417家单位、共计5 522名采购商和专业观众参会，较首届进博会分别增长14.6%和46.4%。

2. 大力优化外贸结构

坚持市场多元化战略，认真组织企业参加广交会、华交会、日本大阪展等国内外重点展会,其中"一带一路"展会参展比例达到45%。坚持品牌发展战略,新获评国家级转型升级基地1家,评选出72家市级重点培育品牌。2019年,常州市高新技术产品出口增长26.2%,增幅高于全市平均水平21个百分点;机电产品实现出口增长7%,其中光伏产品出口增长43.5%;对"一带一路"出口增长10.1%,占全市出口的34%。大力推进外贸新业态发展,获批省级公共海外仓1家,2家企业获批商务部轨道交通进境维修资格;进口交易中心加快发展,八大进口交易中心进口额逆势增长11.7%,占全市进口的21.7%,拉动全市进口增长2.2个百分点。

3. 着力创新外贸服务

持续开展"外贸贷"、"退税贷"信贷风险补偿业务,扩大风险补偿资金池放大倍数至15倍,对应融资额度增加至7.5亿元,累计为300多家企业发放贷款超过9.13亿元。进一步加大与中信保的合作,搭建300万至3 000万美元企业统保平台;启动"外贸企业出口护航行动",为企业提供专业的知识产权服务;联合五部门开展跨境业务外贸人才招聘会,牵头开展政策性金融支持开放型经济银企对接,开展多场次外贸业务培训和政策宣讲活动,创新设立涉外商事法律服务中心,助推外贸企业发展壮大。

(三)提升开放开发水平

1. 推动开发区争先创优

推进开发区高质量发展,新获批省级特色创新示范园区3家。在2018年省级经开区排位中,常州市开发区排名大幅攀升,常州经开区跃升至第9位,首次跻身前十强;金坛经济开发区、钟楼经济开发区分别升至第16位和第23位,分别比去年上升了25位和21位;江苏中关村高新区跃居省级高新区第1位;常州高新区、武进高新区分别列全省高新区第5、第8位。全市开发区一般公共预算收入、规上工业产值、实际到账外资和进出口总额分别占全市的58%、75.3%、91.1%和75.8%。

2. 进一步提升口岸开放功能

新增4条国际航线,推动常州机场国际区适应性改造,常州—上海港海铁联运班列正式运营,常州综保区、武进综保区被赋予海关特殊监管区域企业增值税一般纳税人资格试点。积极推动口岸提效降费工作,研究制定综合港务区外贸物流扶持政策,不断优化口岸营商环境。常州空运口岸出入境人员达63.3万人次,同比增长44.3%;常州水运口岸外贸运量1 199.2万吨,同比增长26.3%。

3. 帮助企业更好"走出去"

引导企业积极参与"一带一路"建设,开展"一带一路"考察、泰国—江苏(常州)投资机遇交流会以及纺织企业投资越南座谈会等活动,深入推进国际产能和装备制造合作。认真开展"走出去"安全排查工作,发布《100国(地区)投资环境要素指南》,加强常州市企业海外投资风险防控。

4. 提升服务贸易发展水平

积极申报中国服务外包示范城市,举办中国(常州)检验检测认证服务高峰论坛,常州市1家企业获评国家文化出口企业和项目"双重点"。

(四) 优化内贸流通管理

1. 加快发展电子商务

推动重点电商企业培育,常州市7家电商园区和21家企业获评省级电子商务示范基地和示范企业,获评数居全省第三。深入推进农村电商发展,溧阳市获评国家级"电商县"。举办电商培训活动20余场,累计超过3 000人次参加。全年电商交易额超过4 200亿元,同比增长超过15%。

2. 提升商贸流通及行业管理水平

加大农贸市场和社区商业网点建设,完成社区商业网点152个,农贸市场(菜市场)改造升级15个;获评全国公益性农产品示范市场2家,总数居全省第一;常州市农产品产销供应链和12家企业分别获评全省第一批重点培育地方产业链和第一批省级供应链创新与应用重点培育企业。武进万达获评常州市首个国家级绿色商场,南大街古运河步行街区、青果巷历史文化街区分别获评首批省级高品位步行街试点街区和培育街区,新获评"江苏老字号"企业7家。积极开展商务诚信工作,强化单用途预付卡日常监管,汽车、酒类、茧丝绸等流通管理有序推进。

3. 扎实做好商贸流通领域安全生产监管工作

进一步加强对商贸流通领域安全生产监管工作的组织领导,联合相关部门,强化重点督查,加大宣教力度,深入开展开发区、加油站和商业场所安全生产大排查大整治,全年商贸流通领域没有发生重大安全事故。

4. 烟卡专项整治成效显著

按照"一学习两整治"部署要求,配合纪委监委、牵头相关部门开展烟卡专项整治,烟卡泛滥态势得到有效遏制,常州市烟卡整治工作成效受到中央政治局委员、中央纪委副书记、国家监察委主任杨晓渡及省委领导的批示,相关经验做法被《人民日报》《中国纪检监察报》等选编刊登。

三 商务改革推进情况

(一)强化外资支撑服务体系

积极做好《外商投资法》及实施细则的宣传和解读,举办首届法治环境说明会。全面贯彻落实新版外商投资准入负面清单以及"不见面"审批的政务服务新模式,累计办理负面清单外的外商投资企业设立及变更备案 1 140 件。进一步深化外商投资领域"放管服"改革,牵头梳理与现行开放政策不符的法规、规章和规范性文件。全面落实国家、省、市促进外资发展的有关政策,建立健全重大外资项目推进协调机制,落实省外资总部鼓励政策,出台鼓励总部经济发展的政策意见。整合提升全市商务工作群、外企协会等服务平台,推动外资企业深耕本地、链式发展。

(二)提升口岸环境和效能

全面推进国际贸易"单一窗口"标准版应用,常州口岸"单一窗口"主要业务应用率达 100%。常州关区进口、出口整体通关时间分别为 43.67 小时和 5.19 小时,进一步清理、规范和完善了口岸收费项目清单并对外进行公示。推进出台了《促进常州综合港务区外贸物流发展资金管理办法》,配合做好综合港务区建设规划编制、项目招引等相关工作。

(三)深化开发园区体制机制创新

研究出台《促进开发园区发展的若干政策措施》和《常州市开发区争先创优考核办法》,优化开发区各项管理体制,引导开发区争先创优,提升发展水平。文件出台了 10 条新的政策措施支持开发区发展,是近年来全市出台的力度最大的支持开发区改革发展的政策文件,也是全省首个以具体政策措施促进开发区高质量发展的地方文件。

(四) 完善促进消费需求的机制

积极打造"食美常州"品牌,启用"食美常州"微信平台,编纂《食美常州》书籍,开展各类推介活动,在中国国际食品博览会上以"食美常州"主题进行特展,参与举办常州菜进宝岛文化交流活动,开展"唱响常州菜"系列活动,积极配合做好"美食之都"申报工作,助推高质量旅游明星城市建设。

苏州市

2019 年,面对严峻复杂的形势,苏州市坚持稳中求进工作总基调,全面落实高质量发展要求,统筹推进开放创新、商贸惠民各项工作,全市开放型经济和商贸业发展稳中有进、稳中向好,全面完成各项目标任务,迈出了转型升级、创新发展新步伐。

一 主要商务经济指标完成情况

2019 年,全市实现社会消费品零售总额 7 813.4 亿元,同比增长 6%,社零规模在全省位列第一。外贸进出口额 3 190.9亿美元,下降 9.9%,其中出口 1 920.4 亿美元,下降 7.2%;进口 1 270.5 亿美元,下降 13.7%。全市进出口额和出口额分别居全国大中城市第 4、第 3 位。全年共新设外资项目 994 个,新增注册外资 113.42 亿美元,增长 5.3%;实际使用外资 46.15 亿美元,增长 2%。全市全年新增对外投资项目 263 个,中方协议投资额 30.15 亿美元。对外投资新增备案项目数、中方协议投资额、中方实际投资额均位居全省首位。对外承包工程完成营业额 4.94 亿美元。

服务贸易方面,完成接包合同额 122.77 亿美元,同比增长 4.13%;离岸执行额 50.25 亿美元,同比增长 4.13%。

二 商务发展工作情况

(一)商贸流通体系不断完善

超额完成全市重点商业项目建设,实际投资总额达 222.3 亿元。圆满完成 2019 年苏州市农贸市场实事项目,全年新建 2 家、改造提升 3 家农贸市场。着力优化农产品现代流通方式,完成新建 80 家智慧菜篮子工程网点的年度目标任务。推进老字号传承保护工作,发动组织企业申报江苏省第二批"江苏老字号"认定,21 家企业被确认为"江苏老字号",占比 22.1%,位居全省第一。推动流通体制改革创新发展,开展商业特色街区水平提升工程,观前街获评首批省级高品位步行街试点街区,昆山大渔湾湖滨风情商业街区获批首批省级高品位步行街培育街区。

(二)电子商务加快发展

深入推进电子商务示范创建工作,加强优质项目挖掘、培育和储备,国家级电子商务示范企业 5 家、示范基地 1 家,省级电子商务示范企业 28 家、示范基地 10 家,市级电子商务示范企业 40 家、示范基地 20 家,国家、省、市电子商务示范创建梯次培育路径初步形成。成功举办苏州市电子商务助力内销大会,围绕加快发展电子商务,支持外贸企业扩大内销,促进供给需求高效对接和线上线下深度融合,探寻发展电子商务拓展内销市场路径。全市网络零售规模持续快速增长,实现网络零售额 2 625.14 亿元,同比增长 27%。

(三)供应链体系试点建设深入推进

加强项目动态管理和跟踪辅导,组织验收申报,开展项目评审,完成资金拨付和绩效评价,总结提炼先进商业模式,复制推广试点经验。组织企业积极参与江苏省供应链相关试点工作,张家港电子口岸、华润江苏医药、食行生鲜、物润船联、宜布网等 5 家供应链体系建设试点企业案例入选《江苏省供应链创新与应用白皮书 2019》,24 家企业和常熟服装产业链条、盛泽丝绸产业链条进入江苏省供应链创新与应用重点培育企业和产业链条公示名单。

(四)消费环境持续优化

深入推进肉菜流通追溯体系长效机制建设,修订完善了《苏州市肉菜流通追溯体系固定资产管理实施办法》《苏州市肉菜流通追溯体系固定资产管理实施办法》,推广二维码主体标识与追溯支付一体化应用,积极推动探索溯源体系"轻资产"新模式。加强商务领域信用体系建设,在专项资金分配、评优评先等领域广泛使用信用产品,在商务行政管理中实行信用承诺信用审查信用报告制度,扎实开展诚信宣传教育活动。强化单用途商业预付卡等领域监管执法,全市备案企业累计 218 家,全年共处置单用途预付卡类投诉举报 4 056 件,开展执法检查 2 976 次。做好融资租赁、商业保理、典当等商贸流通特殊行业风险防范工作和职责转隶工作,完成 56 家拍卖企业的年度资质初审。

(五)外贸外资扎实稳固

苏州市积极应对中美经贸摩擦,总结实施了应对中美经贸摩擦"365"工作举措,加大赴欧盟、日本以及"一带一路"沿线国家的招商力度,组织全市企业参加广交会、进交会、华交会等境内外展会超过 300 场,取得显著成效。2019 年进出口额实现近 3 200 亿美元,总体保持稳定;实际利用外资以及境外投资额双双位居全省第一,均保持正增长发展态势,全市统筹国际国内两种资源、两个市场的能力得到有效提升。

(六)质量结构不断提升

2019 年,全市一般贸易占比提升至 36.8%,较上年提升 2.4 个百分点;对"一带一路"沿线国家进出口占比达到 21.4%,较上年提升 1.8 个百分点;服务业、战略性新兴产业实际使用外资占比分别提升至 44.5%、53.5%;新增具有地区总部特征或共享功能的外资企业 30 家,累计超过 320 家;海外高科技并购资金占比提升至 23.5％,新增 11 家境外研发中心,累计达 93 家。全市开放型经济高质量发展的态势正不断形成、步伐正不断加快。

(七) 创新业态日益壮大

跨境电商综试区建设取得新突破,制定出台了"电子商务与快递物流协同发展意见",修订完善 B2B 出口统计办法、制定非报关 B2C 出口统计办法,率先建成跨境电商 B2B 出口、B2B2C 进口、B2C 出口等统计监测体系。深化服务贸易创新发展试点工作有序推进,服务贸易十大重点行业保持较好发展态势,全年服务贸易进出口额同比增长 8％左右。同时,市场采购贸易业务稳步开展,一般纳税人资格试点扩容增效,汽车平行进口有序发展。

(八) 营商环境持续优化

全市在开放型经济领域先后推动出台了《关于开放型经济高质量发展的实施意见》《优化口岸营商环境促进跨境贸易便利化工作方案》《促进综合保税区高水平开放高质量发展工作方案》等系列政策举措,高效施行负面清单管理模式及相关备案制度,加快推进自贸片区证照分离改革全覆盖试点,开放型经济发展的整体政策环境和载体功能不断得到新的提升。

(九) 特色创新集群加快形成

围绕创新链布局招商链、产业链、资金链,全力打造全球高端技术创新平台,大力吸引和承接全球前沿性、战略性高端创新资源和要素,推动创新产业优质化、高端化、集聚化发展。全市开发区高新技术企业数量近 4 000 家,高新技术创业服务中心(孵化器)和众创空间数量达 285 个。高端人才集聚速度加快。全市开发区努力构筑国际化人才发展格局,打造最具竞争力的人才软环境,加大了对具有全球影响力、重大创新突破和引领作用的顶尖人才团队项目的引进,省级以上研发机构数达 1 321 个。全市开发区累计引进国家"千人计划"人才超 250 人,占全市九成以上,开发区入选国家、省、市人才总数占全市比重近 9 成。

三 商务改革推进情况

（一）"改革试验田"引领作用进一步深化

全市开发区紧盯重点领域、关键环节，着力全面深化改革。一是江苏自贸区苏州自贸片区在工业园区正式挂牌，重大平台实现突破。二是开放创新综合试验、构建开放型经济新体制综合试点试验扎实推进。三是昆山两岸产业合作试验区建设不断深化。四是中德合作实现新突破，相城中日智能制造协同创新载体也在加速探索推进。

（二）深化改革促进服务效能再提升

以"大部制"改革为重点的"放管服"改革不断深化，国家级开发区全链审批赋权改革纵深推进，以"精简统一高效"为原则，形成"一枚印章管审批、一支队伍管执法、一个部门管市场、一个平台管信用、一张网络管服务"的"五个一"治理架构。

（三）拓展载体建设提升双向开放水平

一是全市开发区全面深化对外开放载体建设，提升平台功能，在服务贸易创新试点、国家级境外投资服务示范平台建设、口岸功能完善、发展外贸新兴业态、优化进出口商品结构等方面发挥了重要作用，全市开放型经济主力军地位不断强化。二是开放空间不断拓宽，构建开放新格局的作用明显。各开发区结合实际，发挥优势，深度融入"一带一路"建设。

南通市

2019 年,南通市按照争当"一个龙头、三个先锋"的新定位新使命,扎实推动商务高质量发展,全市商务整体运行稳中有进、稳中向好,主要指标在省内位居前列,特别是一批牵动全局的重特大项目、开放平台取得突破,为南通争当"一个龙头、三个先锋"增添了发展潜力与后劲。

一 主要商务经济指标完成情况

2019 年,全市实现社会消费品零售总额 3 260.19 亿元,同比增长 5.55%,增速低于全省平均水平 0.65 个百分点,总量、增速分别居全省第 4、第 8 位。全年实现进出口总额 2 519.9 亿元,同比减少 0.9%。其中,出口 1 715.1 亿元,同比增长 2.3%;进口 804.7 亿元,同比减少 7.1%。进出口总额连续 7 年居全省第 4 位。全年确认实际使用外资 26.65 亿美元,同比增长 3.25%,总量规模稳居全省第四;新批项目 267 个,同比下降 9.18%;协议外资 74.27 亿美元,同比增长 6%。全市新增境外投资项目 58 个,中方协议投资额 94 286 万美元,同比下降 10.07%;完成对外承包劳务营业额 176 444 万美元,同比下降 0.84%,分别位居全省第四、第二。全年服务贸易规模 538 727 万美元,其中出口规模 290 949 万美元,进口额 247 778 万美元,服务贸易占对外贸易比重为 12.84%,居全省第 3 位。全年服务外包执行额 591 820.68 万美元,居全省第 4 位。

二　开展的主要工作

(一)全力突破重大项目招引

精心组织好重点招商活动,推动各县(市)区围绕市级重点招商活动计划,2019 年以来各地累计举办招商活动 350 多场。市委、市政府全年共组织实施 5 场投资促进周活动,围绕"3＋3"产业项目对接洽谈项目 314 个。紧抓中日经贸关系回暖契机,自 2018 年 9 月以来,集中 4 次赴日本开展招商,在东京、大阪、名古屋等地举办 4 场推介会。成功举办江海国际博览会、新一代信息技术博览会、台商峰会、中日软件发展大会等经贸活动,赴英国等地举办投资促进活动。切实推进 10 亿元以上重点项目,项目主要集中在电子信息、新材料、装备制造、新能源汽车、大数据等领域。

(二)协同扩大对内对外需求

积极应对中美贸易摩擦影响,建立对美出口 1 000 万美元以上企业的重点跟踪联系制度,搭建市、县、企业三级应对体系。开拓境内外市场,在组织广交会、华交会的基础上,先后组织 125 家(次)企业参加 11 个 2019 年南通市重点组织拓展的境外国际展会。举办多场"贸银企"对接活动,为企业搭建沟通交流的平台。推广"苏贸贷"平台,扩大出口信保规模,在现有覆盖 50 万～3 000 万美元出口企业的基础上,将出口 0～50 万美元的企业也纳入统保范围。获批设立中国(南通)跨境电子商务综合试验区。跟踪督促各板块落实好"个转企"实施意见,提高占评估权重的 48% 的限上零售额增幅。丁古角商业步行街、海安中大街分别被评定为省级高品位步行街建设试点街区、培育街区,数量居全省第 2 位。南通市跻身全国城市绿色货运配送示范工程创建城市。海门获评全国电商进农村综合示范县,新入选省级电商示范基地 9 个、示范企业 7 家。第二届进博会组织工作获省团肯定,报名人数、意向成交额居全省第 3、第 4 位。建立了家政信用服务平台和扶持政策。肉菜流通追溯体系试点通过省级验收。全年新建改造农贸市场 11 家,标准化率达 83.6%,比去年提高 10.2 个百分点。

(三) 深度融入"一带一路"建设

举办"印度—南通投资合作推介会",组织企业参加捷克驻沪总领馆、省贸促会在南通举办的"捷克—南通项目对接会",组织企业参加 10 多场省厅举办的"走出去"系列培训,拓展企业国际化视野,引导企业参与"一带一路"建设。引导华新建工、通州建总等 9 家企业申报对外援助项目实施资格,组织企业参加中国对外承包工程商会举办的"2019 中国对外承包工程行业发展论坛",支持企业承揽境外总包项目,拓宽对外承包工程领域。举办南通企业海外合规经营专题培训,提升海外风险防范能力。召开建筑企业"走出去"座谈会,联合发改、公安、住建、外办等有关部门,破解建筑企业"走出去"资金和风险等难题,助力企业做大做强。赴陕西汉中开展帮扶对接考察交流活动,推进对外劳务扶贫合作。举办出国劳务洽谈会暨外经人才招聘会、"一带一路"重点企业退役军人专场招聘会,组织企业参加省厅举办的外国留学生招聘会暨校企见面会,与南通大学"一带一路"沿线国家留学生座谈交流,破解企业"走出去"人才和劳务资源短缺瓶颈。与公安、外办共同探索设立警侨联动以色列服务站,促进赴以色列承包劳务平稳发展。

(四) 拓展提升对外开放平台

推动海门工业园区更名,海门港新区、如皋港工业园区、锡通科技产业园申报省级经济开发区。积极推进省级特色创新示范园、智慧园区申报工作,5 家省级以上开发区申报省级特色创新(产业)示范园区,2 家开发区申报江苏省智慧园区。开展土地集约利用专项督查,坚定不移地推进开发园区节约集约发展。通州湾开放取得新突破。推进机场新候机国际旅检通道建设、验收和协检协管员配备工作。开通西安—孟买—南通、南通—大阪—成都国际全货运包机,国际全货运业务取得突破。完成通吕、苏通电厂码头开放省级验收和通海集装箱、惠生重工码头市级验收。优化提升电子口岸 16 个系统功能,273 项业务实现在线办理。截至 2019 年年末,平台注册企业 1 809 家,服务用户4 000多家,已与如皋、如东、启东、通州、海门、开发区实现互联互通。推动南通综保区内企业增值税一般纳税人政策落地,推进综保区三期封关验收各项筹备工作。如东保税物流中心(A 型)通过封关验收。海安进口肉类监管场地建设规划上报省政府。

连云港市

2019 年,连云港市商务系统紧紧围绕"高质发展大突破之年"工作主题,以"一带一路"强支点建设为统领,以重大开放平台建设为中心,以"商务惠民"为出发点和落脚点,积极应对复杂严峻的宏观经济形势,全力推进开放型经济和流通现代化健康发展,全市商务运行总体呈现稳中有进的发展态势。

一　主要商务经济指标完成情况

2019 年,全市全年实现社会消费品零售总额 1 179.6 亿元,同比增长 5.2%。实现外贸进出口 93.2 亿元,同比增长 2.4%。全市服务贸易进出口总额 8.84 亿美元,同比增长 2.52%。全年新设外商投资企业 82 家,同比增长 13.9%;实际使用外资 6.14 亿美元,总量居全省第 12 位,同比增长 1.75%。全市全年"走出去"投资项目 16 个,境外协议投资额 1.28 亿美元。新签境外承包工程合同额 2 974 万美元;营业额 1 512 万美元。

二　开展的主要工作

（一）招商引资取得显著成果

全市上下招商氛围更加浓厚，市级层面先后组织赴我国港台、中亚、新加坡、日本、韩国、我国北京等地开展专题招商活动；先后邀请韩国东亚制药、韩国三正石油、荷兰贸促会、中化集团、恒大集团、华电集团等国内外知名企业来连考察。积极创新招商方式，充分发挥异地连云港商会作用，先后在美国以及我国北京、深圳、浙江等地连云港商会挂牌招商联络处 14 个。

（二）对外贸易保持在合理区间

充分发挥省"苏贸贷"政策，联合中国银行、中信保等金融机构对外贸企业提供信贷，全年发放贷款超过 1.1 亿元。推进新兴贸易业态发展，加快跨境电子商务发展，整合全市跨境电商发展资源，积极申报国家级跨境电商综合试验区。加快推动企业境外海外仓建设，在巴西、马达加斯加等国建立企业海外仓 10 个。技术进出口业务持续向好，全市完成技术进口业务备案 24 笔，备案总金额 4.2 亿美元，增长 6.1 倍，其中恒瑞医药引进美国制药公司技术合同协议金额超过 3 亿美元。

（三）对外经济合作企稳回升

赴"一带一路"沿线投资稳步发展，新增赴"一带一路"沿线国家投资项目 5 个，中方协议出资额 9 743.5 万美元，其中，盛虹炼化在新加坡设立公司，中方协议出资额 9 000 万美元。劳务合作再创新高，预计全年新签合同工资总额 1.3 亿美元，与去年持平；期末在外人数 1.1 万人，同比增长 30%。积极发挥劳务外派在扶贫增收方面的作用，落实劳务扶贫激励政策，鼓励对外劳务合作经营企业招收外派来自贫困地区的劳务人员出国务工，累计派出来自贫困地区的劳务人员 300 余人。

（四）现代商贸流通稳步发展

加快发展电子商务，产业模式不断创新，交易规模进一步扩大，全市电商产业呈现稳步推进、发展较快的良好态势,全年实现网络零售额约 428 亿元,同比增长约 39%,其中农村网络零售额约 259 亿元,同比增长 70%。东海县成功入选"全国农村电商十强典型县",灌云县成功获批国家级电商进农村综合示范县;全市新增省级农村电商示范村 3 个、省级电商示范基地 5 个、省级电商示范企业 10 个。

(五) 商务惠民举措扎实有力

先后组织 2019 新春大集、海州白虎山庙会暨"一带一路"非遗文化展示会、第四届餐饮文化博览会等活动,有力提振了消费市场回暖。展会活动亮点纷呈,丰富了群众精神文化生活,全市先后举办第三届国际医药技术大会、第二十届农洽会、第十一届文博会等大型展会节庆活动,会展业发展势头持续向好。切实加强市场运行调控,开展猪肉保供投放工作,稳定居民"菜篮子"价格。大力推进市区菜市场标准化建设,新建标准化菜市场 2 个,完成升级改造 10 个。全面开展成品油整治,联合市场监管、公安、应急等部门,查处取缔各类无证照加油站点 428 个,流动加油车 195 辆。

三 改革举措

(一) 开放载体建设实现历史性突破

全力推进自贸试验区申报建设工作,组织精干力量,参与起草方案,中国(江苏)自由贸易试验区连云港片区获批建设,连云港元素在全省方案中占比最高。充分承担自贸区领导小组办公室职能,聚焦投资贸易便利化,制定出台 28 条促进自贸试验区发展支持政策,已形成中哈陆海联运电子数据交换通道、海关多式联运监管新模式等 16 项制度创新成果。启动连云港片区产业发展规划、连云港海港与徐州陆港、淮安空港物流枢纽"黄金三角"等课题研究。

(二) 加快改革提升贸易便利化水平

完成连云港综保区建设任务,通过国家验收并全面投入运营。赣榆、徐圩、灌河港区正式开放,口岸开放水平进一步提升。启动连云港花果山国际机场空港口岸扩大开放前期工作,正式开通两条赴日本国际航线。加强两翼港区及空港口岸监管,连云港海关驻港区办事处、驻赣榆办事处正式挂牌。牵头举办第六届连博会,来自 34 个国家和地区的 487 家企业参展。

(三)开发园区深化"放管服"改革

深化行政体制改革,探索试点环评、安评等事项区域评估,起草制定《连云港市开发园区区域评估工作方案(试行)》。全市开发区行政审批改革试点加快推进。连云港市开发区、徐圩新区、高新区、连云开发区、赣榆开发区等 5 家开发区组建综合行政执法局,实现"一支队伍管执法"。推广相对集中行政许可权改革试点经验,在连云、赣榆开发区基础上,连云港市开发区、高新区、海州开发区等 3 家开发区新设立行政审批局,实行"一窗通办"和重大项目"全程代办"。

淮安市

2019年,淮安市商务系统聚焦高质量发展定位,实施开放引领战略,推动商贸流通转型,千方百计稳外贸、稳外资、扩消费,全市商务高质量发展取得积极成效。

一 主要商务经济指标完成情况

2019年,全市社会消费品零售总额1 334.5亿元,同比增长7.7%。外贸进出口47.05亿美元,其中出口33.8亿美元,同比增长0.4%。新设外资项目140个,协议外资32.32亿美元,同比增长14.1%;实际利用外资10.77亿美元。新设境外投资项目11个,中方协议投资额9 486.5万美元,同比增长10.3%。

二 开展的主要工作

(一)坚持精准施策,开放型经济运行稳中提质

出台《市委市政府关于推动开放型经济高质量发展的实施意见》,提出26条政策措施。积极应对经贸摩擦,对出

口美国市场 1 000 万美元以上且占比 50％以上的 16 家重点企业进行动态监测，对各县区和园区组织全覆盖专题调研，对重点企业采取"一企一策"措施，开展"点对点"个性化服务。组织全市 1 000 多家（次）企业参加第二届进博会、华交会、广交会等境内外展会，拓展多元化市场。落实"苏贸贷"优惠贷款项目，帮助 30 多家企业获得"苏贸贷"授信批复超 1 亿元。全市培育外贸新增长点企业 180 户，对"一带一路"出口占比 30.4％。淮冶科技在乌兹别克斯坦投资 1.3 亿美元的利达金属项目建成投产。

（二）全力攻坚突破，重特大项目招引成效显著

市委、市政府实施重特大项目攻坚年活动，分产业建立跨区域专业招商队伍，紧盯重点地区开展点对点招商、产业链招商、以商引商，推行"项目长"帮办服务等工作机制。新设总投资 3 000 万美元以上外资项目 56 个，其中总投资 1 亿美元以上项目 15 个。市商务局成立了由主要负责人任组长的重特大项目攻坚领导小组，制定具体方案，编排重点招商计划，赴日韩、珠三角、长三角等外资密集区开展专题招商，举办全市外资招商高级研修班，与国际知名委托招商机构世邦魏理仕签订战略合作协议，自主招商新拓展企业资源 530 家，推动开工、签约总投资超亿元重特大项目 7 个。

（三）放大特色优势，台资示范区建设深入推进

召开台资集聚示范区建设推进会，出台示范区建设实施方案，落实省联席会议各支持事项，举办第十四届台商论坛、淮台经贸文化交流合作周等经贸活动，台商论坛期间集中展示 41 个新签约台资项目，总投资 36.2 亿美元。全年新设及增资台资项目 40 个，协议台资 5.2 亿美元，同比增长 102.3％，实际利用台资 1.62 亿美元。推动淮昆台资经济协同发展，开展昆山驻点招商，淮昆台资合作产业园正式揭牌，两地签署共建框架协议，积极复制推广昆山试验区政策措施。

（四）激发消费活力，商贸流通业发展步伐加快

促进淮扬菜传承创新，出台《市政府关于进一步加快淮扬菜产业发展的实施意见》，组织中国淮扬菜大师邀请赛、运河与美食创意城市国际峰会、淮扬菜

特色和美食名店评选、淮安"十碗好面"大赛、家庭厨艺大赛等活动。促进农产品电商发展,引导80款特色农产品线上销售,新创成5个省级电子商务示范村,淮安电子商务现代物流园获批省级电子商务与快递物流协同发展示范基地。鼓励商贸企业转型发展,淮安新亚入选商务部绿色商场创建单位,新认定第二批18家"淮安老字号","淮顺堂"被认定为"江苏老字号"。淮阴建设工程集团、淮安好人家食品、井神盐化3家企业入选供应链创新与应用重点培育企业。狠抓商贸流通领域安全生产,推动加油站地下油罐改造,扩大"互联网＋再生资源"覆盖面,强化大型商超、非星级宾馆、连锁酒店、加油站及农贸市场水产区等专项整治提升。

(五)推动提档升级,特色化平台建设成果丰硕

成功举办第二届中国(淮安)国际食品博览会,展会吸引456家境内外企业参展,15.9万人次现场参观,1.3亿人次线上观看,线上线下意向合作金额52.6亿元,签约食品产业项目32个,总投资156.34亿元。深化开发区体制机制改革,涟水开发区创成省级智慧园区。淮昆台资合作产业园、宁淮特别合作区正式揭牌成立。口岸功能不断拓展,优化淮安一类航空口岸航线,推动航空货运枢纽建设,新港二类水路口岸开通至上海、太仓、扬州、南京等外贸航线,新开通淮安至宁波海铁联运项目外贸直达班列。

三 改革举措

(一)创新外资招商机制

积极探索市场化招商,与世界五大投行开展深入合作,与世邦魏理仕正式签署合作协议。通过投行接洽引进了德邦物流、汽车零部件等一批项目。制定优化委托招商实施细则,聘请置信产业园华东招商总经理、高力国际董事等高端专业人才作为招商代表。扎实推进昆山驻点招商,邀请波力海苔、鲜活果汁、供美香等知名食品企业来淮考察,成功落户福立旺精密电子、承大科技等台资项目,益海嘉里、优诺酸奶等项目稳步推进。

（二）拓展利用外资领域

出台《关于推动开放型经济高质量发展的实施意见》，部署进一步扩大服务业等利用外资领域，优化利用外资结构，2019 年，全市制造业利用外资占比达 40％以上、战略性新兴产业利用外资占比达 60％。落实外资准入前国民待遇加负面清单管理制度，按照《外商投资准入特别管理措施（负面清单）(2019 年版)》，进一步简化备案程序。加强外资项目事中事后监管，开展外资企业备案监督检查。

（三）深化开发园区改革

加快园区整合优化，淮安经济技术开发区明确五大片区功能定位及产业导向，淮安高新区设立生物科技、电子信息、智能终端等六大产业园，涟水开发区打造"一区两园"一体化发展格局；推动行政审批简政减负，在全市开发区推行土地勘测、矿产压覆、地质灾害、水土保持、文物保护、洪水影响、地震安全性、气候可行性及环境评价等事项区域评估，减轻企业成本负担；复制推广自由贸易试验区第 1～4 批改革试点经验，全市适用的 50 个复制推广事项中，已经实施 45 项，实施占比达到 90％。

盐城市

2019 年,盐城市商务系统深入践行新发展理念,围绕"两高"目标、"三市"战略,坚决走好"两海两绿"发展路径,加快建设"四个新盐城",切实抓好发展和安全两件大事,全力做好稳外贸、稳外资、促消费等工作,商务经济呈现"难中守稳、稳中有进"的态势。

一　主要商务经济指标完成情况

2019 年,全市全年实现社会消费品零售总额 1 920.1 亿元,同比增长 8%。实现外贸进出口 96.1 亿元,同比增长 0.7%。全市服务贸易进出口总额 10.88 亿美元,同比增长 2.38%。全市全年新设外商投资企业 140 家,同比下降 2.78%;实际使用外资 9.2 亿美元,总量居全省第 10 位,同比增长 0.8%。全市全年"走出去"投资项目 11 个,境外协议投资额 3.34 亿美元。新签境外承包工程合同额 0.07 亿美元,营业额 0.06 亿美元。

二　开展的主要工作

（一）重大活动"全力推进"

1. 高位推动中韩（盐城）产业园建设

2019年5月，省委娄勤俭书记率江苏省友好代表团赴韩国访问期间亲自推介中韩（盐城）产业园，推动韩国第三大跨国企业SK集团在盐城市设立SKI动力电池项目，总投资18亿美元，协议注册外资10.5亿美元，成为全市规模最大的外资项目，继东风悦达起亚之后，进一步拓宽了盐城市与世界500强企业的合作渠道。

2. 高水平承办多项国家、省级层面重大活动

先后牵头承办了省中韩产业园工作协调小组第二次会议、中韩产业园第二次工作会议暨政策培训会；组织参加了中韩产业园副部级合作协调机制第三次会议、中韩经贸联委会；承办了"中韩FTA创新实践"主题论坛，邀请中韩专家、企业代表近200人参加；多次赴韩开展专题投资促进活动，推动与韩国产通部、新万金开发厅、韩国贸易协会、现代、LG等政府、机构和企业开展深度合作，形成了双向互动、合作共赢的生动局面。

3. 圆满完成"5·18"等重要任务

牵头组织"5·18"等10多项经贸活动，共签订产业合作项目40个，总投资1 033.8亿元。举办"融入长三角、建设新盐城"高质量发展主题展，向社会各界发出了"强富美高"新盐城建设的"最强声音"。以"开放合作，共享未来"为主题，配合做好首届中韩投资贸易博览会，集中签约18个产业项目，项目计划总投资超200亿元、协议利用外资近8亿美元。牵头做好全市会展经济工作，研究制定《关于促进全市会展经济加快发展的意见》，全市全年共举办各类展览活动40多场，展览面积近30万平方米，办展天数168天。

（二）主要指标"克难求进"

1. "三外"工作稳步推进

对外贸易"稳中有进"。主动应对中美经贸摩擦，密切跟踪重点出口行业，

帮助企业解决发展难题。中韩（盐城）产业园核心区完成出口 10.7 亿美元,占全市比重 16.5%,超额完成省定目标任务。全市全年出口国家和地区达 192 家,进出口经营主体突破 2 000 家,其中超亿美元企业 17 家,超千万美元企业 188 家,均创历史新高。利用外资"稳中提质"。中韩（盐城）产业园核心区外资到账 3.3 亿美元,占比 36.7%,超额完成省定目标任务。利用韩资大幅上涨,新设韩资项目 39 个,增长 39.3%;协议注册韩资 13.6 亿美元,增长 20 倍;韩资到账 1.2 亿美元,增长 121.9%。对外投资"稳中向好"。全市新批境外投资项目 11 个,中方协议投资 3.3 亿美元,投资规模跃居苏北第一,全省第六。

2. 开发园区转型升级

深入开展园区"等级创建""三项清理""整合托管"等工作,盘活厂房面积超 200 万平方米,为增加有效供给腾出了空间。鼓励园区"一园一业",全市有 9 家省级以上开发区主导产业占比超过 60%,大丰经济开发区、射阳港经济开发区、阜宁经济开发区 3 家园区新能源产业,东台经济开发区、盐都高新区 2 家园区电子信息产业突破"百亿规模",产业集群"雁阵效应"逐步显现。制定出台《促进盐城综保区高质量发展高水平开放实施方案》,复制自由贸易区改革创新经验 116 条。积极开展省级以上开发区"区域评"工作,1 家园区建成国家知识产权试点园区,1 家园区创成省级特色创新（产业）示范园区,2 家园区建成省级智慧园区,5 家园区建成省级生态工业园区。宝武钢铁进入实质运作,金光纸业、SKI 完成外资到账。

3. 口岸功能不断完善

开通全省唯一对韩日全货机航线,有效解决盐城至首尔限制航权问题,增加釜山新航点,即将开通越南芽庄新航线。加快推进盐城港"一港四区"口岸对外开放,滨海港区开放口岸顺利通过省级预验收,响水港区、射阳港区申报开放口岸待国务院批复,大丰港区"沪丰通"集装箱航线与上海港实现"天天班"。全面提升通关便利化水平,不断优化口岸营商环境,进口和出口通关时间分别压缩 57.2%、75.3%。全市全年水运口岸外贸运输量 2 100 万吨,增长 33%;外贸集装箱运输量 20.5 万标箱,增长 26%;航空口岸出入境旅客 11.3 万人次,增长 18%。

（三）民生实事"全面精进"

1. 培育消费热点

开展"品质生活，焕新盐城"消费促进月活动，活跃假日市场，释放消费需求。探索促进汽车消费新载体、新平台、新举措，推动发展共享型、节约型、社会化的汽车销售和售后服务网络。研究制定《促进夜间经济发展的实施意见》，依托东进路等相对成熟的街区，打造集夜游、夜娱、夜食、夜购等功能一体的夜间经济示范街区。支持东台安丰古街打造老字号集聚区，推动"阜阳牌"和"晶天香"认定为"江苏省老字号"，保护和发展"老字号"品牌。组织开展成品油市场整治"百日行动"，查获无证经营加油站（点）19 处，查扣非法流动加油车 49 辆，取缔流动加油船 5 艘，扣押汽油、柴油 262.9 吨，打好污染防治攻坚战。按照"国六"标准，推动加油站（点）油品升级和油气回收改造工作，地下油罐防渗改造进度全省领先。

2. 创新流通发展

改造提升商业步行街，盐城欧风花街、盐城东台安丰古镇步行街列为"江苏省高品位步行街"，中南世纪城、北金鹰创成江苏省绿色商场。在全省率先出台支持新零售发展资金政策，支持传统商贸流通企业转型升级，实现线上平台和线下体验店"双轮驱动"。深入开展电子商务示范创建，新增省级"电商村"10 个、"电商众创空间"3 个。盐城电商快递产业园获授"国家电子商务示范基地"称号，4 家园区、14 家企业被认定为省电子商务示范基地（园区）和示范企业。

3. 加强市场建设

市区新建、改造 5 个农贸市场，打造光明、世纪大道 2 个智慧概念农贸市场，全市新建社区商业便利店 80 个，惠及周边 15 万城乡居民。大力推动供应链企业品牌化建设，雅家乐、悦达物流、神龙明物流 3 家企业被列为江苏省第一批供应链创新与应用重点培育企业；三禾食品、雅家乐 2 家企业被确定为农商互联完善农产品供应链项目支持单位。积极对口帮扶铜川，完成消费扶贫234 万元，超额完成全年任务。全面开展安全检查，认真组织专题培训，保持了全市商贸领域安全生产形势持续稳定。

三 改革举措

一是深化巩固"放管服"改革成果。重新梳理权力清单，及时编制上报办事指南，在政府门户网站进行公示，目前商务部门20项权力事项均实现"不见面审批"。二是做好国家级开发区"全链审批"推进工作。盐城经济技术开发区出台了《关于盐城经济技术开发区相关部门行政许可事项划转至行政审批局的通知》（盐开管〔2018〕30号），将190项行政许可事项划转至该区行政审批局行使。目前，园区赋权事项运转正常，基本实现一枚印章管审批。三是选择有条件的开发区试点体制改革。盐城市开发区目前作为全省"不见面审批"改革试点单位，全面推行"不见面"审批，承接外国人来华工作许可审批权限，已完成"三测合一"公共信息服务平台建设和试运行工作，实施"联合踏勘"改革，开展环境影响评价改革省级试点。盐城高新区组建行政审批局，集中办理市场准入、投资建设和民生服务办证等领域行政许可事项，率先实现"一枚印章管审批"。东台经济开发区开展社会管理体制改革全省试点，将社会事业发展职能与经济发展职能分离，提高开发区行政运作效率。

扬州市 ··

2019 年,扬州市商务系统贯彻落实新发展理念,着力推动经济高质量发展,积极克服各种严峻挑战,大力实施经济国际化和商贸流通现代化战略,全力推进稳外贸、稳外资、促消费等重点工作,全市商务发展总体态势稳中向好。

一 | 主要商务经济指标完成情况

2019 年,全市实现社会消费品零售总额 1 655.9 亿元,同比增长 6.3%。全市外贸进出口 113.1 亿美元,其中出口 83.6 亿美元。一般贸易进出口占全市货物贸易进出口总额的比重为 76.5%。实际利用外资 13.87 亿美元,同比增长 13.7%,其中战略性新兴产业实际利用外资 9 亿美元,占全市实际利用外资比重 64.95%,较上年提高 30.3 个百分点。全市对外投资总额 5.35 亿美元,新增对外投资项目 39 个,中方协议投资额 1.36 亿美元,同比增长 83%。

二 开展的主要工作

（一）强化消费促进，推动商贸流通创新发展

1. 举全市之力推进"世界美食之都"申报

先后举办（承办）2019 中国（扬州）早茶文化节暨国际美食创新发展大会、2019 年扬州运河美食嘉年华、中国常驻联合国教科文组织代表团庆祝新中国成立 70 周年国庆招待会等诸多特色活动，推动扬州美食国际化，促进美食制作产业化。2019 年 10 月 30 日，扬州正式获批联合国教科文组织创意城市网络"美食之都"称号。

2. 助推"双创示范"考核验收

落实"双创"商务发展资金和"三把刀"集聚区、国庆路老字号提升改造等项目资金，7 家老字号创成第二批江苏老字号，扬州"三把刀"特色步行街、东关街分别获批"省级高品位步行街试点街区"和"省级高品位步行街培育街区"称号。扬州市以全国第一的优异成绩完成国家"两创示范"考核验收工作。

3. 完善促进消费机制

出台《扬州市完善促进消费体制机制进一步激发居民消费潜力的实施意见》，强化社零稳增长工作机制，狠抓限上企业增量提质，新增限上法人企业 200 多家。开展全市成品油市场秩序专项整治、商务领域安全生产大排查大整治和商务执法工作，营造放心消费环境。

4. 强化市场流通体系建设

完善城乡商业网点布局，新改建农贸市场 8 个，新建社区商业便利网点 80 个；新认定 5 家市级特色商业综合体，累计达 10 家，推动商业综合体特色化发展、差别化竞争。12 个重点企业和 2 条产业链条入选省级供应链创新与应用试点。全年 50 个亿元以上商贸流通业在建重点项目完成投资超 200 亿元。

5. 加快发展电子商务

成功举办 2019 中国（扬州）电子商务高质量发展大会，新获批国家级电商示范县 1 个，省级电商示范村 10 个、示范社区 2 个、示范园区 7 个、电子商务与快递物流协同发展示范基地 2 个、众创空间 3 个、示范企业 14 家。

(二)强化招商引资,推动利用外资稳中提质

1. 优化招商工作机制

落实扬州市委、市政府招商引资部署推进会精神,创新谋划"三招三引"工作方案及考核办法,进一步优化招商引资工作机制和组织架构,形成商务部门牵头实施,工信、科技、农业农村等部门有机联动,县(市、区)靠前推进的工作机制。

2. 精心组织招商活动

牵头组织开展"烟花三月"重大外资项目签约、"名城扬州携手世界名企"合作恳谈、粤港澳大湾区招商、深圳专题拜访、上海专题招商等活动。编印《扬州市重点产业集群招引外资目标企业名录》,提升招商精准度。2019 年,全市各级领导班子带队外出招商 1 259 批次,推进项目 875 个,举办推介签约活动 210 场,签约项目 806 个(已注册 559 个)。新落户世界 500 强及跨国公司项目 6 个。招商引资工作以满意成绩通过市人大常委会工作评议。

3. 着力推动外资到账

实施半年预考核、双月督查推进、每月工作简报、重要节点日报等推进机制,定期对全市招商活动、洽谈签约和项目落地进行"回头看",点对点服务到账支撑项目,有效推进指标任务完成。推动英谛车材获批成为全市首个省级跨国公司功能性机构。

(三)强化服务促进,推动外贸外经稳增长

1. 狠抓外贸稳增长

制定《关于促进外贸优进优出稳定健康发展的十条政策意见》,从市场开拓、进口促进、应对摩擦、信用保险、品牌培育等方面给予企业资金扶持或便利措施。加大企业走访服务力度,着力稳存量、促增量,帮助泰富获批球团加工贸易项目做大进出口规模,培育新增出口企业日新通运物流装备公司。

2. 狠抓市场开拓

修订年度贸易促进计划,扶持并组织企业参加广交会、华交会、第二届进博会等境内外重点展会。用足用好 500 万元市级跨电资金,扶持培育综保区、邮政跨电产业园等新业态试点做大做强,成为扬州市外贸新增长点。

3. 狠抓贸易摩擦应对

成立由扬州市政府主要领导任组长的中美经贸摩擦扬州市应对工作领导小组,建立完善全市外贸百强企业服务机制和涉美经贸企业监测分析制度,帮助企业运用贸易救济手段维护自身权益。由扬农化工发起的邻二氯苯反倾销调查取得成功。

4. 狠抓服务贸易培育

制定《扬州市促进服务外包产业发展政策意见》,将服务外包指标纳入全市商务系统目标管理考核,扬州开发区创成省级服务外包示范园区。新增服务外包登记录入企业 77 家,累计达 147 家。获批国家文化出口重点企业、重点项目各 1 个。

5. 狠抓"走出去"促进工作

进一步修改完善市级"走出去"扶持资金政策,明确五大类 10 个扶持条款,基本涵盖全市"走出去"企业所有类别。组织企业参加各类对外投资促进活动 40 多场,引导企业加快开拓"一带一路"等重点市场。

(四)强化载体升级,提升园区、口岸发展能级

1. 推动园区争先进位

制定《2019 年度扬州市开发园区综合考核办法》,督导各园区制定实施争先进位提升工作方案,补齐短板。

2. 推动园区合作共建

加强与上海、苏南板块对接以及园区合作,新落户亿元以上产业转移项目 15 个,总投资 43.2 亿元。推进苏陕、苏辽合作,扬州市商务局与榆林市商务局、扬州化工园区与靖边能化园区分别签署合作协议。

3. 推动各类口岸加快开放

积极推动扬州、泰州机场新开吉隆坡、首尔、澳门并加密济州等国际航线,1 个码头开放完成省级验收,1 个码头获批临时启用。

(五)强化改革创新,优化商务营商环境

1. 优化政策体系

制定出台《关于促进外贸优进优出稳定健康发展的十条政策意见》《促进

服务外包产业发展政策意见》《优化口岸营商环境促进跨境贸易便利化的实施方案》《完善促进消费体制机制进一步激发居民消费潜力的实施意见》等政策文件,商务发展政策环境进一步优化。

2. 深化"放管服"改革

全面实施外商投资"负面清单"管理、工商登记和商务备案"一口办理",推进开发园区区域评估工作,提高行政审批效率。推进口岸提效降费,出口、进口货物平均整体通关时间分别同比压缩 36.6% 和 5.8%,实现口岸公示目录清单外一律不得收费。

3. 强化为企服务

印发实施《2019 年服务百家重点商务企业工作方案》,加大企业走访服务力度,全年组织近 50 余场服务企业相关活动。2019 年为全市商务企业争取省级和国家级资金 9 481.56 万元,同比增长 58.4%。

镇江市

2019 年,镇江市商务战线始终坚持党对商务工作的全面领导,众志成城,攻坚克难,奋力落实"一促两稳"工作,商务经济实现稳中有进、稳中提质。

一 主要商务经济指标完成情况

2019 年,全市社会零售总额 1 433.7 亿元,同比增长 5.4%,列全省第 9 位。全市外贸进出口 112 亿美元,同比下降 5.4%,出口 78.7 亿美元,下降 1.4%,其中一般贸易进出口占外贸进出口总额比重为 75.4%。实际使用外资 7.31 亿美元,其中制造业实到外资 6.54 亿美元。新批境外投资项目 28 个,中方协议投资 1.56 亿美元,增长 12.5%;其中,中方实际投资近 9 350 万美元,增长 3.5 倍,增幅全省第一。新签对外承包工程合同额 1.25 亿美元,增长 2.3 倍,增幅全省第一。服务贸易进出口约 23 亿美元,占全市货物贸易比重约为 19%,占比列全省第二。

二 开展的主要工作

(一) 开放发展稳中有进

一是帮办服务稳外资。完善外商"一卡通"政策,帮办服务 21 个重点外资项目。总投资超 100 亿元的金东高档纤维基材料制造项目签约落地,北汽麦格纳新能源汽车、诺贝丽斯并购爱励铝业 2 个重大项目通过反垄断调查。二是应对摩擦稳外贸。积极落实口岸提效降费等优惠政策,推进外贸品牌建设,丹阳五金工具创成国家级外贸转型升级基地。13 家企业产品入选江苏省重点培育和发展的国际知名品牌,省交通工程公司获得全市首个援外资格。中信保镇江投保金额超过 20 亿美元;落实"苏贸贷"对中小外贸企业贷款近 1.3 亿元。三是强化招引促外包。全球最大的基因合成供应商金斯瑞集团、全国服务外包十强软通动力集团、全国电影 3D 制作龙头视程影视均当年入驻、当年建设、当年运营。

(二) 开发园区整合提升

编制《全市开发区总体发展规划》。加快特色园区建设,镇江经济技术开发区航空关键部件产业园、丹阳经济开发区航空航天新材料产业园创成省级特色创新产业(示范)园。推进园区进档升位,镇江经开区列全国 219 家国家级经开区第 22 位、列全省国家级经开区第 5 位;镇江高新区列全国 157 家国家级高新区第 72 位、列全省国家级高新区第 14 位,两个国家级开发区均取得历史最好水平。全省开发区综合评价,丹阳经开区列全省 88 家省级经济开发区第 2 位,其他 4 个省级经开区名次稳中有进;扬中高新区列全省 29 个省级高新区第 2 位、丹阳高新区列第 15 位。

(三) 商贸惠民成效明显

牵头编制完成《镇江市农批市场改扩建方案》。4 个城区菜市场完成提升改造的年度任务,5 家乡镇集贸市场改造结束。积极做好非洲猪瘟期间本市猪肉及可替代副食品的市场监测及保障供应工作,春节前及时投放冻肉产品,受到群众普遍欢迎。推动 56 家社区便利店的民生实事建设,"倍全模式"入选商务部典型案例。电子商务加速发展,句容市创成国家级电商示范县,惠龙易通、鱼跃医疗等 2 家企业创成国家级电子商务示范企业。组织 717 家企业参加第二届进博会,签约成交规模同比提升。

(四)安全生产扎实推进

认真落实管行业就必须管安全生产的有关要求,牵头开展柴油货车和非道路移动机械油品整治、推进加油站双层罐改造,特别是牵头开展商贸、园区等商务领域的安全生产工作。全年围绕大型商业场所开展安全生产督查 40 余次,检查大型商业企业 100 余家;委托第三方专业机构开展加油站点安全检查 140 余次。全市 80% 以上的加油站和大型综合体、大型商场、重点连锁超市开展了安全生产标准化建设。

三 | 改革举措

(一)重构全市招商体系

一是完善招商管理架构。镇江市招引组和招引办调整组成人员,在市级层面形成了商务牵头、分工负责、协作推进的招引联动管理体系。二是组建"358"招引工作组。搭建由 3 个招商部、5 个招引办工作组、8 个部门(板块)联络员组成的"358"工作组。工作组每个周末召开例会,交流项目信息,研究阶段性工作。三是严格落实四项机制。建立完善"定期调度、业务提升、协同推进、督查考核"四项机制。"产业项目招引"纳入全市高质量考核体系加分项。四是创新开展四项服务。设立"总帮办—帮办管理员—帮办员"三级帮办网络,创新"项目银行对接、项目预评估、信息集散中心、全过程帮办"四项服务。

(二)推进开发区改革创新

一是横向到边,推进开发区区域评估。市商务局、市发改委等八部门联合印发《镇江市省级及以上开发区区域评估工作方案(试行)》,扎实推进简政放权,明确评估费用由地方政府或开发区管委会支付,评估结果由区域内项目免费共享,降低企业制度性交易成本,为全市打造更优的营商环境提供有力支撑。二是纵向到底,推进行政审批改革。积极推进开发区行政审批创新改革,实现"一层全链管审批"。镇江经开区在全省率先探索编制了国家级开发区全链审批赋权清单并赋权到位,围绕"一站式、集中批、区域评、联合审、代办制、网上通"目标,全力推行"2332"阳光高效审批改革,相关改革经验在全省推广。三是上下联动,推动园区整合提升。赴广州、漕河泾、绍兴等先进园区学习,推动镇江高新区和丹徒区签约共建专业化产业园区,促进两地资源集约利用,实现区域经济互利共赢发展,形成示范效应。丹阳"三区三园"大整合正式启动。

(三)全面落实依法行政

全局高度重视依法行政工作。在新一轮机构改革中新设法规处,与综合处合署办公,补齐法规工作的短板。利用中心组学习、"商务大家讲"等平台,开展系列学法活动,增强班子成员的法律素养,提高依法决策能力。落实行政执法"三项制度",起草并印发《镇江市商务局(口岸办)行政检查规范(试行)》,填补事中监管的空白。健全商务系统法律顾问制度,聘请法律顾问。设置"行政法组""民商事组""涉外事务组"三个工作组,防范和化解法律风险。

泰州市 ···

2019年，泰州市商务系统坚持以习近平新时代中国特色社会主义思想为指导，自觉践行新发展理念，主动聚焦高质量发展，着力稳外资、稳外贸、拓外经、强载体、促消费，全市商务实现平稳健康发展。

一　主要商务经济指标完成情况

2019年，全市社会消费品零售总额1 348.9亿元，同比增长5.2%，列全省第十。外贸进出口144.7亿美元，列全省第六，服务贸易占对外贸易进出口总额的比重为8.7%，比上年提升1个百分点。全年实际利用外资14.9亿美元，列全省第七。外经营业额9亿美元，列全省第三。对"一带一路"沿线国家投资额3.4亿美元，同比增长35.1%。

二 | 开展的主要工作

(一) 稳外资、强载体,加快产业项目集聚

1. 积极开展招商引资活动

举办第十一届水城水乡国际旅游节项目集中签约大会、2019 中国泰州(香港)投资推介会暨大健康产业发展对接会等活动。各市(区)依托产业优势和资源特色,积极开展富有成效的招商引资活动。泰兴在北京、上海分别举办投资环境说明暨项目推介会,兴化举办千垛菜花旅游节投资环境说明会暨重大项目签约仪式,海陵由主要领导带队赴中国深圳、中国台湾以及泰国、柬埔寨开展专题投资促进活动,高港在上海举办投资说明会暨项目签约仪式,姜堰举办高质量发展政策发布暨产业投资说明会,高新区举办重点产业化项目集中签约活动。

2. 强化项目落地跟踪推进

建立"全市签约项目统计跟踪系统",对签约项目推进情况全程跟踪;落实项目"五个一"工作推进机制,对全市集中签约项目和重大外资项目推进情况跟踪督查,推动项目落地。

3. 推动载体建设提档升级

加快推动特色、产业优势产业集聚。推动各开发园区结合自身禀赋特质和产业实际,围绕主导产业和优势产业打造特色产业集群。加快品牌园区建设。推动泰兴、兴化、泰州港经济开发区和泰兴高新开发区申报省级特色创新园区,推动泰兴、兴化经济开发区申报省级智慧园区,推动泰州港保税物流中心(B型)申报创建。加快园区综合实力提升进位。

(二) 稳外贸、调结构,加快企业"走出去"步伐

1. 推动企业开拓国际市场

2019 年共组织 200 多家企业参加广交会、华交会、新加坡海事展、印尼医疗展、日本大阪展等境内外重点展会,开设展位超过 300 个。组织 1 035 个单位、3 759 名专业观众参加第二届中国进口博览会,注册企业数和专业观众

人数均远超上届,拟采购装备、汽车、品质生活、食品及农产品、医疗器械及医药保健等五大类商品,合计采购金额 12 826.2 万美元。

2. 加快跨境电商平台建设

推动泰州综保区跨境电商商务园区、润元机电公共海外仓平台建设,力争创成跨境电子商务示范点;推动江苏润元科技股份有限公司申报国家级国际营销服务公共平台,为企业拓展国际市场开辟新渠道。

3. 推动企业"走出去"

举办泰国—江苏(泰州)投资机遇交流会等系列活动,加强经贸交流推介,加深与"一带一路"沿线国家的经贸合作;强化指导和服务,组织企业代表参加"'走出去'培训班""综合保税区高水平开放和高质量发展专题研修班""FTA惠苏企专题培训班""全市小微出口企业融资暨风控政策宣讲会",联合阿里巴巴泰州运营服务中心举办"数字化重构跨境贸易,助力企业品牌出海"主题峰会。

(三)扩消费、惠民生,加快商贸流通业发展

1. 加快推进为民办实事项目

积极推动市区农贸市场提档升级工作,市区新建农贸市场 10 家、改造升级 56 家、关闭 10 家,总投资 21 265 万元;推动高新区寺巷街道大王社区、高港区胡庄镇胡庄社区等 9 个行政村申报创建第九批省级农村电子商务示范村;推动泰州慧钢网电子商务有限公司、江苏中科电子商务有限公司等 14 家企业申报创建江苏省电子商务示范企业;推动兴化电子商务产业园、泰州数据产业园等 8 个产业园申报创建江苏省电子商务示范基地;着力破解肉菜流通追溯体系项目建设中的难题,开展肉类、蔬菜流通追溯体系项目固定资产使用情况核查。

2. 加大安全生产督查整治

下发《全市商贸领域安全风险防范化工作实施方案》《关于全面开展成品油市场安全大排查大整治专项行动的通知》等文件,组织对全市大型商超、餐饮场所及成品油市场安全生产进行排查整治,及时消除安全生产隐患,推动各市(区)商务部门和企业落实安全生产责任。

3. 推动"老字号"品牌建设

认定兴化上池斋等 10 家企业为第二批"泰州老字号",认定江苏金波酒

业、兴化市难得酒厂、泰州东方糕点、泰兴市人民饭店和泰兴市善予食品共5 家企业为第二批"江苏老字号";组织双鱼食品、梅兰春酒厂等 3 家企业参加淮安国际食品博览会。

（四）抓改革、促发展，加快优化营商环境

1. 推进商务领域"放管服"改革

大力推行"容缺受理"和"一口受理"。在企业符合法定条件，主要材料齐全的情况下，先予受理并进行实质审查，待领证时将材料补齐。外商投资备案登记实行"一口受理"。外国投资者在工商部门注册后无须再跑商务部门，便可在规定时限内收到商务部门的备案回执。取消、停征和免征所有行政事业性收费，对根据国际惯例开展的相关出证认证收费进一步精简，取消货物原产地证书、ATA 单证册收费。

2. 推动审批高效便捷

制定商务局不见面审批（服务）标准化规范，提出"不见面三原则"，在申报环节推行"容缺受理"，在审批环节推行"一级审核"，在发证环节推行"网端推送、快递送达"，在办结时限上推行"半日办结"。贸促会原产地证实现自助打印发证，全程不见面，大大方便了企业和投资者。

三　改革举措

（一）跨境电商服务网络

整合阿里巴巴、亚马逊、LAZADA 等境内外跨境电商平台资源，联合海关、人行、税务等单位和部门搭建首个泰州市跨境电子商务公共服务平台，举办各类培训数十场次。企业培育方面，涌现出榕兴医疗用品、维凯科技、亚星塑业等一批跨境出口超 500 万美元以上的成长型企业。

（二）海外仓建设

提高现有省级跨境电商公共海外仓服务能力的同时，积极培育"一带一路"公共海外仓的建设。润元机电获评的美国海外仓服务企业数从去年的

8家,增加到目前的15家,出口额超1 000万美元。江苏大容进出口贸易公司建设的跨境电子商务公共海外仓,覆盖新加坡、越南、柬埔寨、印尼和泰国等国家。

(三)园区创新建设

根据《江苏省创新特色园区管理办法》,积极组织并指导有优势的开发区打造省级特色创新园区。泰州港经济开发区获批江苏省特色创新(产业)示范园区,成为全省第二批18家获批特色创新园区之一,也是继泰州市泰州医药高新区创成后的第二家特色创新(产业)示范园区。泰咸对口帮扶4家区中园挂牌。

宿迁市

2019年，宿迁市商务系统认真学习贯彻习近平新时代中国特色社会主义思想和党的十九大、十九届四中全会精神，坚决落实中央和省委、市委决策部署，紧紧围绕全市中心工作，秉持"忠诚、创新，开放、有为"理念，大力推进商务经济平稳运行，服务全市经济社会健康发展。

一 主要商务经济指标完成情况

2019年，全市社会消费品零售总额增长6.5％左右。电商交易额突破1 500亿元，网络零售额增长率超过18％。外贸进出口33.5亿美元。实际使用外资4.5亿美元，增幅继续领跑全省。11家企业"走出去"境外投资，中方协议投资额3 168万美元，增幅全省第一。新签约百亿元以上项目4个，50亿元以上项目7个，新引进10亿元以上符合开工条件项目59个。

二　开展的主要工作

1. 突出招大引强，招商引资取得重大突破

组建驻武汉、重庆招商局，增强上海招商局力量，"168"招商体系搭建完成。密集举办深圳、北京、西安投资环境说明会，2019绿洽会，上海、厦门等地招商恳谈会，两轮"百日招商"等市级层面重大活动。举办多轮外资政策培训班，提升外资招引水平。起草《宿迁市驻外招商局管理办法》及《考核办法》，强化日常管理和绩效评价。

2. 突出开放合作，对外格局持续拓展

实施外贸"三百工程"，精选4类171个境内外展会，助力150家次外贸企业开拓市场。创新提出"品牌梯度培育"计划，按"优秀型""成长型""潜力型"建立品牌企业后备库，评选"宿迁市重点培育和发展的国际品牌"。高标准做好进博会宿迁交易分团工作，组织515家企业、商协会、政府部门和单位，1 541名专业观众采购及观展，累计成交7 106万美元。搭建"政银信企"四方合作平台；组织300家次企业参加贸易摩擦风险防范培训和政策宣讲；推动"苏贸贷"政策落地，帮助外贸企业获批融资10余亿元；推动全市160家企业投保出口信用保险。高标准建成宿迁跨境电商服务中心。宿城区跨境电商产业园认定为"市级跨境电商产业园"。推动100余家跨境电商企业开展跨境电商业务，全市跨境电商累计实现进出口5 000万美元。

3. 突出载体建设，平台支撑能力持续增强

起草《关于完善开发区"一区多园"促进高质量发展的意见》，推动各县区打造区域带动力的乡镇产业集聚区。全省开发区综合排名中，宿迁市各省级以上开发区均保持中等以上位次。积极做好西南岗申创省级经济开发区工作，推动市经开区智能家电产业园创成省级特色创新示范园区、沭阳经开区创成省级智慧园区。出台《全市开发区区域评估工作方案》，苏宿园区完成全省首批区域能评环评试点，获省委改革办肯定并列入改革经验案例。积极做好口岸综合协调服务等，推进二类口岸创建。

4. 突出孵化引领，"电商名城"建设成效显著

先后出台"电商新七条"、《2019年电子商务产业工作要点》等政策文件。

将电商人才培训列为全市民生实事项目,牵头开展"请进来""走出去"电子商务人才培训 1 200 人次。泗洪县成功创成国家电子商务进农村综合示范县。获评"淘宝村"174 个、"淘宝镇"25 个,居全省第 1 和第 2 位。

5. 突出消费引领,商务惠民事业成果丰硕

启动《宿迁市中心城区商业服务设施布局规划》修编工作,完成 5 个标准化菜市场建设,指导企业新建、改造鲜活农产品社区直供店 25 个。持续打造"嗨在宿迁"消费促进品牌,举办"嗨在宿迁"年货大集、消费扶贫、双品双节购物季等系列活动。开展新一轮"宿迁老字号"认定,新增"江苏省老字号"3 家,"宿迁老字号"7 家。落实安全生产责任,加大成品油市场整治力度,查处违法违规销售或存储成品油行为 40 余起,取缔非法加油点 20 余个。

三 改革举措

打造"1＋6＋8"招商组织架构,其中"1"为招商引资工作领导小组办公室、"6"为 6 个区域专业招商局,"8"为 8 个招商服务中心。一是在前期组建北京、上海、深圳、西安 4 个招商局基础上,组建武汉、重庆 2 个驻外专业招商局,打造专业招商核心力量。二是明确 8 个招商服务中心职能,8 个部门按照要求配备专门人员,充分发挥各自资源优势,以招商引资的项目服务、活动组织、项目招引为中心工作,分别牵头开展各自条线的招商拜访、推介签约和产学研合作活动。三是完善驻外招商局管理办法和驻外招商人员管理办法,根据各招商局所在区域,制定相应目标任务和考核办法,形成机制性文件,指导各驻外招商局开展工作,并在选人、财务、日常管理等方面进一步作出明确规范,提高科学化、专业化招商水平。

昆山市

2019 年,昆山市商务系统深入学习贯彻习近平新时代中国特色社会主义思想,按照高质量发展的要求,坚持稳中求进工作总基调,有效应对外部环境深刻变化,以解放思想促进改革创新,扎实推进各方面工作,全市商务高质量发展取得积极进展。

一 主要商务经济指标完成情况

2019 年,全市实现社会消费品零售总额 1 081.3 亿元,总量位列苏州各区(市)之首,同比增长 5.8%。外贸进出口826.7 亿美元,同比下降 7.3%;按人民币计,完成进出口5 700.6亿元,同比下降 3.3%,降幅低于苏州 2.6 个百分点。共计新增外资项目 266 个,新增注册外资 22.1 亿美元,位列苏州第一。实际使用外资 7.5 亿美元,同比增长 2.8%。战略性新兴产业实际使用外资占比达 58.8%。批准境外投资项目 25 个,完成境外协议投资额 1.23 亿美元,同比增长69.7%;涉及"一带一路"沿线国家和地区项目 8 个,累计完成中方境外协议投资额 5 249.2 万美元,同比增长 242.6%。

二 开展的主要工作

（一）突出"精"的导向，招商工作质量更"高"

1. 加强顶层设计，开启精准招商新局面

牵头组织精准招商专题研讨会、全市精准招商工作推进会，推动落实市委、市政府实施精准招商的重要战略。制定《昆山市实施精准招商行动意见》，在招商对象、招商方式、要素供给、营商环境、体制机制等5个方面谋划更精准的举措。编制《昆山市精准招商目录图谱》，排出精准招商目标实体10 737个，推动按图索骥开展专业招商育商。细化分解各项重点任务，落实工作责任，督促实施进度。

2. 办好重大活动，掀起专业对接新热潮

成功举办深圳招商推介会、德国慕尼黑昆山日、金秋经贸洽谈会等市级重大活动，统筹推进全市各区镇53场投资促进活动，推动一批项目集中签约落地，发布一批创新服务举措，启动一批平台建设项目，表彰一批突出贡献企业和个人，全方位宣传推介昆山市营商环境。

3. 完善机制保障，激发干事创业新动能

牵头评选2019年"招商护商奖"，对引进的优质招商项目和优化营商环境的创新做法，分设金、银、铜奖3个档次，并突破性给予物质奖励。每月发布各区镇外出招商洽谈情况，激励各区镇常态化组织招商团队主动出击。赴成都组织举办2019创新产业集群建设专题培训班，提升招商干部的业务水平。

（二）丰富"优"的内涵，服务水平落地更"实"

1. 有效应对中美经贸摩擦

成立专题调研组，准确掌握全市1 732家涉美出口企业影响情况，对204家重点企业进行全覆盖走访调研。牵头成立中美经贸摩擦应对工作领导小组，统筹做好贸易救济、出口退税、用工预警等工作。建立重点企业领导"双层挂钩"机制。在全省率先制定出台22条专项应对举措。举办专题政策宣讲会、企业家国际化经营交流会等活动。重点持续跟踪服务龙头企业，稳定发展总量。

2. 全力优化招商护商服务

成功开展 2019 年"招商护商服务月"活动,召开 11 场现场座谈会和 2 场专题协调会,协调解决了 177 个问题,并定期开展"回头看",确保问题解决到位。牵头整理出 25 个招商护商创新做法,编制《2019 年"招商护商服务月"先进做法案例集》,为招商护商工作提供了可复制推广的经验参考。针对中介市场整治、违章搭建认定等 8 项共性问题,开展专题研究、专项突破。启动招商护商政府专员"215"行动,从全市选聘 200 名干部担任招商护商政府专员,挂钩联系 1 000 家重点企业,开展 5 项零距离服务。

3. 全面健全政策保障体系

出台《昆山市开放型经济高质量发展政策措施(试行)》,统筹安排 5 000 万元资金,对推动外资高质量发展等方面给予扶持。科学制定省级商务发展专项资金实施细则,对重点领域给予支持,有效惠及 1 000 余家企业。严格落实外商投资准入负面清单制度,以及昆山市"不见面审批"新政和"1330"服务模式,做好相对集中行政许可权改革、"一口办理"受理服务模式、减证便民等各项改革。

4. 着力强化贸易促进职能

开展 2019 年度商事认证业务培训会、国际贸易合规风险防控研讨会、FTA 惠苏企等系列专题宣讲沙龙,组织昆山市 300 余家外贸企业参会,推动企业用好用足各项自贸协定项下优惠政策。优化业务流程设计,设立原产地证自助打印点,增加受理中国—东盟自贸区原产地证注册业务。推荐通力电梯、建大橡胶、罗森伯格等 8 家优质企业加入江苏省国际商会。与贝宁共和国贸易促进署、德国农业协会、德国北威州驻南京办事处、江苏省商务厅驻杜塞尔多夫代表处等机构新建立联系渠道,为企业开展国际产能合作、跨境并购整合等提供有力支持。

(三)培育"新"的动能,政策功能突破更"多"

1. 全力对上争取政策项目

成功将"支持在昆山建设中国(江苏)自由贸易试验区联动创新区"列入昆山市社会主义现代化建设试点赋能清单,将与江苏自贸区同步开展制度创新。成功争取到商务部对进口贸易促进创新示范区、境外工业园管理人才培训实验区等昆山试验区第七次部省际联席会议协商政策的大力支持。成功争取到国家级绿色商场创建单位等系列试点、示范项目。

2. 大力推动综保区创新提升

承办全省促进综合保税区高水平开放高质量发展工作推进会,加快 21 项开放新举措落地见效,出台实施方案,推进综保区"五大中心"建设,实施产业升级等八大任务。新增惠普贸易等一般纳税人资格试点企业 23 家,开票 22.6 亿元、税收 3.1 亿元。落户亿政食品等一批保税服务贸易项目。推动旭达电脑在全国率先落地全球维修业务,新增全球维修试点企业达 11 家,实现保税维修进出口 73.7 亿元。新增保税研发机构 12 家、研发企业 2 家。

3. 着力承接进博会溢出效应

组建第二届进博会昆山市交易分团,广泛发动优质企业到会采购,共注册企业 1 275 家、专业观众 6 154 人,推动易普集电力系统等 127 笔签约项目,总金额超 5 亿美元。组织市党政代表团赴进博会参访,推动与参展企业洽谈投资合作。举办第二届进口博览会唯一一场在非省会城市举办的招商路演活动。举办机床工具行业峰会,推动全市企业与进博会参展商供需有效对接。主动对接江苏省交易团,做好驻地保障各项工作。

(四) 夯实"稳"的基础,内贸管理能力更"强"

1. 商务领域安全生产形势平稳可控

在全省商务部门中率先设置安全生产专职内设机构,配齐配强监管力量。出台《昆山市餐饮行业安全生产隐患问题处置工作流程》,完善考核制度。扎实开展检查和隐患整改,共检查加油站隐患 926 条,整治 859 条,整改率 93%,要求 4 家单位进行停业整改;检查餐饮场所 15 185 家次,责令整改 690 家,曝光 5 家;对全市 26 家商业综合体进行 2 轮全覆盖检查,牵头开展联合执法,将隐患整改到位。开展加油站油枪意外拉断"红蓝军"对抗应急演练。建立商务领域安全生产信息监管平台。开展风险评估与管控工作。组织安全培训,参训学员达 160 余人次。

2. 商贸领域重点专项任务圆满完成

46 家加油站防渗漏改造任务全部完成。开展成品油市场秩序整治,加大打击力度。做好商业综合体垃圾分类,推动再生资源回收体系建设。推进商贸领域美丽昆山和文明城市创建工作。

3. 内贸流通日常管理工作有序开展

有效应对非洲猪瘟疫情,保障昆山市猪肉供应处于正常范围。做好肉菜流通追溯体系运行维护。处理单用途商业预付卡等各类投诉 1 000 余次,均按期处理完毕。依法对违规企业予以处理,全年共完成简易处罚 5 次、一般程序 1 起、责令改正 7 次。

泰兴市

2019 年,泰兴市商务系统坚持以习近平新时代中国特色社会主义思想为指引,认真贯彻党的十九大和中央、省、市经济工作会议精神,聚焦主责主业,认真履职尽责,突出抓好招商引资、"三外"及商贸流通管理工作,不断创新方式方法,全市外向型经济持续健康向好发展。

一 主要商务经济指标完成情况

2019 年,全市实现社会消费品零售总额 253.6 亿元,同比增长 7%,高于泰州平均水平 1.8 个百分点。实现进出口43 亿美元,同比下降 17.4%,总量位居全省第八、泰州市第一。其中,出口 25 亿美元,进口 18 亿美元。完成协议利用外资 11.49 亿美元,总量居泰州市第一;完成实际利用外资3.75 亿美元,总量居全省第七、泰州市第一。全市完成外经营业额 3.15 亿美元,完成全年指标的 101.6%;新办境外企业 7 家,完成全年指标的 100%,两项指标均居泰州市第一。

二 开展的主要工作

（一）实施精准招商，提升招商引资成效

1. 招商引资谋实招

始终坚持把招商引资作为商务工作的重点，强化"突出质量规模抓项目、坚持求真务实抓项目"理念，持续推进项目大突破、突破大项目。紧盯世界500强和上市企业，聚焦高新技术项目、新兴产业项目及外资项目，精心组织北京、上海、深圳等综合招商活动，充分发挥市金秋经贸科技洽谈会的招商平台优势。积极参与省、市组织的各类投资促进周和主题招商活动，组织督促乡镇、园区高频开展小分队招商活动。

2. 项目开发用实劲

确立"龙头企业拉动、配套企业跟进、产业集群发展"的链式发展思路，引导各开发园区加大重点产业扶持和发展力度，把提高产业集聚度、关联度作为招商的重心，重点围绕特色产业组织项目开发，将主要精力集中在打造产业集群和完善产业链上，实现产业链扩张、强链补链。围绕完善园区功能和补齐短板，注重顶层设计，突出相关领域项目的招引，努力培育新型产业，整合资源要素，实现产业链从单线发展向融和发展转变。

3. 项目招引求实效

一是严把签约项目报送关。启用签约项目网上报送系统，报送签约项目时必须一并上报盖章签字的合同、签约协议扫描件，对于初步意向性、投资额虚高、缺少详细合作信息的项目一律不予认定，确保签约项目真实、有效。二是定期开展"回头看"。2019年年中，对2018年签约项目进行"回头看"，全面督查园区、乡镇亿元以上签约项目进展情况，了解在签约项目推进过程中存在的问题，并形成翔实调研报告。同时，督查各乡镇、园区2015年以来签约项目进展情况，统计数据显示，774个签约项目转化率为63.2％。三是考核签约项目转化率。在项目大突破考核细则中，新增当年签约项目转化率50％考核指标，并对超额完成目标的园区予以加分，力促签约项目早转化、早落户。

（二）围绕外贸稳增长，拓展进出口市场

1. 注重主体培育

完善进出口梯级培育机制，对进出口 1 000 万美元以上的骨干企业给予重点支持；对进出口 100 万～1 000 万美元的成长型企业，落实专人帮扶；对有权无绩企业加大辅导力度，积极推动市内生产、市外代理进出口业务"回流"，尽快形成新的增长点。同时，全面落实扶持政策，发挥好国家、省、市 3 级稳增长扶持政策的叠加效应，深入实施展会拓展、总部争取、电商促进、品牌提升、基地集聚和"走出去"带动六大市场开拓推进计划，帮助 120 余家企业落实各类扶持资金 1 297.41 万；涉企培训扎实有效，先后组织出口信用保险、国家和省稳外贸政策等培训 8 次，300 多家企业、400 余人次参加。

2. 推动市场多元化

在巩固欧美传统市场同时，主动融入"一带一路"建设，积极开展"市场替代"行动，依托新兴市场推动贸易增长。认真梳理、筛选国家、省各类商品交易会信息，发放各类展会宣传资料近 500 本，通过 QQ 工作群和微信群发布各类展会信息 80 余条。同时，做好紧缺摊位上争工作，2019 年以来，帮助乐贝贝、信泰对外贸易等近 60 家企业申请广交会、华交会、德科隆花园用品及室外家具展等境内外展览会摊位近 120 个。

（三）融入国家战略，巩固开放成果

1. 扎实抓好外资到账

对重点外商投资企业建立"点对点连接"，提供全程化、个性化、专业化服务。对在手信息项目的跟踪推进实施动态管理制度，逐步加大对签约项目的跟踪推进力度，责任落实到人，确保随时掌握项目动态和实际情况。坚持提前介入的工作思路，提供审批、备案等方面的指导，有效缩短了泰丰化工转股、爱森增资、新浦化学增资等重大项目落地时间，为完成全年目标任务奠定了坚实的基础。

2. 深入拓展对外合作空间

紧抓国家"一带一路"发展战略机遇，鼓励设备安装企业申报对外承包工程经营权，不断壮大外经队伍；拓展承包途径，鼓励企业以 EPC、BOT、PPP 等

方式总包境外工程;鼓励企业与国内外知名承包商组成联合体,共同拓展"一带一路"沿线国家市场;引导企业加强与金融、保险机构的合作,增强融资能力,提升市场开拓和工程承揽能力;强化"三外互动",以外经带动外资、外贸,实现联动融和发展。

3. 切实推进外派劳务市场建设

进一步健全完善外派劳务服务中心平台功能,提升外派劳务主渠道作用;立足传统业务,积极开拓发达国家专业型、技术型境外就业等高端劳务市场;加强外派劳务培训,强化外派劳务管理,不断优化外派劳务市场环境;完善境外劳务纠纷、突发事件预警和应急处理机制,切实维护劳务人员合法权益,保障社会稳定。

(四) 推动消费升级,优化市场环境

1. 做好消费品市场运行监测

认真开展春节、国庆"黄金周"和季度消费品市场运行监测和统计分析。指导商贸企业通过创新促销方式,改善消费环境,拓宽服务领域,提高推介水平,千方百计扩大消费,通过开展一批有水平、上档次、重特色的消费促进活动,充分调动广大群众消费热情,进一步推进我市消费品市场稳步增长。

2. 积极开展"老字号"创建工作

按照《省商务厅关于开展第二批江苏老字号认定工作的通知》文件精神,积极开展老字号认定工作。泰兴市人民饭店(仁和楼)、泰兴市善予食品有限公司获批"江苏老字号"企业。同时,按照泰州市商务局要求,开展泰州市老字号申报工作,仁源生药店获评"泰州市老字号"企业。通过引导企业参与老字号认定,既推进了"泰州市老字号"的传承保护和创新发展,又促进了地方商贸流通业不断发展。

沭阳县

2019 年,沭阳县商务系统紧紧围绕年初制定的工作目标任务,坚持不懈抓外资到账,多措并举促外贸增长,全面发力推电商发展,全方位监管保市场稳定,为县域经济社会发展作出积极贡献。

一 主要商务经济指标完成情况

2019 年,全县完成社会消费品零售总额 248.61 亿元,同比增长 6.5%。完成外贸进出口总额 89 676 万美元,同比增长 13.14%,其中,出口 84 978 万美元,同比增长 21%;进口 4 697 万美元,同比下降 46.42%。新增外资企业 15 家,实际到账外资 10 814 万美元,同比增长 18%。全县完成电子商务交易额约 336 亿元,全县邮政、快递企业业务量预计达 2.45 亿件,新增淘宝镇 7 个、淘宝村 30 个,新增江苏省农村电子商务示范村 2 个。

二 开展的主要工作

（一）提高企业综合竞争力，促进对外贸易提质增效

1. 发挥传统优势，促进企业高质量发展

在稳定传统出口市场和出口产品的同时，引导企业加大科技研发投入，提高产品科技含量和附加值，实现传统产品出口高端化、品牌化，做好省、市级出口品牌认定工作，目前已创成江苏欢欢、江苏圣彼得、江苏豪悦等5家企业欧盟注册商标。

2. 拓宽发展空间，推动企业抢占市场

积极鼓励企业参加广交会、华交会等各类知名品牌展（博）览会，让沭阳企业有更多机会"走出去"。2019年第125届和第126届广交会，沭阳县每届有19家企业参展，产品涉及通用机械、汽车配件、家居用品、办公文具、医疗器械等13个展区32个展位，意向成交额分别达2 800万美元、3 100万美元。

3. 做好风险防控，有效应对中美贸易摩擦

组织全县20余家对美出口企业参加省、市举办的中美贸易摩擦风险防控培训，最大限度地减少企业对美贸易的经济损失。

（二）狠抓外资到账进度，全力做好帮办服务

1. 梳理摸清企业情况

对各层面的外资项目，特别是注册资本500万美元以上的项目，摸清情况，明确责任，合理分工，加强帮办和跟踪服务，为外资的顺利到账打开通道。

2. 加大外资催缴力度

对注册资本部分到位的存量外资项目，督促企业尽早实现外资全部到位，力争外资总量和战略新兴产业实际使用外资比重同步提升。

3. 引导企业增资扩股

做好注册资本全部到位且已建成投产企业的增资工作，力促企业增资扩股，扩大外资存量。

4. 全面做细帮办服务

对来沭投资的新项目,无论外资规模大小,坚持县内备案随到随办(材料齐备)、省级审批跟踪帮办,实行一帮到底。

(三)加强电商行业引导,激发电子商务发展活力

1. 培育电商品牌

"沭阳月季"和"沭阳地柏"已顺利通过国家地理标志商标认定,"沭阳花木"品牌影响力进一步提升。

2. 致力电商人才培训

积极开展电商培训工作,遴选企业赴北京参加"第二期电商名城建设高级研修班"。同时,与淘宝大学开展合作,根据电商创业从业人员实际需求,量身制定课程方案,开展精细化、精准化培训,已开展 19 期(共 29 期),累计培训电商人才 3 200 余人。

3. 做好示范引领

全年共组织 27 家电商企业申报"宿迁市电子商务重点联系企业名录",组织 30 家企业与京东集团礼品鲜花类目开展对接活动,组织 2 家淘宝村申报第九批江苏省农村电子商务示范村创建项目,带领 4 家优秀电商主体申报江苏省电子商务示范基地(园区)项目,全县已有 11 家电商企业年销售额超千万元,宿迁百宝信息科技、雅鹿电子商务、三六零医药 3 家超亿元。

(四)搞活流通促进消费,加强商贸流通市场管理

1. 落实安全生产监管

制定《沭阳县加油站和商业场所安全生产专项整治实施方案》,组织各乡镇场(街道)对辖区内加油站(点)和商业场所进行逐一排查,列出隐患清单、整改措施和时限。针对非法流动加油抬头之势,联合执法,重拳出击,有力打击了非法流动加油违法行为的嚣张气焰。

2. 圆满完成双层罐改造工作

印发《关于全县加油站(点)油罐区改造工作的通知》,要求全县加油站严格按照时限完成治理工作,全县 111 家加油站(点)双层罐改造已全部完成。

3. 狠抓单用途预付卡管理制度创新

为坚决维护消费者购卡、用卡、退卡等合法权益，结合工作实际，制定了《沭阳县单用途预付卡信用管理预警联动制度创新实施方案》，通过建立信息采集制度、备案登记制度、失信惩戒制度、发行限额制度、预警联动制度、工作综合评价制度，形成行政审批、行业主管、执法监管部门齐抓共管的协作机制。

4. 加速农贸市场改造

全力做好农贸市场标准化改造沟通协调工作，确保改造工作保质、保时、保稳、保安全。目前，改造工程完工并已验收，正组织商户入驻。

第三部分
"不忘初心、牢记使命"主题教育情况

江苏商务发展2019
JiangSu Commerce Development Report

中共江苏省商务厅党组关于印发开展"不忘初心、牢记使命"主题教育实施方案的通知……………

厅机关各处室、中心、所：

现将《省商务厅党组关于开展"不忘初心、牢记使命"主题教育的实施方案》印发你们，请结合实际工作，认真抓好贯彻落实。

根据中共中央《关于在全党开展"不忘初心、牢记使命"主题教育的意见》、省委《关于开展"不忘初心、牢记使命"主题教育的实施方案》，结合省商务厅实际，现就省商务厅开展"不忘初心、牢记使命"主题教育，提出如下实施方案。

一　目标任务

开展"不忘初心、牢记使命"主题教育，是以习近平同志为核心的党中央统揽伟大斗争、伟大工程、伟大事业、伟大梦想作出的重大部署。全厅各级党组织要把主题教育作为学习贯彻习近平新时代中国特色社会主义思想的领航工程、提高党的建设质量的基础工程、密切联系服务群众的民心工程，教育引导广大党员干部以饱满的精神状态积极投身主题教育，更加自觉地勇担职责使命，以"一带一路"交汇点建设为总揽,推动全方位高水平对外开放,加快开放强省建设,努力推动全省商务高质量发展走在全国前列,为建设"强富美高"新江苏不懈奋斗。

开展"不忘初心、牢记使命"主题教育,根本任务是深入学习贯彻习近平新时代中国特色社会主义思想,锤炼忠诚干净担当的政治品格,团结带领全国各族人民为实现伟大梦想共同奋斗。要全面贯彻"守初心、担使命,找差距、抓落实"的总要求,以处级以上领导干部为重点,全体党员参加,将力戒形式主义、官僚主义作为重要内容,按照省委要求,着力实现"五深入五确保"目标:一是深入推进解放思想,不断加深对习近平新时代中国特色社会主义思想重大意义、科学体系、丰富内涵的学习理解,着力破除与新时代要求、新发展理念不相适应的思想观念和思维定势,真正在解放思想中统一思想,坚持以供给侧结构性改革为主线,深化市场化改革,扩大高水平开放,确保理论学习有收获。二是深入锤炼坚强党性,坚定理想信念,传承红色基因,切实增强"四个意识",坚定"四个自信",做到"两个维护",自觉在思想上、政治上、行动上同以习近平同志为核心的党中央保持高度一致,确保思想政治受洗礼。三是深入贯彻"三项机制",推动落实省商务厅实施意见,将其贯穿于使用干部、激励作为、推进工作全过程,引导党员干部勇于直面矛盾、增强斗争精神,以钉钉子精神贯彻落实中央、省委决策部署和厅党组工作安排,确保干事创业敢担当。四是深入转变工作作风,坚守人民立场,自觉同人民想在一起、干在一起,着力解决群众的操心事、烦心事、揪心事,坚决整治形式主义、官僚主义,努力使低调务实不张扬、撸起袖子加油干成为商务干部的鲜明特质,确保为民服务解难题。五是深入涵养政治生态,严格规范党内政治生活,教育党员干部自省自警自律,知敬畏、存戒惧、守底线,公私分明,"亲""清"分开,确保清正廉洁作表率。

二 工作安排

主题教育总体安排 3 个月时间,从 2019 年 6 月开始,8 月月底基本结束。主题教育不划阶段、不分环节,把学习教育、调查研究、检视问题、整改落实贯穿于全过程。

（一）强化学习教育，力求学深悟透、学以致用

认认真真学原著悟原理，把深入学习贯彻习近平新时代中国特色社会主义思想作为"不忘初心、牢记使命"的铸魂之本、实践之基、动力之源，在学思用贯通、知行信统一上下功夫见成效。

1. 原原本本学

党员领导干部以自学为主，学习党的十九大报告和党章党规，学习《习近平关于"不忘初心、牢记使命"重要论述选编》《习近平新时代中国特色社会主义思想学习纲要》，跟进学习习近平总书记最新重要讲话文章，学习习近平总书记对江苏工作的重要讲话指示精神，深刻理解精髓要义和实践要求。组织处级干部参加2019年省级机关"守初心、担使命推动高质量发展走在前列"专题培训班。

2. 集中研讨学

在个人自学基础上，集中安排一周时间，采取党组中心组学习、支部举办读书交流活动等形式，列出专题，交流研讨。组织党员围绕"初心是什么、使命干什么、奋斗比什么"主题，结合深入解放思想开展讨论。8月份，厅机关组织一次读书感悟展评和"不忘初心·赞颂祖国"主题演讲活动。聚焦攻坚克难，运用"三项机制"典型案例，增强学习的针对性、实效性和感染力。

3. 对照先进学

6月下旬，组织厅机关党支部书记赴红旗渠干部学院开展"不忘初心、牢记使命"主题教育培训，感悟红旗渠精神内涵，提升履职尽责能力。各支部要用好"周恩来精神""雨花英烈精神""铁军精神""淮海战役精神"等红色资源，自主组织形式多样的革命传统教育、形势政策教育、先进典型教育和警示教育，外出参观学习要求在省内组织，并提前向厅主题教育领导小组办公室报备。开展领导干部学"周恩来精神"、基层干部学赵亚夫、广大党员学王继才活动，推动党员干部见贤思齐、担当作为。

4. 联系自身学

坚持把自己摆进去、把职责摆进去、把工作摆进去，在党员中开展"四重四亮"活动，重读入党志愿、重温入党誓词、重忆入党经历、重问入党初心，党员亮身份、服务亮承诺、工作亮标准、担当亮作为，争当新时代奋斗者。高标准建设厅机关"党员之家"，依托载体增强活动仪式感。

（二）强化调查研究，切实摸清实情、拿出实招

结合中央和省委部署正在做的事情以及当前厅党组重点推进的工作，坚持问题导向，带着任务"走下去"、怀着诚心"蹲下来"、谋得良策"提上来"，把调研成果转化为工作成果、制度成果、理论成果，推动商务高质量发展各项工作任务落实落地。

1. 确定调研课题

树立鲜明的问题导向，厅领导班子成员要结合年度调研工作计划，处室主要负责同志要结合工作实际，围绕贯彻落实习近平总书记重要指示批示精神和中央、省委决策部署，围绕解决全省商务领域存在的突出问题和群众反映强烈的热点难点问题，围绕解决党的建设面临的紧迫问题，围绕坚决打好三大攻坚战、应对和化解各种风险挑战，围绕破解制约江苏商务高质量发展的瓶颈问题等进行调研，特别要聚焦"三个专题"：复制推广自贸试验区经验、应对中美贸易摩擦、千方百计扩消费，及时总结各地经验，研究对策举措，切口要小、挖掘要深、分析要透、对策要准，实实在在解决问题。

2. 改进调研方式

提倡不发通知、不打招呼、不听汇报、不用陪同接待和直奔基层、直插现场的"四不两直"调研方式，多到问题集中、困难较多、情况复杂、矛盾尖锐的地方，注重运用已有数据和素材进行综合分析，不走"经典调研路线"，不扎堆调研，不增加基层负担。

3. 形成调研成果

调研结束后，要认真梳理调研情况，7月月底提交调研报告，组织调研成果交流，邀请省委第四指导组到会指导，切实把调研成果转化为解决问题的具体行动，形成实在管用的政策举措。

4. 讲好专题党课

厅领导班子成员要在学习调研基础上讲专题党课，主要负责同志带头讲，其他班子成员到分管单位讲。党课要突出针对性，讲学习体会收获，讲运用习近平新时代中国特色社会主义思想指导实践、推动商务高质量发展工作存在的差距和改进工作的思路措施。

（三）强化检视问题，真正查到毛病、找准症结

突出对表对标，对照习近平新时代中国特色社会主义思想和党中央决策部署，对照党章党规，对照初心使命，对照岗位职责，查摆自身不足，查找工作短板，深刻检视剖析。

1. 广泛听取意见

结合调查研究，通过座谈交流、个别访谈、问卷调查等方式，开展"三听两问"，听服务对象、听基层党员、听普通群众意见，问厅领导班子、处级以上干部存在的突出问题，问改进作风、改进工作的意见和建议。厅党组结合巡察、干部考察、工作考核等，梳理面上存在的情况，对各支部和处级以上干部提出意见。

2. 认真检视反思

处级以上党员干部要联系思想工作实际，实事求是检视自身差距，把问题找实、把根源找深，并明确努力方向。结合全面从严治党主体责任落实情况年中自查、意识形态工作年中自查，对照专项整治，聚焦党的政治建设、思想建设、作风建设存在的突出问题进行检视反思。检视剖析要逐条列出问题，不搞官样文章，不硬性规定字数。

（四）强化整改落实，推动边查边改、真查真改

增强实践性，坚持边学边查边改，对调研发现的问题、群众反映强烈的问题、巡察反馈的问题等，列出清单，逐项整改。

1. 开展专项整治

重点整治对贯彻落实习近平新时代中国特色社会主义思想和党中央决策部署置若罔闻、应付了事、弄虚作假、阳奉阴违的问题；整治干事创业精气神不够，患得患失，不担当不作为的问题；整治违反中央八项规定和省委十项规定精神、厅具体措施的突出问题；整治形式主义、官僚主义，层层加重基层负担，文山会海突出，督查检查过多过频的问题；整治领导干部配偶、子女及其配偶违规经商办企业，甚至利用职权或职务影响为其经商办企业谋取非法利益的问题；整治基层党组织软弱涣散，党员教育管理宽松软，基层党建主体责任缺失的问题；整治对黄赌毒和黑恶势力听之任之、失职失责，甚至包庇纵容、充当保护伞的问题。继续抓好省委已经进行的专项整治工作落实。专项整治情况

以适当方式向党员干部群众进行通报。对专项整治中发现的违纪违法问题,坚决严肃查处。

2.落实整改措施

整改措施要针对问题、落细落小,能改的立即改,一时解决不了的盯住改、限期改,一件一件整改到位,加强对各支部整改的督促检查。进一步健全制度,把主题教育中形成的好经验好做法用制度形式运用好、坚持好。

3.召开专题民主生活会

8月月底前,厅党组召开专题民主生活会,各支部召开专题组织生活会,运用学习调研成果,针对检视反思的问题,联系整改落实情况,红脸出汗,严肃认真开展批评和自我批评。

三 组织领导

成立省商务厅党组"不忘初心、牢记使命"主题教育领导小组,人员组成如下:

组　长:马明龙　党组书记、厅长

副组长:陈晓梅　党组成员、副厅长

　　　　姜　昕　党组成员、副厅长

　　　　高成祥　党组成员、驻厅纪检监察组组长

成　员:朱益民　党组成员、副厅长

　　　　周常青　党组成员、副厅长

　　　　孙　津　党组成员、副厅长

　　　　周晓阳　党组成员、副厅长

　　　　郁冰滢　副巡视员

　　　　王　存　副巡视员,省贸促会(省国际商会)副会长、党组副书记

　　　　张道洲　副巡视员

　　　　李俊毅　副巡视员

　　　　江志平　副巡视员

领导小组下设办公室,负责日常工作,领导小组办公室设在机关党委。

主　任:陈晓梅　党组成员、副厅长(兼)

副主任:张星洋　机关党委副书记

王善华　办公室主任
陈晓冬　合作处处长
杜骖骖　人教处处长

离退休党员的学习教育由离退休处组织,驻外党员的学习教育由合作处党支部组织。

四 工作要求

坚持领导带头,讲究方式方法,强调严格要求。各级党组织要把开展"不忘初心、牢记使命"主题教育作为一项重大政治任务,抓好工作落实,确保主题教育不走过场、取得实效。

(一)夯实工作责任

全厅主题教育在厅党组领导下开展,各支部是抓好本单位主题教育的责任主体,要高度重视、精心组织,支部书记要履行第一责任人职责。领导干部要抓好自身教育,作出表率。在厅机关 OA 系统开辟主题教育专栏,结合商务工作实际,深入宣传党中央精神和省委部署要求,及时反映工作进展成效,营造良好氛围。

(二)力戒形式主义

学习教育不对写读书笔记、心得体会等提出硬性要求;调查研究不搞"作秀式""盆景式"调研和不解决实际问题的调研;检视问题不大而化之、隔靴搔痒,不避重就轻、避实就虚,不以工作业务问题代替思想政治问题;整改落实要坚决杜绝口号喊得震天响、行动起来轻飘飘,不虎头蛇尾、久拖不决。

(三)加强督促指导

厅党组主题教育领导小组办公室要采取随机抽查、调研访谈等方式,对各单位开展主题教育情况进行督促指导,对组织不力、消极对待、敷衍应付的严肃批评,对走形变样、问题严重的给予组织处理。

（四）做到统筹兼顾

把开展主题教育同深化思想解放结合起来,同落实商务高质量发展重点工作结合起来,同学习先进典型结合起来,巩固深化"两学一做"学习教育常态化制度化成果,认真落实"基层减负年"要求,以严实作风确保主题教育取得扎实成效,确保两手抓、两促进。

（2019 年 6 月 14 日）

中共江苏省商务厅党组关于印发在"不忘初心、牢记使命"主题教育中对照党章党规找差距的工作方案的通知

厅机关各处室、中心、所：

现将《省商务厅党组关于在"不忘初心、牢记使命"主题教育中对照党章党规找差距的工作方案》印发你们，请结合实际工作，认真抓好贯彻落实。

为贯彻落实习近平总书记的重要指示精神，组织引导党员领导干部以彻底的自我革命精神对照党章常规主动检视自我、修正错误，自觉做政治上的明白人、遵规守纪的老实人，制定此工作方案。

一 目标要求

坚持以习近平新时代中国特色社会主义思想为指导，以尊崇党章、遵守党规为基本要求，以提高党性修养、严肃党的政治纪律和政治规矩为主线，围绕"守初心、担使命，找差距、抓落实"的总要求，在深入学习习近平总书记关于"不忘初心、牢记使命"重要论述的基础上，结合学习研讨，对照党章党规，重点对照党章、《关于新形势下党内政治生活的若干准则》《中国共产党纪律处分条例》，进行自我检查。要

把对照党章党规找差距与对照习近平新时代中国特色社会主义思想,习近平总书记重要指示批示精神和党中央决策部署检视问题结合起来,边学习、边对照、边检视、边整改,增强查摆和解决问题的针对性。对照一次就提醒一次、扯一次袖子,不断增强党员领导干部党的意识、党员意识、纪律意识,不断提升政治境界、思想境界、道德境界。

二 主要内容

党员领导干部要对照党章、《准则》《条例》,从以下方面进行自我检查。

(一) 对照党章

重点查摆是否坚持党的性质宗旨,贯彻党的基本理论、基本路线、基本方略;是否认真履行党员八项义务,践行入党誓言,充分发挥党员先锋模范作用;是否按照党员干部六项基本条件,真正做到信念坚定、为民服务、勤政务实、敢于担当、清正廉洁;是否严格遵守党的组织制度,严守党的政治纪律和政治规矩;是否坚持党的群众路线,树牢宗旨意识,坚持从群众中来、到群众中去,善于做好新形势下的群众工作。

(二) 对照《准则》

重点查摆是否坚定理想信念,坚定马克思主义信仰和社会主义信念;是否坚定不移贯彻党的基本路线,在大是大非面前站稳政治立场;是否坚决维护以习近平同志为核心的党中央权威和集中统一领导,增强"四个意识";是否严格落实中央八项规定精神,坚决反对"四风";是否坚持民主集中制原则,坚持正确选人用人导向;是否勇于开展批评和自我批评,保持清正廉洁的政治本色。

(三) 对照《条例》

重点查摆是否在重大原则问题上同党中央保持一致,自觉执行党组织决定;是否存在滥用职权、谋取私利等问题;是否存在为黑恶势力充当"保护伞",损害群众利益等问题;是否存在工作不负责任,搞形式主义、官僚主义,干预和插手市场经济活动、司法活动、执纪执法活动等问题;是否存在生活奢靡、贪图享乐,追求低级趣味等问题。

三 方法措施

1. 认真组织学习

党员领导干部要认真学习《中国共产党党内重要法规汇编》,逐段逐句学习党章,《准则》《条例》。

2. 对照党章党规检视分析

在深入学习的基础上,逐条对照党章、《准则》《条例》有关规定,把自己摆进去、把职责摆进去、把工作摆进去,一条一条列出问题。

3. 召开专题会议

厅领导班子要安排专门时间,召开对照党章党规找差距专题会议,在集体学习党章党规的基础上,实实在在地回答有没有问题,有问题的逐条讲清楚,没有问题的也要报告。厅机关各党支部要结合"三会一课"召开专题会议,组织党员学习、对照党章、《准则》《条例》,自我检视问题,自我整改提高。

厅"不忘初心、牢记使命"主题教育领导小组要通过多种方式,加强督促指导,推动对照党章党规找差距落到实处、取得实效。对敷衍应付、浮在面上、不深不透的,要严肃指出、督促纠正。

(2019 年 8 月 7 日)

省商务厅党组书记马明龙在"不忘初心、牢记使命"主题教育动员会上的讲话

同志们：

根据党中央和省委部署，从今天开始，商务厅、贸促会利用3个月时间，开展"不忘初心、牢记使命"主题教育，按照要求，我们召开处级以上党员干部大会，进行动员部署。下面我先传达一下习近平总书记在"不忘初心、牢记使命"主题教育工作会议上的重要讲话以及我省主题教育动员会议主要精神。

5月31日，中央"不忘初心、牢记使命"主题教育工作会议在北京召开，习近平总书记出席会议并发表重要讲话。习近平强调，党的十九大决定，以县处级以上领导干部为重点，在全党开展"不忘初心、牢记使命"主题教育。今年是中华人民共和国成立70周年，也是我们党在全国执政第70个年头，在这个时刻开展这次主题教育，正当其时。他强调，为中国人民谋幸福，为中华民族谋复兴，是中国共产党人的初心和使命，是激励一代代中国共产党人前赴后继、英勇奋斗的根本动力。开展"不忘初心、牢记使命"主题教育，要牢牢把握守初心、担使命，找差距、抓落实的总要求，牢牢把握深入学习贯彻新时代中国特色社会主义思想、锤

炼忠诚干净担当的政治品格、团结带领全国各族人民为实现伟大梦想共同奋斗的根本任务,要结合实际,创造性开展工作,把学习教育、调查研究、检视问题、整改落实贯穿主题教育全过程,努力实现理论学习有收获、思想政治受洗礼、干事创业敢担当、为民服务解难题、清正廉洁作表率的具体目标,确保这次主题教育取得扎扎实实的成效。

6月4日,我省召开"不忘初心、牢记使命"主题教育动员会,省委书记、省委主题教育领导小组组长娄勤俭作动员讲话,强调要深入学习贯彻习近平总书记在中央"不忘初心、牢记使命"主题教育工作会议上的重要讲话精神,深刻领会开展主题教育的重大意义,准确把握目标任务,高标准落实党中央部署要求,切实做到"五深入五确保",推动我省主题教育取得实实在在成效,让主题教育激发出的工作热情和进取精神,转化为推动高质量发展走在前列、加快建设"强富美高"新江苏的实际成果。

开展好这次的主题教育,我们要做到"两聚焦五强化"。

一　聚焦重大意义,增强思想自觉、行动自觉

开展"不忘初心、牢记使命"主题教育,是以习近平同志为核心的党中央统揽伟大斗争、伟大工程、伟大事业、伟大梦想作出的重大部署。习近平总书记指出,开展这次主题教育,是用新时代中国特色社会主义思想武装全党的迫切需要,是推进新时代党的建设的迫切需要,是保持党同人民群众血肉联系的迫切需要,是实现党的十九大确定的目标任务的迫切需要。商务厅和贸促会各级党组织和党员干部要切实提高政治站位,把思想和行动统一到中央和省委决策部署上来,切实增强思想自觉、行动自觉。要深刻认识"不忘初心、牢记使命"是党心所系、民心所向、信心所在、决心所至,自觉用习近平新时代中国特色社会主义思想武装头脑、指导实践、推动工作,不断增强"四个意识"、坚定"四个自信"、做到"两个维护"。商务厅和贸促会各级党组织要把主题教育作为学习贯彻习近平新时代中国特色社会主义思想的领航工程、提高党的建设质量的基础工程、密切联系服务群众的民心工程、推动江苏商务高质量发展走在前列的动力工程,教育引导广大党员干部以饱满的精神状态积极投身主题教育,更加自觉地勇担职责使命,为建设"强富美高"新江苏不懈奋斗。

二 聚焦目标要求，确保方向正确、任务落地

开展"不忘初心、牢记使命"主题教育，根本任务是深入学习贯彻习近平新时代中国特色社会主义思想，锤炼忠诚干净担当的政治品格，团结带领全国各族人民为实现伟大梦想共同奋斗。要全面贯彻"守初心、担使命，找差距、抓落实"的总要求，以处级以上领导干部为重点，全体党员参加，将力戒形式主义、官僚主义作为重要内容，按照省委要求，着力实现"五深入五确保"目标：一是深入推进解放思想，不断加深对习近平新时代中国特色社会主义思想重大意义、科学体系、丰富内涵的学习理解，着力破除与新时代要求、新发展理念不相适应的思想观念和思维定势，真正在解放思想中统一思想，确保理论学习有收获。二是深入锤炼坚强党性，坚定理想信念，传承红色基因，切实增强"四个意识"、坚定"四个自信"、做到"两个维护"，自觉在思想上、政治上、行动上同以习近平同志为核心的党中央保持高度一致，确保思想政治受洗礼。三是深入贯彻"三项机制"，推动落实商务厅和贸促会实施意见，将其贯穿于使用干部、激励作为、推进工作全过程，引导党员干部勇于直面矛盾、增强斗争精神，以钉钉子精神贯彻落实中央、省委决策部署和党组工作安排，确保干事创业敢担当。四是深入转变工作作风，坚守人民立场，自觉同人民想在一起、干在一起，着力解决群众的操心事、烦心事、揪心事，坚决整治形式主义、官僚主义，努力使低调务实不张扬、撸起袖子加油干成为商务、贸促干部的鲜明特质，确保为民服务解难题。五是深入涵养政治生态，严格规范党内政治生活，教育党员干部自省自警自律，知敬畏、存戒惧、守底线，公私分明，"亲""清"分开，确保清正廉洁作表率。

三 强化学习教育，力求学深悟透、学以致用

要把深入学习贯彻习近平新时代中国特色社会主义思想作为"不忘初心、牢记使命"的铸魂之本、实践之基、动力之源，在学思用贯通、知行信统一上下功夫见成效。一要原原本本学。党员领导干部要以自学为主，学习党的十九大报告和党章党规，学习《习近平关于"不忘初心、牢记使命"重要论述选编》

《习近平新时代中国特色社会主义思想学习纲要》,跟进学习习近平总书记最新重要讲话文章,学习习近平总书记对江苏工作的重要讲话指示精神,深刻理解精髓要义和实践要求。二要集中研讨学。在个人自学基础上,集中安排一周时间,采取党组中心组学习、支部举办读书会等形式,列出专题,交流研讨。组织党员围绕"初心是什么、使命干什么、奋斗比什么"主题,结合深入解放思想开展讨论,举办一次主题演讲比赛。聚焦攻坚克难,运用"三项机制"典型案例,增强学习的针对性、实效性和感染力。三要对照先进学。举办商务厅机关党支部书记红旗渠专题培训班,感悟红旗渠精神内涵,提升履职尽责能力。各支部要用好"周恩来精神""雨花英烈精神""铁军精神""淮海战役精神"等红色资源,自主组织形式多样的革命传统教育、形势政策教育、先进典型教育和警示教育。开展领导干部学"周恩来精神"、基层干部学赵亚夫、广大党员学王继才活动,推动党员干部见贤思齐、担当作为。四要联系自身学。坚持把自己摆进去、把职责摆进去、把工作摆进去,在党员中开展"四重四亮"活动,重读入党志愿、重温入党誓词、重忆入党经历、重问入党初心,党员亮身份、服务亮承诺、工作亮标准、担当亮作为,争当新时代奋斗者。

四 强化调查研究,切实摸清实情、拿出实招

要坚持问题导向,带着任务"走下去"、怀着诚心"蹲下来"、谋得良策"提上来",把调研成果转化为工作成果、制度成果、理论成果,推动商务高质量发展各项工作任务落实落地。一要确定好调研课题。树立鲜明的问题导向,商务厅和贸促会班子成员、处室主要负责同志要围绕贯彻落实习近平总书记重要指示批示精神和中央、省委决策部署,围绕解决全省商务、贸促领域存在的突出问题和群众反映强烈的热点难点问题,围绕解决党的建设面临的紧迫问题,围绕坚决打好三大攻坚战、应对和化解各种风险挑战,围绕破解制约江苏商务高质量发展的瓶颈问题等进行调研,特别是围绕应对中美贸易摩擦,要及时总结各地经验,研究对策举措,切口要小、挖掘要深、分析要透、对策要准,实实在在解决问题。二要改进调研方式。提倡不发通知、不打招呼、不听汇报、不用陪同接待和直奔基层、直插现场的"四不两直"调研方式,多到问题集中、困难较多、情况复杂、矛盾尖锐的地方,注重运用已有数据和素材进行综合分析,不

走"经典调研路线",不扎堆调研,不增加基层负担。三要强化调研成果转化运用。调研结束后,领导班子成员、处室主要负责同志要梳理调研情况,交流调研成果,把调研成果转化为解决问题的具体行动。四要讲好专题党课。商务厅和贸促会领导班子成员要在学习调研基础上讲专题党课,主要负责同志带头讲,其他班子成员到分管单位讲。党课要突出针对性,讲学习体会收获,讲运用习近平新时代中国特色社会主义思想指导实践、推动工作存在的差距和改进工作的思路措施。

五 强化检视问题,真正查到毛病、找准症结

要突出对表对标,对照习近平新时代中国特色社会主义思想和党中央决策部署,对照党章党规,对照初心使命,对照岗位职责,查摆自身不足,查找工作短板,深刻检视剖析。一要广泛听取意见。结合调查研究,通过座谈交流、个别访谈、问卷调查等方式,开展"三听两问",听服务对象、听基层党员、听普通群众意见,问领导班子、领导干部存在的突出问题,问改进作风、改进工作的意见和建议。党组结合巡察、干部考察、工作考核等情况,对各支部和处级以上干部提出意见。二要认真检视反思。党员领导干部要联系思想工作实际,实事求是检视自身差距,把问题找实、把根源找深,并明确努力方向。结合全面从严治党主体责任落实情况年中自查、意识形态工作年中自查,对照专项整治,党组、各支部要聚焦党的政治建设、思想建设、作风建设存在的突出问题进行检视反思。检视剖析要逐条列出问题,不搞官样文章,不硬性规定字数。

六 强化整改落实,推动边查边改、真查真改

要增强实践性,坚持边学边查边改,对调研发现的问题、群众反映强烈的问题、巡察反馈的问题等,列出清单,逐项整改。一是认真开展专项整治。重点整治对贯彻落实习近平新时代中国特色社会主义思想和党中央决策部署置若罔闻、应付了事、弄虚作假、阳奉阴违的问题;整治干事创业精气神不够,患得患失,不担当不作为的问题;整治违反中央八项规定和省委十项规定精神、商务厅和贸促会具体措施的突出问题;整治形式主义、官僚主义,层层加重基

层负担，文山会海突出，督查检查过多过频的问题；整治领导干部配偶、子女及其配偶违规经商办企业，甚至利用职权或职务影响为其经商办企业谋取非法利益的问题；整治基层党组织软弱涣散，党员教育管理宽松软，基层党建主体责任缺失的问题；整治对黄赌毒和黑恶势力听之任之、失职失责，甚至包庇纵容、充当保护伞的问题。继续抓好省委已经进行的专项整治工作落实。专项整治情况要以适当方式向党员干部群众进行通报。对专项整治中发现的违纪违法问题，坚决严肃查处。二是落实整改措施。整改措施要针对问题、落细落小，能改的立即改，一时解决不了的盯住改、限期改，一件一件整改到位，加强整改工作督促检查。三是开好专题民主生活会。8月月底前，商务厅党组、贸促会党组召开专题民主生活会，各支部召开专题组织生活会，运用学习调研成果，针对检视反思的问题，联系整改落实情况，红脸出汗，严肃认真开展批评和自我批评。

七　强化组织领导，做到有序推进、取得实效

要坚持领导带头，讲究方式方法，强调严格要求。各级党组织要把开展"不忘初心、牢记使命"主题教育作为一项重大政治任务，抓好工作落实，确保主题教育不走过场、取得实效。一要落实领导责任。商务厅主题教育在厅党组领导下开展，成立省商务厅党组主题教育领导小组，由我担任组长，领导小组下设办公室，负责日常工作。贸促会也要成立主题教育领导小组。领导干部要抓好自身教育，作出表率；各支部是抓好本单位主题教育的责任主体，支部书记要履行第一责任人职责；合作处党支部要组织好驻外党员的学习教育；离退休处也要组织好离退休党员的学习教育。二要强化督促指导。党组主题教育领导小组办公室要采取随机抽查、调研访谈等方式，对各单位开展主题教育情况进行督促指导，对组织不力、消极对待、敷衍应付的严肃批评，对走形变样、问题严重的给予组织处理。三要加强宣传引导。在厅机关OA系统开辟主题教育专栏，结合商务和贸促工作实际，深入宣传党中央精神和省委部署要求，及时反映工作进展成效，加强正面宣传，强化舆论监督，为主题教育有序开展营造良好氛围。四要力戒形式主义。学习教育不对写读书笔记、心得体会等提出硬性要求；调查研究不搞"作秀式""盆景式"调研和不解决实际问题的

调研;检视问题不大而化之、隔靴搔痒,不避重就轻、避实就虚,不以工作业务问题代替思想政治问题;整改落实要坚决杜绝口号喊得震天响、行动起来轻飘飘,不能虎头蛇尾、久拖不决。五要注重统筹兼顾。把开展主题教育同深化思想解放结合起来,同落实商务和贸促高质量发展重点工作结合起来,同学习先进典型结合起来,巩固深化"两学一做"学习教育常态化制度化成果,认真落实"基层减负年"要求,确保两手抓、两促进。

同志们,习近平总书记在"不忘初心、牢记使命"主题教育工作会议上的重要讲话,是新时代加强党的建设的纲领性文献,是搞好主题教育的根本遵循,我们一定要聚焦根本任务,把握"十二字"总要求,紧扣"五句话"目标,坚持"四个贯穿始终",力戒形式主义,不折不扣抓好各项任务落实,高质量推进主题教育各项工作,以严实作风确保主题教育取得扎实成效,两手抓、两促进,攻坚克难、干事创业,奋力推动江苏商务和贸促高质量发展走在前列,加快建设"强富美高"新江苏,以实际行动、实际成效践行"两个维护",以优异成绩庆祝新中国成立 70 周年。

(2019 年 6 月 6 日)

省委第四巡回指导组：

　　主题教育开展以来，省商务厅党组按照中央和省委统一部署，在省委第四巡回指导组的指导下，认真贯彻主题教育"守初心、担使命，找差距、抓落实"的总要求，坚持"四个贯穿始终"，聚焦"五深入五确保"工作目标，把开展主题教育作为当前一项重大政治任务，从严从实抓好各项措施落实，主题教育取得阶段性成效，现将主题教育开展情况报告如下。

一　主题教育开展总体情况

（一）提高政治站位，做到组织有力、机制健全

　　一是迅速统一思想。6月4日，省委"不忘初心、牢记使命"主题教育动员会后，厅党组迅速着手主题教育动员部署的准备工作。6月6日，召开厅党组会，深入学习习近平总书记在"不忘初心、牢记使命"主题教育工作会议上的重要讲话精神，《中共中央关于在全党开展"不忘初心、牢记使

命"主题教育的意见》和省委"不忘初心、牢记使命"主题教育工作会议精神,领会核心要义,掌握思想方法,研究贯彻落实的实施方案。

二是健全工作机制。成立厅党组"不忘初心、牢记使命"主题教育领导小组,厅党组书记、厅长马明龙担任组长,领导小组下设办公室,负责日常工作,加强对全厅主题教育的组织领导、统筹协调和督促指导。明确主题教育在厅党组领导下开展,各党支部是抓好本单位主题教育的责任主体,支部书记要履行第一责任人职责。主题教育开展以来,领导小组先后 11 次研究主题教育推进具体举措。

三是组织动员部署。6 月 6 日,召开"不忘初心、牢记使命"主题教育动员大会,学习贯彻习近平总书记在"不忘初心、牢记使命"主题教育工作会议上的重要讲话以及我省动员会议主要精神,全面动员部署主题教育,切实把各级党组织和党员干部的思想和行动统一到中央、省委决策部署上来,增强高标准高质量开展好主题教育的思想自觉、行动自觉。

四是加强督促指导。坚持严督实导,传导压力,严格把关,务实指导。对商务厅机关各处室和直属单位、贸促会党组主题教育工作进行分类指导,厅主题教育领导小组办公室采取调研座谈、随机抽查、理论测试等方式,及时了解情况、跟踪问效,掌握主题教育进度,查找缺项短板,提出工作建议等,推动主题教育工作落实落细。

(二)强化学习教育,力求学深悟透、学以致用

一是原原本本学。厅党组领学带学,厅领导带头制订个人自学计划,各支部组织广大党员集中学。7 月月初,全厅集中 3 天时间,认真学习《重要论述选编》《学习纲要》《党内法规汇编》,跟进学习习近平总书记在政治局第十五次集体学习、中央和国家机关党建工作会议、内蒙古指导开展主题教育时的讲话精神,学习习近平总书记对江苏工作的重要讲话指示精神,深刻理解新思想精髓要义和实践要求。安排 3 期商务大讲堂活动,组织《习近平新时代中国特色社会主义经济思想》等讲座,教育引导党员干部勇做新思想的坚定信仰者、忠实践行者。用好"学习强国"平台,定期通报各支部学习情况,督促党员干部自觉学、主动学,厅机关党员干部学习积极性显著提高。

二是集中研讨学。主题教育期间,厅领导班子共组织 5 次集中研讨。在

个人自学基础上,围绕党的政治建设、全面从严治党等 8 个专题,分 3 次安排学习研讨。组织赴中国第二历史档案馆,参观"共产党人的初心与使命"档案文献展,围绕参观内容进行集中讨论。坚持把学习研讨同研究解决商务系统改革发展稳定的突出问题结合起来,同个人的思想实际和工作实际结合起来,聚焦应对中美经贸摩擦专题,厅领导班子成员结合学习谈认识、对照工作找差距、瞄准问题谋对策,通过学习研讨,厅领导班子成员进一步统一了思想,认清了中美经贸摩擦的由来和本质,更加坚定打赢中美贸易战的必胜信心,充分认识到以习近平同志为核心的党中央的坚强领导,中国特色社会主义制度的优越性,国家意志的高度统一,全国人民的紧密团结,是我们应对中美经贸摩擦的最大优势和根本保证。

三是对标典型学。开展领导干部学"周恩来精神"、基层干部学赵亚夫、广大党员学王继才活动,各支部在广大党员中开展"四重四亮"活动,坚持把自己摆进去、把职责摆进去、把工作摆进去,争当新时代奋斗者。组织集中观看教育片《大无大有——身边人眼中的周恩来》《孤岛 32 年》《亚夫的梦》、淮剧《王继才》等,赴省党风廉政警示教育基地参观见学,组织"弘扬周恩来精神 践行初心和使命"专题辅导,组织学习习近平总书记在纪念周恩来同志诞辰 120 周年座谈会上的讲话、周恩来的《我的修养要则》《十条家规》等,及时组织集中讨论,推动党员干部见贤思齐、担当作为。

四是联系实际学。结合实际创新学习交流形式,驻欧洲区经贸机构党小组结合走访老一辈革命家在欧洲学习期间的居所等开展主题教育,驻亚太区党小组结合主题教育开展"一带一路"项目推介会;结合年度工作安排,派出工作小组对部分驻外经贸机构进行工作检查,召开主题教育学习座谈会,督促指导驻外经贸机构开展主题教育,工作小组还结合纪念中国旅法勤工俭学 100 周年,开展主题党日活动,感悟老一辈革命家的初心,接受理想信念教育。

五是联动互动学。坚持商务厅党组、贸促会党组统分结合开展主题教育,厅党组统一开展组织动员部署、集中研讨、专题党课、调研成果交流、民主生活会等活动,同时贸促会完成好主题教育规定动作,紧密结合工作扎实推进实施国际贸易促进、双向投资促进、商事法律服务、国际商会发展 3 年行动计划及江苏海外商会建设工作方案。坚持海内外同步学,合作处(海外办)党支部通过微信视频会议等形式,将主题教育相关要求及时传达到驻外的每一名党员干部,确保驻外党员干部同步参加主题教育。厅机关运行处党支部和省统计局贸易外经处党支部、贸促中心党支部和江苏贸促国际会展有限公司党支部结对交流学,互帮互助,共同提高。

(三)强化调查研究,切实摸清实情、拿出实招

一是认真组织调研。厅领导班子成员结合年度调研工作计划,处室主要负责同志结合工作实际,坚持对标习近平新时代中国特色社会主义思想,对标新发展理念和商务高质量发展要求,重点围绕推动开放高质量发展、积极应对中美经贸摩擦、千方百计扩消费等主题确定了 13 个调研课题。采取"四不两直"等形式,带着任务"走下去"、怀着诚心"蹲下来"、谋得良策"提上来",深入到问题集中、困难较多、情况复杂的地方,特别是到受当前中美经贸摩擦影响较大的地区掌握第一手情况,通过解剖"麻雀",了解基层、企业当前面临的主要问题和困难,注重向基层、企业学习取经,总结好的经验做法加以推广。

二是抓好成果交流。坚持在调研中深化理解和感悟,在理论联系实际的过程中寻找解决问题的办法措施,调研工作围绕专题紧、工作作风实、研究报告深、问题反映准、政策举措明,通过调研成果交流分享,加深了对新思想的理解领悟,政治站位进一步提高。坚持问题导向,一切从实际出发,把问题分析透、研究深,切实把调研成果转化为工作成果、制度成果、理论成果,厅领导班子成员撰写了 13 篇整体质量较高的调研报告,提出近 60 条针对性、操作性较强的对策建议,为更好地推动问题整改、工作改进,推动商务高质量发展各项工作任务落实落地打下坚实基础。

三是讲好专题党课。厅领导班子成员在学习调研基础上准备专题党课,主要负责同志带头讲,其他班子成员到分管单位讲。厅党组书记马明龙为商务厅和贸促会处级以上党员干部讲专题党课,教育引导党员干部重温党史、铭记追求,加强党史、新中国史的学习,结合深刻领会习近平新时代中国特色社会主义思想关于对外开放的精神实质和丰富内涵讲学习体会收获,对照省委娄书记"九个有没有"要求、对照郭元强副省长在省商务厅讲专题党课时指出的我们工作中存在的四方面问题、对照主题教育总要求,查找在增强"四个意识"、坚定"四个自信"、做到"两个维护"方面,服务群众方面,担当作为方面,狠抓落实方面存在的差距,提出改进工作的思路措施。

（四）强化检视问题，真正查到毛病、找准症结

一是广泛听取意见。结合调查研究，通过座谈交流、个别访谈、问卷调查等方式，开展"三听两问"。厅党组结合首轮巡察，对厅机关各单位党的建设面上存在的问题进行系统梳理。在厅机关设立主题教育意见箱，在 OA 办公系统开通专用邮箱，征求广大党员干部意见建议。坚持边调研边学习边对照检查，找差距、找症结，调研过程中向设区市商务局、开发区、企业发放《调查问卷》，收集意见建议 50 余条，坚持边学边查边改。

二是深查细照找差。突出对表对标，对照习近平新时代中国特色社会主义思想和党中央决策部署，对照党章党规，对照初心使命，对照岗位职责，查摆自身不足，查找工作短板，深刻检视剖析。厅党组召开党组会、厅机关各党支部结合"三会一课"，组织对照党章党规找差距专题会议，厅领导班子成员结合理论学习、调查研究、讲专题党课、检视问题等，在深入学习习近平总书记关于"不忘初心、牢记使命"重要论述、认真学习党章党规的基础上，重点对照党章、准则、条例，对照"18 个是否"，进行自我检查，逐一查找各种违背初心和使命的问题，通过对照找差，检视了问题、明确了努力方向，增进了团结、促进了工作。

（五）强化整改落实，坚持真查真改、改出实效

一是推动立行立改。坚持边学边查边改，及时制定整改措施，结合主题教育推进各项工作落实。针对年度领导干部个人事项申报抽查中发现的问题，督促相关责任人及时整改。积极申报江苏自贸试验区，8 月 30 日上午，中国（江苏）自由贸易试验区揭牌仪式在南京江北新区举行。积极做好中美经贸摩擦应对牵头工作，研究制定中美经贸摩擦应对"1＋7"工作预案，厅领导班子成员挂钩受影响较大的 5 个设区市开展专题调研，深入摸排 711 家重点企业受影响的范围和程度，走访调研 200 余家企业，了解企业困难问题和政策诉求；针对出口涉及金额大、美国市场占比高以及高科技企业，抢抓征税实施的"窗口期"，对南京、无锡、常州、南通等地 2 800 余家企业、3 000 余人进行了现场辅导和实地指导，开展法律援助，举办经贸摩擦应对专题培训，提升企业和政府运用国际规则有效维护权益的能力；创新打造"苏贸贷"融资业务，目前已累

计授信 721 余户,放款 560 余户,放款金额 18.1 亿元,大大缓解了受中美经贸摩擦影响企业的融资难问题;进一步完善机制、建平台、建系统、建清单,立足于办好自己的事,妥善应对,化危为机,研究提出了应对中美经贸摩擦、推动经济高质量发展的具体举措。

二是开展专项整治。根据中央和省委部署要求,制定厅专项整治工作方案,以正视问题的自觉和刀刃向内的勇气,真刀真枪解决问题,切实抓好主题教育列出的 8 个方面突出问题的专项整治,明确主要任务和责任分工,坚持开门整改,集中整治群众反映的突出问题,立足自身实际推进其他突出问题整改,集中攻关、以点带面,推动专项整治工作深入开展。不断巩固深化政治巡察整改成果。充分利用巡察成果,将反馈意见指出的 6 个方面 14 项问题,以及被巡察党支部整改情况报告在全厅进行通报,要求未被巡察党支部对照反馈意见,自动对号入座,即知即改,自我整改,自我提高,进一步强化基层党建主体责任落实。

三是力戒形式主义。贯彻落实习近平总书记关于解决一些困扰基层的形式主义问题、切实为基层减负的重要批示精神,把解决形式主义突出问题为基层减负作为开展"不忘初心、牢记使命"主题教育的重要内容,结合全省商务工作实际,研究制定《省商务厅党组关于解决形式主义突出问题为基层减负工作方案》。不断深化"放管服"改革,针对省人大代表对省商务厅优化拍卖经营许可审批流程的建议,审批处会同相关业务处室,认真调研,多方征求意见,取消了拍卖许可审前公示环节,进一步缩短审批时限,简化了审批流程,切实减轻了基层、企业负担。

四是开好民主生活会。按照习近平总书记"四个对照""四个找一找"要求,做到问题查摆深入到位,原因剖析触及根源,开展批评严肃认真,整改措施实实在在。会前广泛征求意见建议,深入开展谈心谈话,认真撰写检视剖析材料。坚持问题导向,把自己摆进去、把职责摆进去,既从工作上找短板、担当上找差距,又从政治上查症结、思想上挖根源,做到了见人见事见思想;相互批评从具体事情、具体问题入手,落细落小、以小见大、开门见山、一针见血、动真碰硬,体现了对事业、对组织的高度负责和对同志的关心爱护,扫除了思想灰尘,达到了红脸出汗、排毒治病的效果。

二 存在的不足与下一步努力方向

（一）存在的不足

一是在学习和落实习近平新时代中国特色社会主义思想上还要下更大功夫。主题教育开展以来,我们切实体会到这次主题教育时间紧、任务重,特别是在读原著、学原文、悟原理上,深学深悟、常学常新做得还不够,厅机关党员干部对习近平新时代中国特色社会主义思想学习还不够系统全面,离融会贯通、知行合一还有差距。围绕新思想对标、定向,从新思想中找思路、找方法,切实用新思想指导工作、推动落实的自觉性还需进一步增强。

二是在整改落实见实效上还要下更大功夫。主题教育虽然不划阶段、不分环节,但是工作标准更高,需要把学习教育、调查研究、检视问题、整改落实贯穿于主题教育全过程。我们在开展主题教育过程中,按照习近平总书记在内蒙古指导主题教育时强调的"四个到位"指示精神,根据民主生活会上指导组提出的工作要求,坚持抓整改真刀真枪、动真碰硬,发现问题立行立改,把"改"字贯穿始终,取得了一些成效,但在举一反三、形成长效机制上还要下更大功夫。

（二）下一步努力方向

一是持续深入学习贯彻习近平新时代中国特色社会主义思想,始终把学懂弄通做实作为重大政治任务。习近平新时代中国特色社会主义思想博大精深、内涵丰富,全厅各级党组织和全体党员必须进一步提高政治站位,持续深入学习习近平新时代中国特色社会主义思想和对江苏工作的重要批示指示精神,树牢"四个意识"、坚定"四个自信"、做到"两个维护",始终在思想上、政治上、行动上与以习近平同志为核心的党中央保持高度一致,不折不扣落实好中央和省委的各项决策部署。坚持把党的政治建设摆在首位,把准政治方向,坚定政治立场,明确政治态度,严守政治纪律,当好"两个维护"的忠实践行者和有力推动者。

二是扎实抓好整改落实和专项整治,做到问题不解决不松劲、解决不彻底不放手、群众不认可不罢休,确保主题教育取得实效。坚决杜绝形式主义、官僚主义,进一步夯实工作责任,坚持立行立改、即知即改、真抓真改,对民主生活会上查摆出来的问题以及相互批评的意见建议,特别是指导组提出的具体要求,进行再梳理、再聚焦,逐项列出领导班子和个人的整改清单,细化完善整改措施,明确整改时限,落实整改责任,确保问题整改到位,推动整改工作制度化、常态化、长效化。按照中央和省委的统一部署,把抓好 8 个方面专项整治作为整改工作的重中之重,统筹推进。落实党中央深化作风建设要求、正确践行"两个维护"的政治责任,全面深入落实"基层减负年"各项工作措施。

三是把"不忘初心、牢记使命"作为终身课题,以自我革命的精神加强自身建设,奋力推动江苏商务高质量发展走在前列。进一步发扬斗争精神、勇于担当作为,激发干部干事创业的内生动力,把初心使命转化为党员干部锐意进取、开拓创新的精气神和真抓实干的自觉行动。坚决贯彻中央和省委决策部署,坚定不移地贯彻新发展理念,不断推动改革创新,积极应对风险挑战,将整改落实与改革发展稳定各项工作相衔接,坚持问题导向、系统思维、底线思维,坚持对标习近平新时代中国特色社会主义思想,对标新发展理念和商务高质量发展要求,发扬钉钉子精神真抓实干,推动全厅各项工作扎实开展,特别是重点抓好自贸试验区建设、应对中美经贸摩擦、"一带一路"交汇点建设以及"一促两稳四重点"等工作任务落实,不断巩固深化"不忘初心、牢记使命"主题教育成果。

(2019 年 9 月 2 日)

第四部分
领导讲话与重要文件

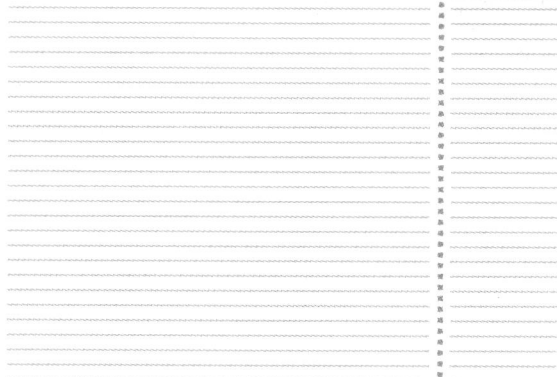

江苏商务发展2019
JiangSu Commerce Development Report

省委娄勤俭书记在全省对外开放
大会上的讲话······

（2019 年 1 月 3 日）

　　这次大会的任务是，以习近平新时代中国特色社会主义思想为指导，深入贯彻党的十九大精神，认真落实习近平总书记在庆祝改革开放 40 周年大会上的重要讲话，按照省委十三届五次全会的安排，回顾总结我省 40 年开放历程，对全省扩大开放再出发作出部署。把全省对外开放大会作为新年"第一会"，充分显示了开放发展在全省工作中的重要性，表明了省委、省政府将新时代扩大开放不断推向前进的鲜明态度和坚定决心。这里，我讲四点意见。

一、以习近平新时代中国特色社会主义思想为指引，坚定新时代对外开放的信念和信心

　　党的十八大以来，习近平总书记总揽全局、把握大势，不断推进对外开放理论和实践创新，系统回答了新时代要不要开放、要什么样的开放、如何更好推动开放等重大命题。党的十九大报告明确提出，"中国开放的大门不会关闭，只会越开越大"。在庆祝改革开放 40 周年大会上，总书记旗帜鲜明地指出，"中国的发展离不开世界，世界的繁荣

也需要中国""必须坚持扩大开放,不断推动共建人类命运共同体"。这既是新时代的开放宣言,也是我们走向世界、开辟未来的实践指引。

第一,总书记关于新时代扩大开放的重要论述,让我们在错综复杂的国际环境中,进一步看清了全球化的时代走向。当今世界正处在开放与保守、合作与封闭、变革与守旧、前进与后退的"十字路口",正在经历百年未有之大变局。面对"逆全球化"思潮的涌动,习近平总书记深刻指出,经济全球化是不可逆转的历史大势,融入世界经济是历史大方向。总书记的一系列重要论断,对当今世界的"时代之问"作出了深刻回答。江苏作为开放大省,已经深度融入国际分工体系,我们要从国际格局的"变"中看到时代潮流滚滚向前的"不变",从眼前的挑战和阵痛中看到未来的机遇和前景,更加坚定地在全球化大趋势大格局中迈出对外开放的坚实步伐。

第二,总书记关于新时代扩大开放的重要论述,让我们在继往开来的开放进程中,进一步明确了江苏在开放大局中的责任所在。经过 40 年改革开放,我国与世界的关系发生了深刻变化,我们不仅彻底跳出了近代以来危机日甚一日的"下降通道"、赶上了时代步伐,而且成为引领时代潮流的重要力量。十八大以来,党中央在"一带一路"建设、加快贸易强国建设、构建开放型世界经济等方面,作出一系列重大部署,开放格局更大、追求更高、内涵更丰富。在2018 年底的中央经济工作会议上,习近平总书记作出了"由商品和要素流动型开放向规则等制度型开放转变"的重大判断。这些都表明,我们的对外开放已经开始进入从被动适应到主动布局、从跟随追赶到倡导引领的转折阶段。江苏在全国开放大局中一直具有重要支撑作用,我们要继往开来,在发扬好40 年对外开放成功经验的基础上,适应新形势、把握新特点,勇于实践、大胆探索,努力走在新时代对外开放的前列。

第三,总书记关于新时代扩大开放的重要论述,让我们在推动高质量发展的重大关口,进一步强化了扩大开放的坚定信念。习近平总书记强调,过去40 年中国经济发展是在开放条件下取得的,未来中国经济实现高质量发展也必须在更加开放的条件下进行。把握这个逻辑,我们就能理解总书记提出的"构建开放型世界经济""推动形成全面开放新格局""建设开放型经济新体制""以开放促改革促发展"等一系列论断的重大意义和深刻内涵。江苏在开放中发展、在变革中进步,全省人均国内生产总值突破 1.6 万美元,已处在高收入水平的门槛,同时也到了经济转型升级、凤凰涅槃的关键阶段。我们必须更加自觉地用好开放这个重要法宝,从世界格局、未来维度来审视谋划江苏对外开放的目标和思路,从江苏在世界经济和产业体系中应有的地位和竞争力,确定对外开放的任务和举措,为高质量发展走在前列提供强大动力和坚实支撑。

一、从江苏40年走过的不平凡历程中汲取继续前进的力量,牢牢把握江苏新时代对外开放的目标和任务

开放是40年来江苏发展的鲜明底色。在党中央坚强领导下,我们在游泳中学会游泳,在开放中深化开放,顺利实现从封闭半封闭向全面开放的历史转折,江苏大地发生了天翻地覆的变化。从改革开放之初到2018年,全省对外贸易额由4.3亿美元跃升到6 700多亿美元、增长1 557倍,累计使用外资4 500多亿美元,外资在我省每年贡献1/4的固定资产投资和税收、超过6成的对外贸易额、超过7成的高新技术产品进出口和3成以上的就业岗位,对外投资累计近700亿美元。40年来,开放不仅有力支撑了全省经济增长,而且推动了政务服务、社会治理、法治环境、文化旅游、就业创业、生活居住等各个层面的创新进步,促进了全社会思想观念的开放更新,深刻改变了江苏发展的面貌格局和精神气质。

江苏对外开放的40年,是思想不断解放的历程。从1978年签订第一个利用外资的补偿贸易项目开始,40年来江苏对外开放规模不断扩大、实践不断深化、步伐不断加快,并且始终与深化对社会主义市场经济规律的认识相伴随,认识每推进一步,开放就往前迈出一大步。1994年,省委在全国率先确立了经济国际化战略,提出大力发展开放型经济、经济运行基本同国际接轨;2012年,把这一战略的内涵丰富为企业、城市、人才"三个国际化"。随着我们对世界经济动态的了解、对技术发展规律的把握,开放型经济由"引进来"为主转向"引进来"与"走出去"并重,由外资、外贸、外经"三外齐上",拓展到包括外智、服务外包的"五外齐上";利用外资从发展劳动密集、出口导向型产业转向战略性新兴产业,开发园区从产业集聚转向功能创新。正是在历史潮流中解放思想、积极应变、主动求变,江苏始终与时代同行,始终领风气之先,对外开放一浪高过一浪、始终充满活力。

江苏对外开放的40年,是改革不断深化的历程。40年来,从下放对外贸

易经营权开始,改革不断为开放创造体制基础和内在条件,开放也不断为改革提供经验借鉴和活力源泉。昆山自费兴办开发区,中新合作建设苏州工业园区,带动全省开发区建设成为江苏开放的一大亮点。我国加入 WTO 后,我们积极适应规则变化,改革对外贸易经营权审批制度,大力发展服务外包,建立国际合作机制,展开了境外园区建设的探索实践。党的十八大以后,加快构建开放型经济的新体制,展开开放创新综合试验试点,复制借鉴自贸区试点经验。顶层的改革设计和基层的实践探索相结合,持续为扩大开放注入了动力,引领江苏发展实现"由内到外"的转变。

江苏对外开放的 40 年,是开放领域不断扩大的历程。在深化经济领域开放的同时,对外开放的广度和深度不断拓展,科技、教育、医疗、文化等领域的开放全面推进。服务中央对外工作大局,结好 324 对友城,数量居全国第一。建立以省跨国技术转移中心为代表的国际技术转移服务体系,搭建国际产学研合作平台,评选表彰"江苏友谊奖",引进外国人才数量居全国前列,国际技术合作和人才环境不断优化。承办高规格国际会议和国际合作论坛,"感知江苏""水韵江苏"等人文交流品牌在海外产生广泛影响。这些都有效展示了江苏良好的对外形象,为发展赢得了更多的点赞认同和资源要素。

江苏对外开放的 40 年,是对全国大局贡献度不断提高的历程。在服务国家开放大局中,江苏始终走在前面,成为全国开放型经济的重要支撑,外贸进出口位居全国第二、占比达 1/7,其中出口超过 1/6;累计使用外资占比超过 1/5;服务外包总量占全国三成,离岸执行额连续 9 年居全国第一。同时,我们还创造了很多开放创新的典型经验,为国家作出了制度性贡献。党的十八大后,江苏积极融入"一带一路"建设,与沿线 64 个国家和地区实现外贸进出口,占全国的 11.8%,习近平总书记四次见证中哈物流基地项目。柬埔寨西港特区、中阿产能合作示范园等海外园区,成为"一带一路"合作的典范。

40 年,我们走过了一条不平凡的开放历程,开放的印记已经深深地镌刻在江苏大地上。今天,我们回望波澜壮阔的开放历程,既是为了总结经验、把握规律,更是为了增强继续前进的信心和勇气,在新的起点、更高层次上推进对外开放。按照中央要求,结合江苏实际,今后一个时期,我省对外开放总的任务是,以"一带一路"交汇点建设为总揽,推动全方位高水平对外开放,努力在全国率先建成开放强省。

——"一带一路"交汇点建设,是新时代江苏对外开放的崇高使命和最大机遇。习近平总书记着眼于推动构建人类命运共同体,提出了"一带一路"的伟大倡议,并赋予江苏"一带一路"交汇点的明确定位。我们要认真落实,用"一带一路"交汇点建设总揽新时代江苏的对外开放,放大向东开放优势,做好向西开放文章,拓展对内对外开放新空间。到 2020 年,形成一批标杆项目、标志工程,国际运输通道更加便捷,"一带一路"交汇点优势基本确立;到 2025 年,陆海内外联动、东西双向互济的开放新格局逐步确立,在全国开放大局中地位进一步凸显,成为"一带一路"上最具开放影响力的地区之一。

——全方位高水平对外开放,是新时代江苏对外开放的战略抉择。全方位,主要体现在开放的广度和领域上,要统筹做好外经贸和外事、外宣工作,深入推进科技、教育、文化、旅游、体育、环保以及和平等各方面的国际交流合作,在参与构建人类命运共同体中,体现江苏的开放理念和责任担当。高水平,主要体现在开放创新的深度融合上,要完善国际化创新生态环境,充分利用全世界的创新资源,构筑起全球化的研发、制造、营销、服务的创新格局。

——率先建成开放强省,是新时代江苏作为东部沿海省份的应有担当。要按照国家确定的路线图,把开放的步子迈得更大更快,率先确立优进优出的国际贸易格局,不断提升江苏贸易占全球市场的份额;率先建成面向全球的贸易、投融资、生产和服务网络;率先形成高水平"引进来"和高水平"走出去"并举的双向开放格局;率先实现由成本、价格优势为主,向以技术、标准、品牌、质量、服务为核心的综合竞争优势转变,在走向全球产业链、价值链、创新链中高端上有明显突破。

三　全面提升开放竞争力,努力走在新时代对外开放的前列

现阶段,我国的开放格局发生深刻变化,角色定位发生深刻变化,基础条件发生深刻变化,我们必须在现有的基础上优化思路举措,努力开创江苏扩大开放的新局面。省委、省政府围绕高质量建设"一带一路"交汇点、推动开放型经济高质量发展,分别出台了文件,各地要认真抓好落实。具体工作中,要从五个方面着力。

1. 构建开放新格局

就是要在省内形成南北联动、多路并进、各展所长的全方位开放局面。在区域布局上,苏南作为江苏开放底色最亮的板块,要把提升开放能级作为最突出最紧迫的任务,把对外开放与苏南国家自主创新示范区建设和苏锡常一体化发展紧密融合,展现开放发展的探索性、创新性、引领性,努力在世界开放体系中形成"第一流"的竞争力和"绕不过"的影响力。苏中苏北具有对外开放的广阔空间和巨大潜力,要大力推动跨江融合发展,促进苏中与苏南的强耦合,形成通江达海、集聚开放的新优势;苏北要充分激活亚欧大陆桥东方起点和中西部最便捷出海通道的应有作用,使之真正成为推动全面开放的优越条件。要坚持系统思维、问题导向,下决心解决制约苏中苏北对外开放的突出短板,在提升人流物流信息流方便性中聚合开放元素、做足开放文章。需要强调的是,苏北的开放,不能走传统认识上的产业梯度转移老路,要在坚持"四化"同步中挖掘放大区位、生态、人文等特色优势,努力成为高质量外资集聚地、高水平国际贸易新高地、高品质国际旅游目的地。在支点城市布局上,要在继续推进城市国际化、发挥苏南城市群开放高地作用的同时,更大力度推动南京、连云港、徐州建成对外开放的强支点。南京要形成与提升首位度相匹配的城市能级,以国际化的理念推进城市发展,建成引领全省参与全球合作竞争的国际化大都市。要把连云港—霍尔果斯串联起的新亚欧陆海联运通道打造为"一带一路"合作倡议的标杆和示范项目,推动中哈物流基地、上合组织出海基地等提档升级。徐州要按照淮海经济区中心城市和丝绸之路经济带上重要物流集散中心的定位,打造江苏向西开放门户、淮海经济区对外开放枢纽。在基础设施布局上,要着眼于提升内外联结水平,加快苏中苏北高铁、过江通道、无锡硕放区域性国际机场、南通新机场和连云港港、通川湾出海通道建设,大幅提升通道能力;着眼于形成枢纽支撑,支持南京建设全国综合交通枢纽,支持南通建设长江下游的江海联运重要枢纽,打造淮安航空物流、徐州铁路物流、连云港海港物流互为犄角的"物流金三角",推动铁路、公路、水运、航空、管道等多种交通运输方式衔接配套、相互支撑;着眼于打通信息"大动脉",加快人工智能、工业互联网、物联网等新型基础设施建设,推动 5G 网络建设布局,构建覆盖全省、服务全国、联系世界的泛在普惠信息网络。

2. 培育开放新动能

关键在于加快构建以创新为引领的自主可控现代产业体系,形成扩大开放新的动力支撑。新动能来自于高质量的产业基础。我省有一大批创新能力较强的本土企业,要以推动本土企业国际化为着力点,支持企业全方位开拓国际市场、全球化配置资源,提升国际化经营能力。这当中,要重点支持有条件的企业借助国际资本市场、销售网络、物流系统,并购境外企业、知名品牌,扩大"江苏制造"的国际市场份额。新动能来自于高水平科技合作。要顺应技术创新的全球化开放趋势,主动融入全球科技创新网络;顺应技术创新跟随经济发展走的规律,依托我国经济地位显著提升的条件,加强与世界各国的科技合作。更多开展与世界知名大学、科研机构等民间组织的科技合作,更多鼓励以企业为主体参与国际合作,形成多元化、多层次的对外科技合作格局。新动能来自于高质量外资项目。招引外资是开放水平的重要体现,目前全省已引进389家世界500强企业。要放眼未来,把握全球技术变革和产业发展趋势,招引更多处在科技前沿、引领未来产业的项目,招引更多补短板、优结构、强链条的项目。既要抓好世界级体量企业的招引,也要努力招引细分领域"隐形冠军"、高科技"独角兽"。新动能来自于高素质专业人才的培育和引进。江苏本身就是人才辈出之地,又是在全国率先实施人才国际化战略的省份。要立足江苏,充分发挥人才集聚优势,组织实施本土人才国际化能力提升计划,培育一批世界一流科学家、高水平的学科带头人和科技领军人才。要面向全球,以更广胸襟、更大手笔引进天下英才,特别是引进顶尖的、紧缺的专业性人才。当前,要突出抓好外籍人才管理制度改革,以人才需求为导向,为外籍人才来我省工作、创业开辟"绿色通道"。

3. 形成开放新优势

相对于"引进来","走出去"要成为新优势。要加强系统思维,在国家开放政策体系中系统谋划"走出去"的战略布局,坚持"建工厂"与"建市场"、产能输出与模式输出、境外园区建设与物流基地建设相结合,让人流、物流、资金流、信息流充分保证产业与市场的无缝衔接、增强体系竞争力。要鼓励支持行业协会、产业联盟组织企业抱团走出去,引导投资商、设计商、建设商、装备商、服务商组建联合体出国闯世界。政府要为企业提供更好的服务,既要规范引导企业海外经营行为,更要抓紧海外商会、海外应急管理团队、咨询团队、法律服务中心"四支队伍"建设,使企业"走出去"有更好的保障。相对于制造业开放,服务业开放要成为新优势。中央经济工作会议明确提出,"扩大推进服务业特别是金融业、教育医疗文化等领域的开放"。这方面,江苏基础很好,要抓住机遇、迅速行动,围绕产业需求和群众需求,制定具体计划,拿出务实行动。要突出招引总部经济,实施有足够吸引力的举措,吸引更多跨国公司在江苏设立全球或地区总部,以及决策中心、研发中心、营销中心、结算中心等功能性机构,隆起总部经济群。要发挥既有优势,因地制宜发展计算机和信息服务、咨询、研发设计、文化创意等数字贸易,培育技术先进性服务企业,打造国际著名的服务外包基地。要创新服务贸易业态,抓好南京、苏州服务贸易创新发展试点,使服务贸易成为重要增长点。相对于经济开放,人文开放要成为新优势。衡量江苏未来的影响力,不仅看在全国开放格局中江苏的经济份量,还要看在我国对外交流中有多少江苏元素、江苏声音。要推动文化产品和服务走出去,鼓励支持各地打造具有地域特色和国际传播力的文化"走出去"品牌,开拓国际文化消费市场。要以加强国际友城建设为抓手,谋划实施"重点国别计划",甄选经济合作密切、有传统合作基础以及区域性支点的国家地区,整合"走出去"的资源力量,完善务实合作交流机制,提升国际影响力。要注重推动构建利益和责任共同体,务实开展医疗服务、教育援助、文化交流,更好发挥各类学会、协会、基金会等民间组织作用,为国家开放大局服务。

4. 搭建开放新平台

江苏过去对外开放的领先,很大程度上得益于开放平台的领先。在新起点上推进对外开放,必须在"一带一路"交汇点这个最大的平台框架内,打造更多更强的支撑平台。要最大程度推进自贸区试点经验的集成创新。自贸区重在改革而不是政策,各地成功的改革经验,都要认真梳理,都可以为我所用,在集成运用的基础上,开展首创性、差异化探索。要打造境外园区的"升级版"。在现有境外园区的基础上,探索升级"重资产投资运营"和"轻资产管理输出"发展模式,组建境外园区建设发展联盟,争取把我省境外园区纳入国家规划的大盘子。要提升境内合作园区的能级。中德、中以、中韩、中瑞、苏澳等合作园区都是很好的开放载体,但进展不一。我们既要拿"牌子",更要大胆探索、深度合作,依法依规拓宽与发达国家和地区的产业技术合作通道。要探索建设国际陆港。依托江苏综合交通优势,统筹中欧班列的运营,坚持市场化运作,推广"舱单归并"等模式,推动海港陆港口岸通关一体化。要加快深化两岸产业合作试验区建设。鼓励昆山围绕台胞台企,更高层次、更多领域开展试验探索,着力打造台胞台企倾情融入的"第二故乡"。同时要把试点经验加快向淮安台资企业产业转移集聚服务示范区推广复制,推动协同发展,在长江以北建设两岸合作的新高地。要打造品牌化、市场化、国际化的展会平台。高水平办好江苏发展大会、物联网博览会、智能制造大会、昆山品牌产品进口交易会等重大活动,并与时俱进赋予新的内涵,争取更多国际组织入驻江苏或设立机构,办成一批有世界影响的国际会议论坛,更好地吸引集聚全球高端资源要素。要建设海外金融平台。重点支持中阿产能合作示范金融平台建设,实现园区服务、企业发展、金融支持"三位一体",推动省内金融机构参与平台建设。要打造以数字贸易为标志的新型贸易中心。加快南京、苏州、无锡等跨境电子商务综合试验区建设,鼓励省内有实力的跨国公司走出去布局建设数字贸易平台。要推动海关特殊监管区域转型发展。加快加工贸易转型升级,大力发展自主研发、检测维修、保税贸易、融资租赁等新兴业态,努力建设全国国际保税维修检测业务的先导区、示范区。要构建"一带一路"大数据平台。从省内数据共享做起,推动与中西部地区运输、仓储、配送、检验检疫、通关、结算等数据交换,进而推动与"一带一路"沿线物流节点的数据交换,提高智慧物流发展水平。要强调的是,平台建设是开放性的探索,省委、省政府鼓励各地结合实际,广泛吸收借鉴其他地区的好经验好做法,进行系统集成、整合提升,创造新的开放平台。

开发区是江苏的一大特色,引领了我国对外开放平台建设,以苏州工业园区为代表的各地开发区,贡献了全省1/2的经济总量和财政收入、4/5的进出口和使用外资,成为了对外开放的试验田和排头兵。苏州工业园区要强化领先示范意识,更好发挥国家级境外投资服务示范平台的作用,加快开放创新综合试验等先行探索,成为现代化建设新征程上的开放旗帜。南京江北新区作为我省首个国家级新区,要创新开放机制,聚集资源要素,强化发展效能,努力走在全国同类新区的前列。各地都要立足自身优势,以"一特三提升"为方向,推动开发区向现代产业园区转型,探索跨区域合作共建,成为各具特色的对外开放试验田,更好支撑高质量发展。

5. 创建开放新环境

营商环境没有最好,只有更好。市场主体最终是用投资行为来投票的,起决定作用的还是营商环境。我们要把建设公平公正、透明可预期的国际一流营商环境,作为对外开放的基础性、品牌性工作来抓,在商务规则上接轨世界一流、政务服务上体现国际一流,让江苏成为全世界的投资胜地、创业乐土。要按照"为全国做好标杆"的定位,打造全国最好的政务服务环境。全面消除束缚企业手脚的不合理限制,提供"全生命周期"的服务,打造投资创业的"直通车"。要深入推进"放管服"改革,"放"要放到位,不能"准入不准营",不能让形形色色的"证"变成投资创业的"第二道门槛";"管"要管到底,加强事中事后监管,加快推进信用管理,维护市场竞争的公平公正;"服"要不断优化,继续深化办税缴费便利化改革,建设税收营商环境的最佳体验区,用好国际贸易"单一窗口"标准版,建好国际一流智慧口岸,力争便利化程度早日达到世界先进水平。要全面深入实施准入前国民待遇加负面清单管理制度,除法律已明确的限制性规定外,只要是自贸区负面清单外的领域,江苏都争取放开;只要外省好的投资政策,都可以拿来参照实施;只要是在江苏的外商投资,都要平等对待、实行国民待遇。要按照"与国际全面接轨"的要求,打造全国最完善的知识产权保护和服务体系。江苏一直高度重视知识产权保护,先后与美国专利商标局签署合作谅解备忘录,与欧盟、日本、韩国等国家和地区建立知识产权交流与合作机制。要继续加快知识产权保护体制改革,提高知识产权审查质量和审查效率,探索实施惩罚性赔偿制度,严厉打击侵权违法行为,展现江苏坚决维护知识产权的良好形象。要按照"高品质、有特色、多元包容"的标准,打造全国最友好的创业宜居环境。要把握国际交往活跃、外籍人员流动频繁的趋势,加强国际社区、国际学校、国际医院等配套设施建设,着力完善专业化、个性化的政府服务和市场服务,在居住、上学、就医等各方面提供更多的便利性,让在这里工作生活有归属感、有更多发展空间。今天,我们邀请了一些企业代表参会,借此机会向大家并向所有的投资者表明我们的态度:在江苏,内外资一视同仁,国有民营一样对待,会公平公正对待每一个市场主体。我们诚挚欢迎海内外人士来江苏工作、创业、生活,在江苏实现人生梦想!

四 全面提升领导能力和水平，更好担当起新时代对外开放的责任使命

江苏的开放已经到了一个"船到中流浪更急，人到半山路更陡"的阶段，这对我们的能力水平提出了新考验。要坚持党对开放工作的领导，各级党委要发挥好把方向、管全局、保落实的作用，系统谋划推进本地区本领域的开放工作。全省党员干部都要勇于担当、与时俱进，继续当好对外开放的组织者、推动者。

一要有更加开阔的视野。视野决定了我们对外部世界的认知。新时代对外开放需要我们把自身的发展放到经济全球化的大背景下去谋划，善于观察世界发展的大势，善于从中发现和捕捉发展机遇、掌握发展主动权。需要指出的是，过去形成的、与时代不符的思维惯性，容易限制我们的视野，影响发展的提升。推进新时代对外开放，要坚决地破除不符合新思想的思维定势、路径依赖，解决好"身子进入新时代、思想停在过去时"的问题。要把眼光拓展到世界全域，无论是发达国家还是发展中国家，无论是走出去还是引进来，无论是经济开放还是人文交流，都有我们扩大开放的广阔空间。要把眼光延伸到产业前沿，把握世界科技革命的动态，站在未来竞争的制高点谋划开放布局。要把眼光抬升到世界标准，主动对标国际最好水平，审视我们的科技创新、营商环境、对外贸易等各项工作，敢于正视自身存在的差距和不足，自我革命、自我提升。

二要有更加宽广的胸襟。推进对外开放，首先是人的开放，包括开明的思想、开阔的心胸。不论是国际产能合作、境外园区建设、企业兼并收购，还是人文科技交流等，都要抱着平等尊重包容的态度，对接当地发展，谋求互利共赢。要更加主动地为国际企业和国际资本提供新的价值空间和生长平台，让他们在江苏感受到生活的融入、情感的认同。要坚持开放包容，广泛学习一切先进理念和成功经验，结合自身条件做好吸收转化。对外要包容，对内也要包容。要落实好容错纠错机制精神，旗帜鲜明为改革创新者撑腰壮胆，鼓励基层闯出开放新天地、试出开放新经验。

三要有更加专业的素养。对外开放具有很强的专业性和政策性，领导干部要更多地掌握国际法律和商务规则，熟悉一些国际组织和非政府组织的情

况，了解相关国家的基本情况和风土人情，不断提高对外开放的专业化水平。要切实增强各级干部运用国际规则、处理国际事务的能力，整合国际资源、参与国际竞争的能力，应对贸易摩擦、防控风险挑战的能力，干部教育培训要把提升国际化素质作为重要内容。要强调的是，在任何时候、任何环境中，都要严守外事纪律，对涉及全局性、敏感性的重大涉外事项，要加强请示汇报，严禁擅作主张。外事部门要加强这方面的指导和把关。

四要有更加澎湃的激情。事在人为，贵在精神。江苏改革开放的巨大成就，正是靠着一股子拼劲、一跺脚冲上去干出来的，"四千四万"精神、张家港精神、苏州工业园区经验、昆山之路等都是生动的写照。现在，我们在发展基础、创新能力、企业实力和驾驭市场规律的能力等方面，都有了极大提升，我们有信心也有理由创造出更大成绩。要有成绩归零的心态，增强再出发的勇气，拿出不达目标誓不还的干劲，低调务实不张扬，撸起袖子加油干，闯出一片新天地，续写开放发展新辉煌。

习近平总书记号召我们在新时代创造中华民族新的更大奇迹，创造让世界刮目相看的新的更大奇迹！让我们更加紧密团结在以习近平同志为核心的党中央周围，高挂开放的风帆，勇立时代的潮头，用"强富美高"新江苏建设的突出成绩，为创造中华民族新的奇迹作出更大贡献！

（2019 年 1 月 3 日）

习近平总书记在庆祝改革开放 40 周年大会上发表重要讲话，全面回顾了我国改革开放 40 年来的光辉历程，深刻总结了改革开放的伟大成就和宝贵经验，明确提出了把新时代改革开放继续推向前进的目标要求，为我们推动新时代改革开放再出发提供了根本遵循和行动指南。

江苏地处沿海开放和沿江开放的结合部，处在我国对外开放的最前沿。在新时代要推动高质量发展走在全国前列、加快建设"强富美高"新江苏，必须更高层次、更大力度推进改革开放。2014 年 12 月，习近平总书记视察江苏时深刻指出，"江苏处于丝绸之路经济带和 21 世纪海上丝绸之路的交汇点上"，要求我们"主动参与'一带一路'建设，放大向东开放优势，做好向西开放文章，拓展对内对外开放新空间"，这为江苏新时代全方位扩大开放指明了方向。我们要以此为指针，以改革创新精神努力打造对外开放的新高地。

下面，我就贯彻落实本次会议精神强调几点：

一 切实加强"一带一路"交汇点建设

建设好"一带一路"交汇点,是习近平总书记对江苏的殷切期望,也是中央第七巡视组在反馈意见中对我省提出的明确要求,是一项重大的政治任务,各级各部门务必增强责任感和紧迫感,以更大的力度、更实的举措强力推进。一要以"一带一路"交汇点建设统揽全省对外开放。"一带一路"建设是习近平总书记亲自提出的重大战略构想,是党中央站在新的历史方位作出的重大战略决策。江苏地处"一带一路"交汇点上,要牢牢抓住"一带一路"建设的历史机遇,自觉肩负起推进"一带一路"建设的历史重任,把服务全国大局与推动自身发展统一起来,把向东开放与向西开放结合起来,以"一带一路"建设为统领,加快形成更大范围、更高层次的开放格局。二要把"一带"与"一路"更好地连接起来。"一带一路"交汇点的最大优势和最大功能就是要将"一带"与"一路"更好地连接起来。我们要充分发挥节点优势和陆海优势,大力推动江海联动、陆海统筹、空港直航,打造海上、陆上、空中、网上四位一体的国际大通道,把向东、向西开放结合起来,更好地把"一带"与"一路"连接起来。三要抓好重要支点城市建设。连云港是亚欧大陆桥东方起点、又是重要出海口,战略支点作用十分重要。习近平总书记要求连云港后发先至,完成新时代的"西游记";提出将连云港—霍尔果斯串联起的新亚欧陆海联运通道打造为"一带一路"合作倡议的标杆和示范项目,并亲自见证中哈连云港物流合作基地项目。全省上下必须以更高的政治站位全力支持建设好这个战略支点,合力书写新时代的"西游记"。南京作为省会城市,要着力打造国际化大都市和交汇点重要枢纽,提升对外开放首位度与引领力。苏锡常对外开放程度高,利用外资、进出口总额分别占全省的 42% 和 75%,要当好"一带一路"交汇点建设的主力军和排头兵。南通要进一步发挥通江达海的功能和优势,当好交汇点重要的出海门户。徐州、盐城和其他设区市也要因地制宜、找准定位、突出重点,着力打造"一带一路"交汇点建设的重要支点。四要抓好重大合作项目。要坚持"走出去""引进来"相结合,大力推进国际产能合作,着力建好中阿、中柬、中埃等境外合作园区。继续深化对外经贸合作,扩大友城交往,深入推进教育文化、体育旅游、医疗卫生等领域的交流,扎实推进一批重点合作项目,努力实现优势互补、互利共赢。

二 努力推动外资外贸稳中提效

一是外贸要优进优出。2018 年我省进出口预计达 6 700 亿美元,但服务贸易仅占 9.1％;在货物贸易中,一般贸易占 48.8％,加工贸易占 39.2％,总体上产品的附加值不够高。要在稳定出口总量和份额的前提下,加快出口产品结构调整,提高一般贸易比重,推动加工贸易转型升级,特别要加强品牌建设,提升产品质量,切实提高出口产品的附加值。从进口看,高新技术产品只占 42.5％,满足不了转型升级的需要;消费品占比不到 6％,低于全国近 2 个百分点,满足不了群众消费升级的需要。要围绕高质量发展和高品质生活需要,进一步扩大高端技术装备、关键零部件、紧缺原材料及居民消费升级需要的民生产品进口。二是提升外资质量。2018 年我省实际利用外资达 255 亿美元,其中制造业占 42.6％,现代服务业占 20.1％。我们要坚持稳定数量与提高质量并重,把制造业和现代服务业作为引进外资的重点,紧盯世界 500 强企业和"隐形冠军",大力引进"旗舰型"企业、"创新型"企业、行业"领头羊"和细分领域的"单打冠军",不断提高先进制造业和现代服务业利用外资的比重和层次,增强推动高质量发展的强劲动力。三是推进市场多元化。2018 年我省出口预计超过 4 000 亿美元,其中美国占 23％、欧盟占 18.6％、日本占 7.3％、东盟占 11.3％,美国占比接近"一带一路"沿线国家的总和。要大力推进市场多元化,无论是对外出口,还是进口特别是高端装备、关键零部件的进口,都要强化风险意识,不能把鸡蛋放在一个篮子里,防止被"卡脖子",努力做到"东方不亮西方亮",牢牢掌握发展的主动权。

三 进一步加强对外开放平台建设

一要充分发挥现有平台优势。改革开放 40 年来,我省打造了一批特色鲜明的开放平台,除了苏州工业园区、南京江北新区外,还设立了中德、中以、中韩、苏澳、两岸产业等合作园区和一批海关特殊监管区;全省共拥有国家级开发区 46 家,省级开发区 114 家。在新时代,各类开发园区、开放平台要弘扬改革创新精神,发挥优势、打造特色,八仙过海、各展所能,充分发挥对外开放的要素集聚、示范引领作用。二要善于学习借鉴。过去我们走在开放前列,全国学江苏、学东部沿海。现在改革开放经过 40 年的发展,各地都有许多新经验、好做法,尤其是自贸区和自由贸易港建设中有许多好经验好做法。我们既要大胆试、大胆闯,敢为人先,也要善于学、拿来用,学他人之长、创江苏之新。三要积极争取新的开放平台。江苏是经济大省、开放大省,在全国发展中作用大、地位重。我们要善于围绕实施国家战略争取改革开放新平台。比如围绕长三角一体化上升为国家战略,积极谋划推动一体化示范区建设;比如着眼"一带一路"交汇点建设,拿出具有我省特色的试点方案,争取设立自贸区。

四 大力支持外资外贸企业发展

"三资"企业创造了我省 23.8％的 GDP,提供了全省 25％的税收、30％的就业和 25％的投资。落实"六稳"要求特别是稳外资稳外贸,首先要稳住外资外贸企业。一要认真落实好现有支持政策。目前,国家已经出台了一系列推动投资自由化、便利化的政策措施,我省也出台了推动开放型经济高质量发展的有关政策。要抓好政策的落实,严格兑现向投资者及外商投资企业依法作出的政策承诺,凡国家对外资已放开的领域要坚决下放到位,凡中央和省里已经取消的外资限制要坚决取消到位。二要着力解决企业发展存在的突出问题。要坚持以问题为导向、以需求为中心,系统梳理企业发展中存在的问题,切实找准制约企业发展的痛点堵点,做到对症下药、开出"良方",不断增强企业的政策获得感。三要切实做到精准施策。政策制定既要精准有效,又要符合国际惯例,同时要注重将政府的外部推动力与企业的内生动力、市场的资源配置更好地结合起来,做到同频共振、形成合力。

五 着力打造国际一流营商环境

一要打造"放管服"改革升级版。要把落实准入前国民待遇加负面清单管理制度作为抓手,让外资开办企业更加便利、"准入大门"更加宽敞。特别是要放大开发区政策创新的集成效应,推动国家级开发区全链审批,增创开发园区体制优势。二要推进对外贸易便利化。要深化通关一体化改革，推进外贸"单一窗口"建设，提升口岸服务功能效率，进一步优化服务流程、改善作业方式，推动成本、时间"双下降"。三要加强知识产权保护。这是对外开放和促进企业创新发展的必然要求。要强化司法和行政"双保护"，完善维权援助服务体系，深化国际合作与交流，构建具有国际水准的知识产权保护高地。四要集聚国际化人才。既要抓好高层次人才引进，又要加强外向型人才培养，健全人才激励政策，建立住房保障、子女上学、医疗保健等"绿色服务通道"，完善国际学校、国际社区等国际化配套设施，让更多国际化人才到江苏创新创业。

各级、各部门要及时传达学习贯彻这次会议精神特别是娄书记讲话精神，切实把思想和行动统一到习近平新时代中国特色社会主义思想、习近平总书记关于全面深化改革开放的重要论述和对江苏工作的重要指示要求上来，统一到中央和省委、省政府的重大决策部署上来。要按照会议部署要求，找准发展定位，明确目标任务，深化、细化、具体化各项措施，以钉钉子精神抓好工作落实，以实际行动和优异成绩努力开创我省新时代对外开放工作新局面。

对改革开放最好的纪念就是再创辉煌、再立新功。让我们更加紧密地团结在以习近平同志为核心的党中央周围，坚持以习近平新时代中国特色社会主义思想为指导，牢固树立"四个意识"，坚定"四个自信"，坚决做到"两个维护"，以奋力奔跑的姿态推动改革再出发、开放迈新步，为推动我省高质量发展走在前列、加快建设"强富美高"新江苏作出新的更大贡献，以优异成绩迎接建国 70 周年！

坚持稳中求进 深化改革开放 全力推动江苏商务高质量发展 迈上新台阶

——马明龙厅长在全省商务工作会议上的报告

（2020年1月14日）

同志们：

这次全省商务工作会议的主要任务是，深入学习贯彻习近平新时代中国特色社会主义思想，全面贯彻党的十九大和十九届二中、三中、四中全会以及中央经济工作会议精神，增强"四个意识"，坚定"四个自信"，做到"两个维护"，认真落实全国商务工作会议和省委十三届七次全会部署，总结交流2019年商务工作，研究部署2020年商务工作。樊金龙常务副省长会前对全省商务工作专门作出批示，我们要认真学习，抓好贯彻落实。

一 2019年商务工作稳中提质

2019年，国内外风险挑战明显上升，在省委、省政府的坚强领导下，全省商务系统坚持新发展理念，坚持高质量发展，商务运行在高基数上实现总体平稳、稳中提质，为全省经济社会发展大局作出积极贡献。

2019年1—11月，全省社会消费品零售总额32 265.6亿元，同比增长6.3%；网络零售额9 153.5亿元，同比增长

17.8%。货物贸易进出口金额为 39 701.1 亿元,一般贸易进出口占比 51.7%;出口实现同比增长 3.1%,对"一带一路"沿线国家出口同比增长 8.6%,占全省比重达 26.8%。服务贸易进出口金额为 5 236.5 亿元,同比增长 5.1%。实际使用外资 234.7 亿美元,规模保持全国第一;战略性新兴产业实际使用外资同比增长 31.7%,占比 61.3%。中方协议投资额 84.2 亿美元,对"一带一路"沿线国家投资额 33.9 亿美元,同比增长 63.1%,占比 40%。

一年来,我们坚持和加强党对商务工作的全面领导,紧紧围绕商务高质量发展走在前列的目标定位,牵头推动 3 件大事,完成了年初确定的 8 项工作任务。

牵头推动的 3 件大事。

(一)自贸试验区获批实现历史性突破

2019 年 8 月,江苏自贸试验区获批设立,江苏进入"自贸区时刻"。我省成立省委、省政府主要领导担任第一组长、组长的领导小组,制定了实施方案,形成 3 张制度创新清单,总结形成 3 批 49 条制度创新典型经验案例,"证照分离"改革试点迅速启动,省商务厅率先出台支持片区改革创新的 7 个方面 20 条政策举措,自贸试验区开局良好。央视《新闻联播》报道南京片区成立首家外商独资职业技能培训机构;央视特别节目《走过我们的 2019》报道连云港片区建设亚欧国际重要交通枢纽的成效。

(二)应对经贸摩擦工作有力有效

建立健全应对经贸摩擦的工作体系,完善"六项制度",聚焦"两个清单",建立"两个系统",推进"千企帮扶"活动。国家发改委总结我省经验在全国推广。我省促进外贸外资稳定增长和优化营商环境成效明显,得到国务院表彰。苏州"365"应对工作机制和"应对六法"得到国家肯定并在全省推广。"江苏省应对 337 调查公平贸易工作站"升格为国家级工作站,成为商务部建立的首批 9 家全国性应对贸易摩擦工作站中唯一的地方工作站。

(三)第二届进口博览会实现量质双超目标

精心做好第二届进口博览会江苏交易团工作,成交额同比增长 8.5%,居全国前列。江苏实际到会人数 5.1 万人,同比增长 56％;企业报名人数占比 82％,高于首届 7 个百分点。充分发挥进口博览会溢出效应,举办 12 场配套活动,展示江苏开放创新成果,促进经贸交流合作。在全国商务工作会议上我省唯一做进博会经验介绍。

完成年初确定的 8 项任务。

(一)促消费工作积极推进

以供给侧入手促进消费,组织实施全省商务领域 2019 年消费升级"520 行动计划"。一是加强载体建设。出台《关于促进社区消费推动社区商业"三进三提升"的指导意见》,建设改造农贸市场 206 个,新建社区便利网点 1 739 家,超额完成省政府民生实事目标任务。泰州市在全省率先制定《农贸市场建设与管理规范》地方标准。夫子庙步行街改造提升国家试点进展顺利,评选 8 条省级试点街区和 13 条培育街区。认定第二批江苏老字号企业(品牌)95 家,组织老字号企业参加"水韵江苏"澳门文化嘉年华等活动。扬州荣获联合国教科文组织"世界美食之都"称号。镇江市"互联网＋社区商业"的倍全模式、苏州工业园区邻里中心、昆山市新江南生活荟等便民消费模式被商务部向全国推广。新增 6 家国家级绿色商场,数量居全国前列。二是推进供应链创新与试点。在全国率先编制发布《江苏省供应链创新与应用白皮书 2019》,认定南京、张家港 2 个全国试点城市及 156 家供应链重点企业和 18 条地方产业链条。苏州市供应链体系建设试点取得较好成效,南京、徐州市流通领域现代供应链体系建设试点工作受到好评。三是电子商务快速发展。新增徐州软件园电商基地、盐城电商快递产业园 2 个国家级电子商务示范基地,总数达 9 家,居全国第一。评选了 95 个省级基地和 205 家省级示范企业。积极推进阿里巴巴江苏总部项目建设及功能拓展。获批 9 个国家电子商务进农村综合示范县,数量位居东部地区前列。东海县推进农产品流通现代化、发展农村电商和产销对接工作成效明显,获得国务院表彰。开展了 9 期农村电商扶贫专题培训,累计培训 1 200 多人次。四是优化消费环境。出台《商务领域信用"红黑名单"管理办法(试行)》,制定《江苏省家政服务业信用体系建设实施方案》。江苏电子商务诚信公共服务平台建设进展顺利。推动落实取消二手车省内限迁政策,支持二手车交易市场信息平台建设,目前上线市场 30 家。

（二）稳外贸新动能培育有力

一是开拓多元化市场。组织超万家次企业参加境内外 212 个重点展会。1 500 多家企业参加了"FTA 惠苏企"专题培训。牵头实施《推进"丝路贸易"促进计划专项行动方案》。在欧美、非洲和"一带一路"沿线市场新布局 10 家省级公共海外仓,目前 14 家省级公共海外仓仓储面积超过 16 万平方米,服务企业超 600 家。二是壮大贸易新业态新模式。苏州创新提升综合服务平台功能,南京、无锡开通网购保税进口业务。徐州、南通入选新一批国家级跨境电商综合试验区。2019 年 1—11 月,全省纳入海关统计的跨境电商零售进出口增长 5.1 倍,网购保税进口增长 98.7%。2019 年,海门、常熟市场采购贸易预计出口超过 100 亿元,增长 10% 以上。3 家企业新获批开展保税检测维修业务,全省共有 5 家企业获批,数量全国领先。苏州吴江通信光电缆等 5 个基地新获批国家外贸转型升级基地。三是积极扩大进口。会同省财政厅出台《江苏省鼓励进口技术和产品目录（2019 版）》,帮助企业用足用好进口贴息政策,2019 年,225 家企业获得国家进口贴息资金 5.03 亿元,规模居全国首位。张家港保税港区平行进口汽车近 8 000 台。四是加大金融支持。2019 年 1—11 月,全省出口信用保险承保短期险规模 777 亿美元,规模居全国前列。2019 年,"苏贸贷"项下累计放款 42.3 亿元,放贷杠杆倍数达 14.7。

（三）稳外资工作扎实有效

一是强化外资总部培育。新认定跨国公司地区总部 23 家、功能性机构 10 家,累计认定达到 258 家。召开江苏省外资总部经济推进大会,发布《江苏外资总部经济发展蓝皮书》。《新闻联播》"高质量发展基层行"栏目专题报道南京市培育外资总部的经验,宿迁市实现外资总部零的突破。二是积极开展投资促进。配合省主要领导出访,分别在韩国首尔和日本东京举办开放创新合作交流会。充分利用新苏合作理事会、苏港合作联席会议等机制开展投资促进活动。举办首届中韩投资贸易博览会、第三届国际知识产权应用暨项目合作大会等重要活动。积极推进 SK 海力士、LG 三元锂电池、北汽麦格纳等省领导挂钩的重大外资项目建设。三是加强招商体制机制创新。召开全省招商引资经验交流会,推动各地把握产业集聚规律、完善体制机制,加强招商队伍建设。积极探索引入市场化招商运作方式。将外资负面清单内 10 亿美元项目审批权全面下放至各设区市、南京江北新区和国家级开发区。

（四）服务贸易加快创新升级

一是深入开展服务贸易创新发展试点。南京、苏州服务贸易试点取得新进展，在检验检测、特殊物品通关便利化、人才引进和服务、知识产权保护运用等方面新取得一批可复制可推广的经验。二是服务贸易特色产业培育成效明显。32 家企业入选国家年度文化出口重点企业目录，数量居全国第二；江苏省中医院、南京中医药大学入选首批 17 家国家中医药服务出口基地。2019 年 6 月，中宣部、商务部等四部委在无锡召开国家文化出口基地建设经验交流会。三是推进服务外包提档升级。全省服务外包离岸执行额继续保持全国领先。KPO 占比约 40%，产业结构持续优化。南京在国家级示范城市综合评价中位列第一。支持举办中国（南京）国际服务外包合作大会、中新服务贸易创新合作论坛等服务贸易促进活动。

（五）"走出去"有力有序推进

一是推进境外合作园区建设。牵头推进重点合作园区提升计划专项行动，新认定徐工巴西工业园为省级境外经贸合作区。组织百余家企业赴俄罗斯、以色列、阿联酋等 15 个国家开展投资促进活动。举办中柬、中埃等境外园区投资推介会。二是搭建国际产能合作平台。牵头成立江苏省电力企业"走出去"联盟，推动建立央企与苏企长效合作机制，与中国对外承包工程商会共同举办了央企与苏企合作"走出去"对接会，召开江苏上市公司海外投资大会暨"一带一路"投资推进会。三是优化"走出去"综合服务。打造"走出去人才地图"2.0 版，列入长三角区域一体化发展年度工作计划，成功举办第二届"走出去"企业外国留学生招聘会。开展"走出去"系列培训。积极推动"境外企业和对外投资联络服务平台江苏省分平台"建设。四是强化"走出去"保障体系建设。报请出台《江苏省对外劳务合作管理办法》，被商务部转发全国。新增我省驻阿联酋经贸代表处。推动成立了西班牙江苏商会。推动建设江苏驻埃塞俄比亚、驻阿联酋、驻俄罗斯等 8 个海外法律服务中心。正式启动全国首创的"江苏省企业人员海外安全防卫保险"。

（六）开发区建设取得新进展

一是推动开发区改革创新。牵头起草《江苏省开发区总体发展规划》。会同六部门成立"江苏省开发区区域评估工作领导小组"，制定区域评估工作方案和实施细则，区域评估事项加快落地、形成实效。支持苏州工业园区深化开放创新综合试验。二是打造更高能级载体平台。评定第二批18家省级特色创新（产业）示范园区和10家省级智慧园区，出台《江苏省国际合作园区认定与管理暂行办法》，组织评定第一批9家"江苏省国际合作园区"。三是推进园区合作共建。配合制定《关于推动南北共建园区高质量发展若干政策措施》。淮昆台资合作产业园正式揭牌成立。推进苏陕共建园区建设，引进投资项目44个，到位资金超过40亿元。支持苏州工业园区与沈抚新区深化合作。举办"江苏宁夏经贸合作交流暨产业园区合作对接会"。7家经开区与长江经济带西部经开区结对交流合作。

（七）口岸开放建设成效明显

一是加强国际贸易"单一窗口"建设。实现中国（江苏）国际贸易"单一窗口"与20个部门的数据系统对接，形成十二大功能，处于全国领先地位。国际贸易"单一窗口"主要业务（如货物、运输工具、舱单申报等）应用率已达到100％。积极开展减免税业务系统、原产地证系统试点工作，国家口岸办在全国推广我省经验。二是系统推进口岸开放与建设。南京空港保税物流中心（B型）获批设立并通过升级验收。提前完成连云港口岸扩大开放的国家级验收工作，推进盐城港滨海港区口岸国家级验收工作。推进徐州淮海国际陆港建设。推动提升淮安、盐城空运口岸出入境旅客运量。新开孟买—南通—大阪国际定期全货机航线，扬州—澳门、扬州—吉隆坡国际（地区）航班，南京空运口岸已正式执行7×24小时通关保障。

（八）全面从严治党呈现新风貌

一是提高政治站位，落实政治责任。始终把学习贯彻习近平新时代中国特色社会主义思想摆在首位，扎实推进"不忘初心、牢记使命"主题教育。坚持党建工作与商务高质量发展同谋划、同推进，抓好意识形态工作责任制落实。

深刻吸取响水"3·21"特别重大爆炸事故教训,按照省委、省政府部署,认真抓好商务领域安全生产工作。二是强化监督执纪,加强纪律建设。运用好监督执纪"四种形态",通过廉政谈话等加强党员干部教育管理和监督。采取专题培训、参观警示教育基地、以案释纪等方式,深入抓好党章党规党纪学习贯彻。全力支持驻厅纪检监察组履行监督执纪问责职能,严格执行"三重一大"议事决策规则,主动接受监督。聚焦"政治体检",开展厅机关首轮巡察。三是强化责任担当,加强作风建设。深入贯彻落实省委"三项机制",党员干部担当作为、奋发进取的精神状态和抓落实的狠劲韧劲进一步强化。深化中央八项规定精神落实,坚持把整治形式主义、官僚主义作为反对"四风"的首要任务、长期任务常抓不懈。落实"基层减负年"各项工作措施,2019 年给基层下发的文件数量同比减少 51%,各类会议数量同比减少 56%。

同志们,2019 年商务发展的成绩来之不易,根本在于以习近平同志为核心的党中央坚强领导,根本在于习近平新时代中国特色社会主义思想的科学指引,是在省委、省政府和商务部的关心支持下,全省商务系统团结奋进、真抓实干的结果,是各部门、各地方、各商协会协同配合、大力支持的结果。在此,我代表省商务厅党组向大家表示衷心的感谢!向远离家乡、亲人的海外代表、援藏援青干部和扶贫挂职干部表示衷心的感谢和慰问!

同时也要看到,全省商务工作仍存在不足。形式主义、官僚主义一定程度上依然存在,全面从严治党仍需强化;运用党的创新理论指导实践仍有差距,商务高质量发展的思路仍需拓宽,创造性抓落实仍需强化;对新形势下商务高质量发展的艰巨性、复杂性估计不足,斗争精神、底线思维、风险意识仍需强化;"一促两稳"政策与基层、企业的期望值仍有差距,精准性仍需强化;开发区体制回归现象突出,改革开放的闯劲仍需强化。这些问题要在今后工作中切实加以解决。

二　准确把握商务发展面临的新形势和新要求

中央经济工作会议、全国商务工作会议和省委十三届七次全会对今年及未来一段时期的商务发展作出一系列重要部署。1 月月初,全省外商投资企业座谈会,又对我省利用外资工作提出明确要求。我们要深入学习领会,确保各项工作沿着正确方向前进。

（一）要胸怀两个大局

两个大局，一个是世界百年未有之大变局，一个是中华民族伟大复兴的战略全局，这是我们谋划工作的基本出发点。中华民族伟大复兴是造成世界百年未有之大变局的重要原因，这是我们分析发展大势的重要基点。当前，世界大变局加速演变，全球动荡源和风险点显著增多，中美经贸摩擦仍是最大不确定因素。世界经济处在国际金融危机后的深度调整期，低增长、低通胀、低利率、高债务、高风险的"三低两高"特征逐步显现，供应链和产业链布局受到冲击，加上国内经济下行压力加大等因素，今年商务改革发展面临的环境更加复杂严峻，商品消费增长动力不足、外贸稳定难度加大、外资稳定压力上升、对外投资制约增多。同时我们要看到变局中还有一些根本性、规律性的积极因素没有改变，经济全球化的大势没有变，我国仍处在重要战略机遇期的判断没有变，特别是中国特色社会主义制度的强大生命力和巨大优越性正得到世界公认，时与势在我们这边的事实没有变。江苏拥有科教人才丰富、产业基础坚实、基础设施完善、区位优越、市场巨大等多重优势，拥有优美的自然环境、优良的人文环境、优质的营商环境，拥有国家战略的叠加机遇、结构调整和科技创新的倒逼机遇、环境保护和安全生产整治对经济发展的促进机遇，商务高质量发展的基础和条件没有改变，要牢牢把握"变"与"不变"的关系，进一步提振发展信心，抓住发展主动权。

（二）要坚持新发展理念

中央经济工作会议把"坚定不移贯彻新发展理念"摆在 2020 年工作的突出位置。只有新发展理念落实到位了，高质量发展才有可能落到实处，现代化经济体系才会真正建立起来。坚持新发展理念是一场深刻变革，必然伴随着转型阵痛，我们必须更加自觉地把新发展理念作为指挥棒，把注意力集中到解决各种不平衡、不充分的问题上来，把创新、协调、绿色、开放、共享作为一个体系全面整体地推进好，将新发展理念贯穿于开发区建设、"一带一路"经贸合作、对外贸易、利用外资、内贸流通等各项工作的始终。比如，在推进贸易高质量发展中，要突出创新驱动，强化制造业创新对贸易支撑作用，增强贸易创新能力，培育贸易新业态新模式；要强调协调发展，鼓励绿色贸易，严格控制高污染、高耗能产品进出口,实现可持续发展;要贯彻开放理念,建设更高水平开放型经济新体制;要坚持共享原则,谋求包容互惠的发展前景。

(三)要强化三个导向

三个导向,就是问题导向、目标导向和结果导向。坚持问题导向要从自身实际出发,着力发现、分析和研究解决工作中的突出问题,做到面对问题不推诿、不掩盖、不拖延。特别要聚焦商务领域的短板,落实举措,解决问题,把短板拉长。坚持目标导向要围绕中心工作,对标先进找差距,确保工作不跑偏、不懈怠、不走样。尤其要注重咬定目标不放松,创新发展举措,创新发展平台,打破商务发展中某些被动局面。坚持结果导向要把当前与长远相结合,目标明确、措施得力,针对性、操作性强,力争工作谋划要实、推动要实、督查要实。这三个导向要统筹兼顾,不能顾此失彼。

(四)要抓住关键环节

省委十三届七次全会指出,"一带一路"交汇点建设是我省开放的最大命题、自贸试验区是我省开放的最高平台、营商环境是我省开放的最亮名片、中美经贸摩擦是我省开放的最大挑战。这都是我省开放"牵一发而动全身"的关键环节,是商务工作的主攻方向。在"一带一路"交汇点建设上要加快形成一批彰显江苏特色的示范项目、标杆工程;在自贸试验区建设上,要通过制度创新、集成超越,打造高质量发展新增长极;在营商环境建设上,要推动"放管服"改革向纵深发展,进一步营造公平竞争的市场环境、亲清和谐的政商环境、简明有效的政策环境、公正透明的法治环境。在应对中美贸易摩擦上,要保持定力,做好自己的事,做到精准应对、因势利导、危中抢机。

(五)要突出制度创新

党的十九届四中全会提出建设更高水平开放型经济新体制,实施更大范围、更宽领域、更深层次的全面开放。建设更高水平开放型经济新体制,需要推动由商品和要素流动型开放向规则等制度型开放转变,这是习近平总书记在 2018 年中央经济工作会议上提出的新要求,是更深层次开放的核心要义。要立足我省各类开放载体平台多、层次高的基础,在载体平台治理体系上当好全国“排头兵”，在开放与创新深度融合上为全国探路，通过制度创新，打造具有引领和示范作用的开放高地。

2020年是全面建成小康社会和“十三五”规划收官之年，要实现第一个百年奋斗目标，为“十四五”发展和实现第二个百年奋斗目标打好基础，做好商务工作意义重大。总体要求是，坚持以习近平新时代中国特色社会主义思想为指导，全面贯彻党的十九大和十九届二中、三中、四中全会以及中央经济工作会议精神，增强“四个意识”，坚定“四个自信”，做到“两个维护”，认真落实全国商务工作会议和省委十三届七次全会部署，紧扣高水平全面建成小康社会目标任务，坚持稳中求进总基调，坚持新发展理念，坚持以供给侧结构性改革为主线，坚持以改革开放为动力，加强党对商务工作的全面领导，全面做好促消费稳外贸稳外资工作，推动形成强大国内市场，以“一带一路”交汇点建设为总揽，推动全方位高水平对外开放，加快开放强省建设，奋力推动全省商务高质量发展走在前列，为“强富美高”新江苏建设作出新贡献。

2020年，全省商务发展的主要预期目标是，社会消费品零售总额同比增长7.0%左右；外贸进出口和实际使用外资稳中提质；服务贸易稳中提效；对外投资合作稳中有序；开发区加快创新发展转型升级。

三　扎实做好2020年商务工作

围绕全年目标任务，要重点抓好“1+10”项工作。

一项工作就是聚焦“国内一流、国际公认”目标，高标准推进江苏自贸试验区建设。一是加快推进改革试点任务落实。加快推动自贸试验区“62+51+19”3张清单落实，持续跟进企业需求清单，确保每一条任务落到实处。对标CPTPP等高标准国际经贸规则，强化需求导向，围绕全产业链重点环节和核心需求，进一步深化制度创新。及时总结评估改革试点落实情况，力争可复制可推广的成果数量和质量居全国领先，并率先在全省或开发区复制推广。二是建立完善工作长效机制。争取尽快出台《中国(江苏)自由贸易试验区条例》《中国(江苏)自由贸易试验区管理办法》，建立自贸试验区改革创新评估评价和推进机制，为片区先行先试、开展更深层次的制度创新提供有力保障。建立完善“企业需求直通车”等制度创新，推动形成“企业提需求、部门出方案、片区抓落实"的工作长效机制。建立常态化宣传机制,加强自贸试验区宣传引导,讲好自贸试验区故事。三是探索自贸试验区联动发展。加快推进与上海、浙江自贸试验区改革创新联动。加强自贸试验区与开发区、综保区、口岸等各类开放平台载体联动发展。积极推动在基础条件较好的地区建设我省自贸试验区联动创新区,不断增强自贸试验区改革创新的辐射带动作用。

10 项工作分别如下。

(一)构建更高水平开放型经济新体制

一是加快推进"一带一路"经贸合作。深入实施《推进"丝路贸易"促进计划专项行动方案》和《推进重点合作园区提升计划专项行动方案》。二是深度融入长三角区域一体化发展大局。精心做好第三届进口博览会江苏交易团组织工作。继续推动长三角区域共建"走出去人才地图"工程。推动在长三角区域内统一供应链标准,探索建立长三角供应链企业联盟。三是做好经贸摩擦应对工作。完善"六项制度""两个清单",推动工作专班、重点五市协同应对。深入开展"千企帮扶"行动,稳住现有的产业链关键环节和重点企业,防止大规模撤资。以大案要案为切入点,提高贸易救济工作水平。进一步发挥国家级和省级进出口公平贸易工作站作用,拓展进出口双向预警、信息咨询等功能。切实加强贸易政策合规工作,引导企业建立健全内控合规体系。四是持续推动"放管服"改革。加强内外协作,进一步精简审批流程,扎实推进简政放权,不断优化政务服务。持续深化"互联网＋政务服务"和"不见面审批(服务)",推进政务服务事项实施清单及办事指南标准化建设。加强对基层业务指导,推动事中、事后监管制度创新手段创新。

(二)发展现代流通推动消费升级

一是促进城乡消费升级。制定实施商务领域 2020 年消费升级行动计划,持续开展各类消费促进活动。力争夫子庙步行街全国试点通过首批评估验收,加快推进 8 条省级试点街区和 13 条培育街区建设。研究制定《进一步推进老字号传承保护创新发展三年行动方案(2020—2022)》,开展老字号进社区、进校园、进景点系列活动。利用 5G 率先商用,积极拓展信息消费。鼓励首店进驻、首发新品和"夜经济"等新模式新业态创新发展。积极申报国家首批国际消费中心城市试点。抓好列入 2020 年省政府民生实事的 100 家农贸市场改造升级任务,持续推动社区商业"三进三提升"。积极推进社区电商发展,探索开展数字商务进社区试点。促进家政服务提质扩容。大力挖掘农村消费市场潜力,推动各类农产品生产流通主体与电商企业对接。做好市场保供工作,特别是春节和"两会"期间的猪肉等生活必需品供应。二是进一步优化消费环境。推进信用"红黑名单"制度落地见效,力争实质性推送一批商务领域信用"红黑名单",推动跨部门联合惩戒。开展单用途预付卡部门联合整治。探索建立履约责任保险机制,保障消费者预付资金安全。完成肉菜追溯体系建设试点工作。研究制定《报废机动车回收管理办法》实施方案,推动二手车流通信息系统建设。三是推进流通创新发展。推进供应链创新与应用试点,加强对试点企业和试点城市的服务指导。完成流通领域现代供应链体系建设试点工作,进一步推进城乡高效配送试点工作。以南京、无锡为重点,加快品牌连锁便利店建设,会同有关部门进一步放宽品牌连锁便利店经营食品药品、出版物的条件。继续开展绿色商场创建。四是推动电子商务创新发展。加强电商诚信体系建设,做好"电子商务信用信息平台"应用推广。培育一批竞争力强的专业化垂直电商平台,创建一批垂直电商示范企业。2020 年,创建 15 个左右省级电商示范县,实现对省重点帮扶县区全覆盖。支持各地加快推进电商产业集聚区建设,确认一批省级电商"双创"产业园和孵化基地,鼓励有条件的地区建设乡镇电子商务特色产业园。

(三)推进外贸高质量发展

一是切实做好顶层设计。认真贯彻落实《关于推进贸易高质量发展的指导意见》,加强与商务部对接,研究制定全省贸易高质量发展 3 年行动计划。二是深入拓展多元化市场。完善省级贸易促进计划,组织企业参加 226 个境内外重点展会,将"一带一路"沿线重点展会项目占比提升至 45%,引导企业全力稳住美国市场,深入开拓欧盟、日本等传统市场,大力拓展"一带一路"等新兴市场。鼓励地方结合实际,对重点市场企业参展和信保投保给予政策倾斜。加大 14 家省级公共海外仓宣传力度,新增一批省级公共海外仓。三是加快推进外贸转型升级。推进苏州、南京、无锡等跨境电子商务综合试验区建设,启动徐州、南通综试区试点工作。协调相关部门,推进跨境电商零售出口无票免税、所得税核定征收等政策尽快落地。开展"2020—2022 年江苏省重点培育和发展的国际知名品牌"评选。实施"出口基地线上拓展行动"。支持南京、苏州等地争取开展二手车出口业务。鼓励和支持企业开展高技术、高附加值、符合环保要求的保税检测维修业务。四是积极扩大进口。支持先进技术、高端装备、关键零部件进口。发挥苏州工业园进口创新示范区的引领作用,支持昆山、张家港等地争取新一批国家级进口贸易促进创新示范区。继续推进张家港汽车平行进口试点,支持连云港争取整车进口口岸资质。

(四) 推动服务贸易稳中提效

一是强化南京、苏州服务贸易创新试点先发优势。推动两地发挥试点引领作用,力争为全国创造更多创新成果。做大软件及信息技术研发、生物医药等重点领域,推动相关金融机构提升贸易和融资便利化水平,在全省全面实行服务贸易付汇税务备案电子化等举措。促进自贸区南京片区国际知识产权金融创新中心、苏州片区保税检测区内外联动发展。二是大力培育特色服务出口载体。推进无锡国家文化出口基地发展走在全国前列。启动国家中医药服务出口基地建设,推动中医药诊疗及培训开拓"一带一路"沿线市场。争创国家数字服务出口基地。强化横向协作,办好首届江苏国际文化贸易展览会(马来西亚)等服务贸易品牌展。探索引进国内外重大品牌会展落户江苏。三是加快服务外包转型升级。研究出台我省推进服务外包转型升级的措施。进一步提高知识密集型外包业务占比。着力提升 5 个国家级示范城市在综合评价中的位次。支持徐州、常州争创国家级示范城市。进一步推动省级服务外包示范园区专业化、特色化及南北协同发展,引导外包产业省内有序转移和承接。

(五) 推进外资稳中提质

一是强化外商投资政策体系。认真贯彻落实《国务院关于进一步做好利用外资工作的意见》,报请出台实施我省贯彻落实文件。二是持续优化外资营商环境。贯彻落实外商投资法及配套法规,建立完善四项机制,包括外商投资重点企业和重点项目领导联系服务机制、外商投资企业投诉和纠纷调解机制、外商投资企业政企对话沟通机制、外商投资企业部门协同服务机制。三是聚焦重大项目加大引资力度。围绕重点国家和地区,聚焦重大外资项目,力争引进一批行业领军企业。瞄准战略性新兴产业和现代服务业,持续开展招商引资工作,引进一批创新型企业,助力我省打造现代产业集群。四是大力发展外资总部。加大对外资总部经济的培育和支持力度,完善外资总部政策,引导苏中苏北加快培育外资总部和功能性机构,优化外资总部布局,支持南京、苏州等市在有条件的地区加快建立外资总部集聚区,为外资总部企业提供全方位服务。

(六)提升对外投资合作水平

一是持续提升境外合作园区建设水平。出台《江苏省境外经贸合作区创新发展三年行动方案(2020—2022)》。将江苏产能优势、园区经验和相关国家资源禀赋相结合,进一步推动省内开发区"走出去"建设境外园区。支持西港特区、东方工业园等国家级园区积极探索产城融合发展。以迪拜世博会为重要节点,加快推进中阿产能合作示范园的建设。新设1~2家省级境外经贸合作区。继续支持"霍尔果斯—东门"经济特区建设。二是持续提升"走出去"服务保障水平。充分发挥丝路贸易平台、"走出去"金融服务平台、境外园区合作平台、境内国际合作园区平台、"走出去"人才服务平台和"走出去"综合服务平台"六大平台"作用,为"走出去"提供更有力支撑。加快建设海外商会、海外应急管理团队、咨询团队、法律服务中心"四支队伍",推动新设6~8家海外法律服务中心。三是持续提升对外投资合作管理水平。推进实施"投建营一体化"项目,鼓励企业通过援外项目开拓境外市场,引导境外投资、工程、援外融合发展。进一步提升对外劳务合作层次,坚决打赢对外劳务扶贫攻坚战。规范企业海外经营行为,树立中国企业良好形象。

(七)推动开发区创新提升

一是推动开发区转型升级。推动出台全省经济开发区创新提升打造改革开放新高地的实施意见,更大力度赋能开发区加快发展;以江苏省开发区总体发展规划为引领,推进全省开发区建设发展的重大工程、重大计划、重大行动;强化"一特三提升"导向,推进省级特色创新示范园区和智慧园区建设,促进高端产业集聚发展。二是推动开发区制度创新。深入研究开发区体制机制突出问题,推动有条件的开发区开展去行政化改革,进行系统性、整体性职能重构,优化开发建设主体和运营主体管理机制,最大限度激发开发区制度活力。深入推进区域评估工作,会同省有关部门探索增加评估事项条目,创新事中、事后监管体制机制,加强信息互联共享。三是推动开发区开放创新。鼓励有条件的开发区创建国际合作园区,创新管理模式和市场化开发模式。鼓励开发区深度融入长江经济带、长三角区域一体化等国家战略,加强苏陕扶贫协作、苏辽对口合作等开发区合作共建,扎实开展贵州铜仁苏州产业园建设。积极探索南北共建发展新模式,启动南北共建园区高质量发展创新试点。

(八) 加强口岸建设与发展

一是优化口岸营商环境。积极推进无锡、常州等有条件的空运口岸实行7×24小时通关。精简进出口环节监管证件,优化办证程序,推进实现所有证件联网监管。协调南京海关进一步巩固压缩整体通关时间的成效。加强对口岸收费目录清单的动态管理,实现收费清单在"单一窗口"上同步更新。二是深化口岸开放发展。把握"一带一路"建设机遇,积极支持地方口岸空港航班、铁路班列的新增开通工作。积极发挥好已设立指定口岸的功能,鼓励、支持和推进地方优化口岸业务结构,探索口岸个性化错位发展。深入推进长三角口岸城市群大通关合作苏皖(皖苏)项目对接,探索江苏口岸功能向内地延伸。三是建设国内一流的江苏特色电子口岸。积极争取标准版试点项目在江苏率先推广应用。推动省电子口岸综合服务范围由口岸执法环节向贸易监管、商业环境等环节拓展,推动服务功能逐步拓展至国际贸易管理全链条。加快数据开发共享,推动省、市、县电子口岸互联互通。稳步推进与上海、浙江等地通关数据互联互通。

(九) 完善经贸合作交流机制

一是加强对外合作机制和平台建设。加强新苏合作理事会机制的交流对接,进一步深化与新加坡在自贸试验区、"一带一路"、服务业、科技创新和人文等领域的交流合作。充分发挥苏港合作联席会议机制作用,通过共同"走出去"等方式提升苏港两地合作水平和成效。积极参与中美省州合作机制,做好2020年"中国—加州经贸论坛"主宾省参会相关工作。推进落实《中韩(盐城)产业园建设实施方案》。务实推进江苏省—北威州合作联委会机制建设。二是加强海外经贸网络建设。进一步改进和完善驻外经贸代表处体制机制,加强内外联动,促进招商引资和国际产业技术合作。拓展海外经贸网络布局,探索创新经贸网络建设模式,推进在重点发达国家和"一带一路"沿线国家加快布点建设。加强对共建代表处的指导和管理。三是积极扩大全球朋友圈。配合省领导出访重点国家,举办重大经贸活动。充分利用进口博览会平台,继续办好江苏开放创新发展国际咨询会议等重大活动。建立和发展与"一带一路"沿线国家的经贸联系,不断拓展全球伙伴关系和全方位对外开放空间。

(十)扎实抓好商务领域安全生产工作

一是牢固树立安全发展理念。切实提高政治站位,提高安全红线意识,坚决落实安全监督责任。完善应急处理预案,加强长效监管,务求把重大风险隐患消除在萌芽状态,把问题解决在未发之时,形成上下多方合力,从严从实推动安全生产工作落细落实。二是扎实开展专项整治。根据国务院安全生产专项整治督导组要求,按照省委、省政府统一部署,遵循"管行业必须管安全"的原则,针对商务领域安全生产主要风险点,抓好成品油、开发区和商业场所安全生产专项整治工作,真正做到问题不查清不放过、整治不到位不放过、群众不满意不放过。三是创新工作方法。着力探索信息化监管、信用监管等手段方法,建立完善并积极运用商务诚信平台,探索成品油智慧监测云平台建设,提升监管能力水平,提高监管效率,争取在商务领域安全生产体制机制建设上形成新经验。

四 加强党对商务工作的全面领导

做好2020年商务工作,必须坚守初心使命、勇于担当尽责,着力推进商务治理体系和治理能力现代化,提升商务行政效能。

(一)坚定不移把党的政治建设摆在首位

坚持用习近平新时代中国特色社会主义思想武装头脑,建设政治机关,在重大政治任务中强化党的领导,在重点业务工作中抓好党的建设。把"不忘初心、牢记使命"作为终身课题,积极构建"不忘初心、牢记使命"的长效机制。强化意识形态工作,落实意识形态工作责任制。在建设"三个表率"模范机关上持续用力,着力提升基层党组织的创造力、凝聚力、战斗力。

(二)积极打造忠诚干净担当的高素质商务干部队伍

党和国家各方面工作越来越专业化、专门化、精细化,国家治理能力既体现在把方向、谋大局、定政策、促改革的综合能力上,也体现在处理每一个方面事情和每一项工作的具体本领上。要加强学习和调查研究,增强系统治理、依法治理、综合治理、源头治理的意识和能力,要把抓落实作为开展工作的主要方式,发扬斗争精神,敢于面对困难,敢于攻坚克难。要深入贯彻新时代党的组织路线,突出政治标准选拔任用干部,树立注重实干实绩的鲜明导向,打造政治强、业务精、作风实的商务干部队伍。要提升法治化水平,推动重点领域商务立法,严格落实合法合规性审查制度,进一步提升法治思维和依法行政能力。

(三)着力营造风清气正的"小气候"

进一步压紧压实全面从严治党的主体责任,强化"一岗双责"。严格执行中央八项规定及实施细则精神,弘扬艰苦奋斗、勤俭节约精神,驰而不息整治"四风",切实转变工作作风和工作方式。要坚持把纪律和规矩立起来、严起来,大力正风肃纪,在抓教育、强监督、重遏制上出实招,综合运用监督执纪"四种形态",注重抓早抓小、防微杜渐,使"咬耳扯袖、红脸出汗"成为常态,不断筑牢预防党员干部违纪违法的第一道堤坝。继续用好巡察这一利剑,开展厅机关第二轮巡察。

此外,今年还要编制好商务改革发展"十四五"规划。要加强前瞻性、战略性、针对性研究,用好智库和社会力量,科学合理确定主要指标,提出重大举措、重大工程、重大政策。要做好商务"十四五"规划与全省规划、全国商务规划的衔接。

同志们,让我们更加紧密地团结在以习近平同志为核心的党中央周围,坚持以习近平新时代中国特色社会主义思想为指导,在省委、省政府坚强领导和商务部关心指导下,万众一心加油干,越是艰险越向前,只争朝夕,不负韶华,为高水平全面建成小康社会、推动商务高质量发展走在前列作出更大努力,为"强富美高"新江苏建设作出更大贡献!

中共江苏省委　江苏省人民政府 关于推动开放型经济高质量发展 若干政策措施的意见·········

为深入贯彻习近平新时代中国特色社会主义思想和党的十九大精神,认真落实习近平总书记对江苏工作的重要指示要求,加快形成以"一带一路"为统领的全面开放新格局,大力推动我省开放朝着优化结构、拓展深度、提高效益方向转变,以高质量开放提升现代化经济体系的国际竞争力,制定以下政策措施。

一　进一步扩大开放领域

(一)落实准入前国民待遇加负面清单管理制度

全面实施《外商投资准入特别管理措施(负面清单)(2018 年版)》,对外商投资实施准入前国民待遇加负面清单管理制度。负面清单之外的领域,按照内外资一致原则实施管理。根据《国务院关于积极有效利用外资推动经济高质量发展若干措施的通知》(国发〔2018〕19 号)要求,清理并停止实施针对外商投资准入的限制措施。

（二）大幅放宽市场准入

认真执行国家关于放宽服务业、制造业、采矿业、农业等领域外资准入限制政策,落实放宽银行业、证券业、保险业和汽车等制造业企业外资股比限制等规定。借鉴上海自由贸易试验区的增值电信开放措施,争取对江苏增值电信业务开放政策,逐步放宽存储转发类业务、呼叫中心业务、国内多方通信业务、互联网接入服务业务、在线数据处理与交易处理业务(经营类电子商务)外资股比限制。积极争取设立昆山两岸金融创新合作综合改革试验区,支持昆山试验区申请开展合格境外有限合伙人试点,支持泰州医药高新区争取扩大资本项目收入兑换便利化试点范围。鼓励引入合格海外战略投资者,鼓励符合条件的外资金融机构在省内设立外商独资或合资金融机构。

二 大力推进"一带一路"交汇点建设

（三）加大对境外园区建设支持

完善我省境外产业集聚区考核激励机制,鼓励引导有条件的开发区、"走出去"企业在境外建设产业集聚区,对通过确认的园区给予政策支持。加大对国家级和省级境外经贸合作区,以及中阿(联酋)产能合作示范园、"霍尔果斯—东门"经济特区等境外产业园区的支持力度。

（四）促进中欧班列健康有序发展

成立省级国际货运班列公司,加强全省中欧班列线路整合优化,按照"打造特色、分类集中、巩固中亚、拓展欧洲"的发展思路,坚持政府引导、市场化运作,合理确定货物运输的服务范围,进一步提升中欧班列的经济性和竞争力,打造各具特色、错位发展的品牌线路。

（五）推动海外金融平台建设

支持中阿(联酋)产能合作示范园金融服务平台建设,实现园区服务、企业发展、金融支持三位一体发展,推动省属地方法人银行参与金融服务平台建设。借助香港"一带一路"重要节点作用,支持我省企业在香港发展海外金融控股平台,为我省"走出去"企业提供综合性金融服务。支持我省企业在国际产能合作重点国别成立银行等金融机构。支持省内金融机构与"一带一路"沿线国家和地区的金融机构在符合监管政策的前提下开展银团贷款、联合融资、股权参与、人员交流等多种方式的业务合作。鼓励省内创业投资企业积极稳妥地"走出去"。

三 着力增创外贸竞争新优势

(六)提高市场多元化水平

满足不同市场的多样化需求,加大新兴市场的开拓力度。以贸易促进计划为着力点,培育打造展会促进平台,优化市场布局和产品结构。支持企业利用展会和线上交易平台巩固传统市场,积极寻求替代市场,提高新兴市场开拓的针对性和精准度,推动电子通信、新医药、新能源企业通过展会开拓国际市场,稳步提升"一带一路"沿线地区和新兴产业市场份额。强化境外营销服务网络建设,培育一批境外营销网络示范点,支持企业通过自建或并购等方式,设立境外展示、物流、售后服务中心。支持企业通过对外投资和国际工程承包,带动成套设备、原材料、标准和服务出口。助推企业充分利用 FTA 优惠政策和便利化措施扩大出口,推动"两证合一"和优化流程,2019 年全省自贸协定优惠原产地政策利用率提高 5 个百分点。

(七)积极扩大进口

支持先进技术装备进口,积极落实鼓励项目引进技术设备免征关税等进口税收优惠政策;结合我省产业发展情况,适时调整《江苏省鼓励进口技术和产品目录》,为我省产业升级提供支撑。发挥大宗商品进口集散中心作用,稳步扩大我省紧缺的资源、原材料进口,提升集聚效应。积极扩大优质消费品和民生产品进口,支持各地建设进口商品展销中心,在符合条件的航空口岸设立进境免税店。鼓励防病治病亟需的药品、医疗器械和医疗、护理、康复、养老设备进口;对进口的乙类大型医用设备,在相关政策允许的范围内优先予以审批。强化进口载体建设,推进张家港保税港区汽车平行进口试点,支持口岸汽车改装项目发展,延伸产业链;支持各地根据口岸和产业规划等情况开展进口食品、农产品、药品等指定口岸建设。

(八) 提升自主品牌产品国际竞争力

支持省级重点培育和发展的国际知名品牌企业建设境外营销网络、收购兼并海外品牌和渠道;海关、税务等部门按规定优先办理货物申报、查验、放行、加急通关、出口退(免)税等手续。强化对自主品牌产品的海关知识产权保护,支持出口企业申请国(境)外专利、开展马德里商标注册。支持国家级、省级外贸转型升级基地公共服务平台建设,推动基地内企业开展技改研发、专利申请、品牌培育、标准制定、引进吸收再创新、国际营销和服务网络建设等,强化贸易与产业的互动。

(九) 着力推动服务贸易创新发展

深入推进南京、苏州深化服务贸易创新发展试点,认真做好经验总结和推广工作。大力发展文化贸易,建设无锡国家文化出口基地,推进省级文化出口基地建设。支持发展中医药服务贸易,进一步建设南京中医药服务贸易先行先试重点区域。大力支持服务贸易公共平台建设,依托"大、物、移、云"等新技术,支持建设一批技术支撑和服务功能突出的服务贸易(服务外包)创新平台、贸易促进和交易平台、公共技术服务平台等,支持在境外建立文化贸易平台。引导企业用好国家服务贸易创新发展母(子)基金和信用保险,壮大市场主体。健全服务贸易统计指标体系,创新完善服务贸易统计方法。建立服务外包示范城市、示范区综合考核评价体系,推动载体建设质量不断提升。

(十) 推动外贸新业态新模式健康快速发展

支持各地大胆探索、创新发展各类贸易业态,以试点为重点推动跨境电子商务、外贸综合服务企业和市场采购贸易方式发展。支持跨境电子商务综合试验区制定适应跨境电子商务的进出境申报、商品归类、物流监控、风险防控、管理服务等便利化方案。推动苏州、南京、无锡等地用好综合试验区政策加快发展跨境电商零售进口业务。鼓励跨境电子商务企业建设海外仓,发展通关、物流供应链及金融创新等服务,对业务发展快、绩效突出的省级公共海外仓给予支持。支持外贸综合服务企业为生产企业出口代办退税。支持有条件的地区加强与外贸综合服务企业的合作,对业务增长明显、培育孵化本地中小经营主体业绩突出的省级外贸综合服务试点企业给予支持。促进市场采购贸易试点做精做专,支持市场采购贸易试点外贸功能建设,推动传统内贸专业化市场转型升级,实施内外贸一体化发展,提升试点国际化水平。

四 加快培育开放发展新动能

(十一) 创新引资引智引技相结合的招商机制

围绕现代化经济体系的"急需短缺",积极探索人才、技术、产业、市场、资本协同的集成式招商,以开放集聚国际创新资源和高端要素。支持外资以并购等方式参与我省企业改组改造和兼并重组,加快建立并购信息库,适时发布项目信息,推动企业开展兼并重组。支持我省高质量境外并购项目回归发展。推动和引导外资深度参与我省先进制造业集群建设,将先进制造业外资鼓励类项目优先纳入省重大项目储备库,对列入省年度重大项目投资计划中的重大外资产业项目全额保障用地计划,省给予计划支持比例不低于50%,对其中高质量的外资产业项目支持比例不低于60%。支持各设区市建立以产业链、创新链为主导的招商组织架构,鼓励成立区域招商联盟和招商引资智库,提升招商引资工作专业化水平。对出国(境)招商公务团组实行政策倾斜,在制订因公临时出国计划和经费计划时予以重点保障,支持优先办理出境手续。

(十二) 支持外资参与我省全球产业科技创新中心建设

瞄准产业发展制约瓶颈,支持外资龙头骨干企业或新型研发机构牵头,组建产业技术创新战略联盟,形成一批创新成果。鼓励符合条件的外资研发中心参与公共服务平台建设,提供开放共享服务。支持外商投资企业通过海外并购、联合运营、独立设置研发机构、建设离岸实验室等方式,整合国际高端科技创新资源,拓展国际科技服务市场,培育引进先进制造业产业项目。外商投资企业提供技术转让、技术开发及与之相关的技术咨询、技术服务,符合条件的可按规定免征增值税。健全科技成果转移转化激励机制,符合条件的企业转化科技成果给予个人的股权激励,个人一次缴纳税款有困难的,可在5年内分期缴纳。非上市公司授予本公司员工的股票期权、股权期权、限制性股票和股权激励,符合条件的可实行递延纳税政策。鼓励外籍科学家以合作研究等方式参与基础研究项目,允许符合条件的外商投资企业参与科技计划。

(十三) 实施高层次人才激励政策

通过岗位特聘、放宽人才签证、加大海外寻访力度、深化苏南五市出入境政策创新等方式,加大海外人才引进使用力度,鼓励海外人才来苏发展。加大引才奖补力度,鼓励各地对引进高层次人才的企业,在引才投入、留学回国人员创业园和博士后科研工作站、博士后科研流动站、博士后创新实践基地等创新载体建设、科研成果转化、租房补贴、项目资助等方面给予支持。建立博士后人才职称评审绿色通道,符合条件的人员可直接认定副高以上职称。争取进一步放宽或取消外商投资人力资源服务机构、认证机构的投资方条件限制。鼓励各设区市建立国际人才服务中心,保障在苏工作外国人才享有基本公共服务。推行海外高层次人才服务"一卡通",建立安居保障、子女入学、医疗健康等服务"绿色通道"。加强国际社区、国际学校、国际文化以及医院等高端服务配套设施建设。结合我省实际,借鉴德国"双元制"职业教育模式大力发展以培养高水平专业技术工人为目标的职业教育。积极争取放宽外商投资经营性职业技能培训机构等的准入限制。鼓励招收留学生的高校开设国际产能合作相关专业,加强留学生汉语教学,鼓励走出去企业与高校开展合作定制培养。

(十四) 加大本土跨国公司培育力度

建立我省本土跨国公司认定标准,加快培育一批具备全球视野和全球资源整合能力的本土跨国公司。推动外资先进技术、管理理念与我国企业发展有机融合、相互促进。支持企业参与国际标准制定,带动中国技术、设计和标准走出去。支持企业在主动参与"一带一路"建设中提升国际化水平,完善省"一带一路"建设重大项目库推进机制,在实施推进、金融支持、要素保障等方面加大协调服务力度。

五　建设更高能级的开放载体平台

（十五）推动开发区向现代产业园区转型

充分发挥开发区创新驱动强引擎作用，加快建设自主可控的现代产业体系。增强开发区自主研发能力，加快构建开发区产学研联合平台，推动关键领域、重点行业的核心技术研发和产业化应用。提升产业集群带动能力，支持有条件的开发区创建省级特色创新示范园区。支持开发区跨区域合作共建，鼓励开发区深度融入"一带一路"建设、长江经济带发展、长三角区域一体化发展等重大国家发展战略，支持有条件的开发区在长江经济带沿线和对口合作支援地区共建产业园区，制定成本分担和利益分享、人才交流合作、产业转移协作等方面的措施，实现重点领域产业合作和分工协同。深化南北共建园区建设工作，促进区域优势互补、共同发展。

（十六）打造各具特色的改革开放试验田

推动长三角区域内重大改革试点联动，打造长三角一体化发展示范平台。深入复制推广自贸试验区改革试点经验，鼓励在推进投资贸易便利化、金融国际化和管理体制高效化等方面先行先试。重点支持苏州工业园区、南京江北新区、中韩（盐城）产业园、连云港等有条件的重点区域，依法有序推进自贸试验区有关改革举措的叠加复制与集成创新。积极推进苏州工业园区开放创新综合试验等改革先行实践。支持各地打造各具特色的开放载体平台，加快建设中韩（无锡）科技金融服务合作区、中德（太仓）中小企业合作创新试验区、中以常州创新园、中意（海安）生态产业园、中奥（苏通）生态产业园、中瑞（镇江）生态产业园、苏澳合作园区、淮安台资企业产业转移集聚服务示范、通州湾江海联动开发示范区、泰州医药城等对外开放平台。

（十七）优化海关特殊监管区域功能政策

在全省海关特殊监管区域全面推广保税货物流转、保税维修、仓储货物按状态分类监管、先出区后报关、保税混矿、"四自一简"等监管业务。以海关特殊监管区域为重点,推动加工贸易转型升级。支持海关特殊监管区域发展自主研发、检测维修、保税贸易、跨境电子商务、融资租赁、期货保税交割等新兴业态。在确保有效监管和风险可控的前提下,支持高技术含量、高附加值、无环境污染的飞机部件、轨道交通、高端医疗器械、IT 等行业的重点企业争取开展全球检测维修业务,打造全国全球保税维修检测业务的先导区、示范区。稳步推进海关特殊监管区域企业增值税一般纳税人资格试点,争取扩大试点范围。

(十八) 推进会展业品牌化、市场化、国际化发展

建立会展评估机制,鼓励重点品牌展会通过 UFI、ICCA 等国际认证。结合江苏城市特色和产业特色,重点支持一批品牌展会。鼓励会展服务商通过收购、兼并、控股、参股、联合等形式组建国际会展企业或在我省设立分支机构。争取联合国相关机构和有关国际组织入驻我省或设立办事处等机构,着力打造有世界影响的国际会议、高端论坛项目,支持主办能够集聚人才、资本、技术、市场、资源等创新发展要素的大会论坛。

(十九) 优化提升综合交通枢纽功能

推动长江南京以下江海联运港区、连云港区域性国家枢纽港、南京长江区域性航运物流中心和太仓集装箱干线港等"一区三港"建设,推动我省主要港口与"一带一路"沿线地区开展深度合作。加强对省内机场等航空资源优化整合,加快推进南京禄口国际机场国际门户枢纽建设,加大基地航空公司的培育和引进力度,大力开辟国际国内航线,开通和加密至"一带一路"沿线国家和地区的航线航班。

六 打造法治化、国际化、便利化营商环境

(二十) 保障境内外投资者合法权益

加快营商环境地方立法,制定出台《江苏省营商环境优化办法》。参照国际通行营商环境评价指标,持续推进优化营商环境专项行动。开展投资环境满意度调查,强化地方政府责任,优化企业"全生命周期"服务。建立省市推进

外资工作的部门协同机制,实施重大外资项目"直通车"制度,定期协调解决我省利用外资的重大关键性问题。健全外商投资企业投诉工作机制,完善投诉机构设置,及时解决外商投资企业反映的困难和问题。在申办业务资质资格、参与政府采购、公共服务项目建设、科研合作项目、标准制定等方面内外资一视同仁。加强境外风险监测,及时发布预警消息,指导企业加强安全防范。制定企业海外投资经营合规指引,提高跨国经营风险防范能力。

(二十一)打造"放管服"改革升级版

外商投资准入负面清单内投资总额 10 亿美元以下的外商投资企业设立及变更,委托各设区市政府、南京江北新区、国家级开发区审批和管理。推进外商投资审批制度改革,深化相对集中行政许可权改革试点。在江宁经济技术开发区、南通经济技术开发区、连云港经济技术开发区等 13 个开发区开展外资项目承诺制试点。全面推开"证照分离"改革。持续推进负面清单以外领域外商投资企业商务备案与工商登记"一口办理"。积极推广苏州工业园区境外投资企业备案和项目备案"单一窗口"模式。推进对外承包工程管理体制改革,争取尽早将对外承包工程项目备案权下放到设区市。在开发区推行由政府统一组织对一定区域内土地勘测、矿产压覆、地质灾害、水土保持、文物保护、洪水影响、地震安全性、气候可行性等事项实行区域评估。培育国际化的中介服务机构和中介组织,完善企业涉外专业服务体系。构建"走出去"企业与来苏留学生对接平台,推进"走出去人才地图"工程建设。

(二十二)提升贸易便利化水平

加快形成更有活力、更富效率、更加开放、更具便利的口岸营商环境。促进跨境贸易便利化,推动通关环节提效降费,到 2020 年年底,实现集装箱进出口环节合规成本比 2017 年降低一半,整体通关时间比 2017 年压缩一半。稳步实施出口退(免)税无纸化管理,加快出口退税进度。支持中国(江苏)国际贸易"单一窗口"建设,全面应用国家标准版,逐步完善业务功能,拓宽应用,实现全口径"企业一次申报、联检单位并联处置",打造高水平的口岸信息化综合管理和服务平台,2020 年年底前,实现"单一窗口"主要业务应用率达到 100%。建立具有我省特色的贸易便利化评估体系。大力培育海关高级认证企业。

（二十三）加强知识产权保护

建立健全司法保护为主导、行政保护协同的知识产权保护机制，依法适用侵犯知识产权惩罚性赔偿法律规定，加大对知识产权侵权违法行为的惩治力度，推进知识产权严保护、大保护、快保护、同保护。外商投资过程中技术合作的条件由投资各方议定，各地不得利用行政手段强制技术转让。完善知识产权维权援助服务体系，加大维权援助力度。深化知识产权领域的国际合作与交流。

七 强化财税和金融支持

（二十四）加大财税政策支持力度

对境外投资者从中国境内居民企业分配的利润，用于境内直接投资暂不征收预提所得税政策的适用范围，由外商投资鼓励类项目扩大至所有非禁止外商投资的项目和领域。鼓励境外投资者以其在我省设立企业所得人民币利润再投资，或以外商投资企业未分配利润、股利（利息）、资本公积金等转增注册资本，符合产业发展方向且年实际到账外资金额超过 1 亿元人民币的，可由各地政府给予支持，省级商务资金给予适当支持。统筹利用工业转型升级专项资金，推进存量外商投资企业技术改造，对实施技术改造的规模以上外商投资工业企业，省财政根据企业技术改造投入和新增税收贡献情况，给予一定比例资金奖补。对信用良好、符合产业导向、暂时遇到困难的外商投资企业，可依法在一定期限内实行税费缓收政策。加大对"走出去"企业的支持力度，在企业对外投资合作项目的前期费用、贷款贴息、大项目奖励、境外园区建设、人员培训等方面给予扶持。支持中阿（联酋）产能合作示范园建设，2018—2020 年，省财政每年从省级国有资本经营预算中安排 1 亿元人民币，专项用于江苏省海外合作投资有限公司增资。

（二十五）建立省市联动机制

加大省对市县总机构企业所得税待分配收入的财力补助力度，支持市县积极创造条件,强化政策引导,大力发展总部经济。鼓励跨国公司在江苏设立地区总部和功能性机构。各地要认真贯彻落实党中央、国务院有关稳外资的决策部署,在法定权限内制定专项政策,重点鼓励外资投向高新技术产业、战略性新兴产业等实体经济项目,对在经济社会发展中作出突出贡献的外商投资企业给予褒奖激励。

(二十六)创新金融支持方式

搭建银信企融资信息共享平台,建立"苏贸贷"资金池,通过增信、信用保证保险、风险补偿等手段,推动银行提高风险容忍度,帮助中小微外贸企业拓宽融资渠道、降低融资成本。建立完善风险补偿机制,充分发挥出口信用保险作用,支持政策性出口信用保险机构加大对江苏外贸企业的承保力度,扩大承保覆盖面;加强对企业拓展新兴市场的精准引导,提高新兴市场出口业务的限额满足率;鼓励政策性银行加大对江苏的政策支持力度,切实降低企业财务成本。完善各类出国外派人员金融风险防范体系。

各地区、各部门要充分认识新时代推动开放高质量发展对于建设现代化经济体系、促进转型升级的重要意义,高度重视、主动作为、狠抓落实、注重实效,确保各项政策全面落地落实。省商务厅、省发展改革委要会同有关部门加强督促检查,重大问题及时向省委、省政府请示报告。

(2019 年 1 月 2 日)

各设区市商务局,昆山市、泰兴市、沭阳县商务局:

为贯彻落实全省商务工作会议精神和商务部市场体系建设司工作部署,统筹做好 2019 年全省市场体系建设工作,我厅确定了《2019 年全省市场体系建设工作要点》,现印发给你们,请结合实际贯彻执行。

2019 年全省市场体系建设工作要点

2019 年是新中国成立 70 周年,也是决胜高水平全面建成小康社会的关键之年。全省市场体系建设要以习近平新时代中国特色社会主义思想和党的十九大精神为指导,全面贯彻落实习近平总书记对江苏工作指示要求,认真按照全国商务工作会议及全省商务工作会议的总体部署,扎实做好市场体系建设工作,助力实现全省经济社会发展目标任务,推动高质量发展走在前列。

一 推动农产品流通现代化，充分发挥农产品流通助农惠民功能

继续发展农产品新型流通方式，积极推进农产品供应链体系、冷链物流体系和产销信息平台建设。大力开展农产品产销对接和农商互联，多渠道拓宽贫困地区和经济薄弱地区农产品营销渠道，推动建立长期稳定的产销关系，促进贫困地区和经济薄弱地区产业发展。鼓励有条件的大型农产品批发市场销售信息系统与产地生产信息系统对接。落实高质量发展行动方案，推动各地加强农贸市场（菜市场）标准化改造，开展标准化菜市场达标率考核。继续推进公益性农产品市场体系建设，完善公益性运营机制，创建全国公益性示范市场。落实江苏省"菜篮子"市长负责制考核实施办法，配合省农委开展考核工作。

二 积极推进供应链创新与应用，加快培育增长新动能

开展供应链创新与应用意义、技术、模式及实践案例的调查研究，加强宣传、交流和培训，进一步营造氛围，推动各级政府和广大企业重视和参与供应链创新与应用。充分发挥省供应链创新与应用联席会议功能，推动相关行业和领域供应链责任部门出台和实施相关政策举措，形成部门工作合力。按照国家八部门关于供应链试点工作的要求，指导督促试点城市和企业明确目标、完善方案、落实举措，认真完成试点任务。启动供应链创新与应用省级试点，广泛调动全省各地区、各行业参与供应链创新与应用的积极性，创造和发展更多供应链协同模式。及时研究总结试点中的新业态、新模式，形成可复制可推广经验，指导更多城市和企业开展供应链创新与应用。成立供应链研究院或专家咨询委员会，为政府提供科学决策参考。成立供应链协会，参与建立长三角供应链企业联盟，鼓励供应链行业企业相互合作、交流，推动形成良好的供应链生态圈。协调相关部门为供应链企业解决政策瓶颈，帮助供应链行业企业与金融机构深度对接等，采取多种方式为供应链企业创造良好发展环境。

三 全链条推进汽车流通体制改革，加快促进汽车消费升级

深入实施《汽车销售管理办法》，推动发展共享型、节约型、社会化的汽车销售和售后服务网络。根据国家即将出台的《二手车流通管理办法》和《报废汽车回收管理办法》，研究制定我省的实施细则（方案），加强法规规章的宣贯落实，提高服务和监管能力与水平。会同相关部门研究出台促进汽车消费升级的政策措施，继续推进二手车便利交易，培育壮大汽车后市场，积极探索促进汽车消费的新载体、新平台和新举措。推动建立覆盖全链条、连接多部门、服务多功能的汽车流通综合信息管理系统，为行业管理和市场交易提供信息服务。加强汽车流通行业的安全和维稳管理。

四 持续推进商品交易市场转型升级，重点推动商品交易市场平台化转型

贯彻落实《商务部等 12 部门关于推进商品交易市场发展平台经济的指导意见》，发挥我省产业、市场和区位优势，引导有条件的商品交易市场建设网上交易平台和供应链服务平台，以现代信息技术为支撑，以拓展服务区间和强化全链条服务功能为路径，带动全产业链升级和效率提升，发展协同供需方、服务上下游、辐射广区域的商品交易类互联网平台经济。

五 实施社区商业便民惠民工程，推动社区商业"三进三提升"

落实省委、省政府工作部署，实施社区商业便民惠民工程，在全省改造升级 100 家农贸市场（菜市场），新建 1 500 家社区商业便利网点。推动实施社区商业"三进三提升"工程，推动连锁经营进社区，提升社区商业组织化、标准化水平；推动品牌企业进社区，提升社区商业品质化、集约化水平；推动电子商务等新业态、新模式进社区，提升社区商业便利化、信息化水平。推动农村社区商业建设，引导各地加强乡镇农贸市场、连锁超市、乡镇商贸中心升级改造。加强社区商业发展情况调研，积极协调相关部门解决行业发展中存在的问题，并争取出台促进行业发展的政策。

六　积极推进区域市场一体化和协同开放，促进区域市场融合高质量发展

研究长三角区域市场一体化和协同开放工作思路，找准切入点，不断拓展区域商务合作新领域。牵头协调我省长三角一体化商务服务组工作，明确我省2019年长三角区域市场一体化和长三角协同开放工作重点，加强沟通协调和跟踪落实，推进实施各项重点工作专题。加强与长三角区域内省市协作，大力实施"营商环境联建、重点领域联管、监管执法联动，市场信息互通、标准体系互认、市场发展互融，逐步实现统一市场规则、统一信用治理、统一市场监管"的"三联三互三统一"工程，共同推动长三角地区市场一体化建设。按照长三角办、长三角联席办、轮值省份等方面要求，做好相关工作。根据《江苏省深化市场体系一体化建设三年行动计划》要求，积极推动长江经济带市场一体化有关工作。

七　加强自身队伍建设，促进党建与业务工作融合

以意识形态工作为引领，坚持党建与业务两手抓，加强政治建设，提高政治站位，树牢"四个意识"，坚定"四个自信"，坚决做到"两个维护"，努力做好"三个表率"，自觉把党的十九大精神贯穿到市场体系建设工作中。开展"不忘初心、牢记使命"主题教育活动，强化理论政策和业务学习，推进党支部规范化建设。组织开展市建系统学习交流，强化调查研究，切实增强谋划推动工作的系统性、科学性，努力打造"政治强、业务精、作风实"的干部队伍。加强党风廉政建设，坚持驰而不息地抓好作风建设，严格执行八项规定实施细则，反对"四风"。坚持依法行政、依规用权，牢牢把握"法定职责必须为、法无授权不可为"的原则，杜绝不作为、乱作为的现象。

（2019年3月1日）

省商务厅关于实施 2019 年商务领域消费升级"520 行动计划"的通知……

各设区市商务局,昆山市、泰兴市、沭阳县商务局:

根据中央经济工作会议、全国商务工作会议、省委十三届五次全会和全省对外开放大会等重要会议部署,结合省委、省政府对今年及未来一段时期商务发展工作的安排,现制定全省商务领域 2019 年消费升级"520 行动计划"。

一 总体思路

深入学习贯彻习近平新时代中国特色社会主义思想、党的十九大精神和习近平总书记对江苏工作系列重要讲话指示精神,主动适应我国社会主要矛盾变化,顺应居民消费个性化、多样化发展趋势,以满足人民日益增长的美好生活需要为出发点,以改革创新为动力,以新技术应用为支撑,以推进供给侧结构性改革为主线,以推进流通现代化、提升流通供给水平、促进消费结构升级为主要目标,深化流通体制改革,发展现代流通,完善促进消费的体制机制,创新现代化流通方式,不断优化消费环境。实现商品和服务消费并重、线上线下融合、内外贸有机衔接,大力培育绿色消费、服务消费、网络消费、便民消费,推动消费向中高端发展,进一步增强消费对经济发展的基础性作用,为推动高质量发展,建设"强富美高"新江苏作出新贡献。

二　主要预期目标

（一）消费对经济发展的基础性作用进一步增强,社会消费品零售总额平稳增长。

（二）做好南京市夫子庙步行街改造提升全国试点工作,探索开展省级高品位步行街建设工作,打造城市消费新地标。

（三）流通创新迈出新步伐,推进一批企业开展省级供应链创新与应用试点,推动一批国家级试点企业争创"示范企业"。

（四）电子商务发展水平进一步提高,全省网络零售同比增长20%以上。

（五）增强百姓对商务工作的获得感,推动100家农贸市场升级改造,新建1500家社区商业便利网点。

三　重点任务

（一）促进城乡消费升级

1. 持续开展消费促进活动

突出"精准",因地制宜,开展"消费促进月"活动。结合时代特征、行业特点、节假日和地方特色,支持地方政府、行业协会、品牌企业举办多种形式的消费促进活动,同时借力舆论宣传,积极引导转变消费理念,实现"季季有主题,月月有亮点"。

2. 打造有影响力的展销平台

更好地发挥中国（南京）国际糖酒食品交易会、江苏餐饮博览会、中国（淮安）国际食品博览会、第三届中国（江苏）老字号博览会等重点展会在对接供需、引领消费、促进全产业链发展等方面的积极作用。

3. 打造高品质消费载体

开展商业地标重塑行动,打造地标性商圈、商业街。开展南京市夫子庙步行街改造提升全国试点,推动开展省级高品位步行街建设,打造在全国甚至世界有影响力的商业地标。

4.培育和建设区域消费中心

大力发展现代商圈和智慧商圈,着力打造有影响力的中高端消费服务平台。鼓励支持南京、徐州、苏州、无锡等城市培育和建设消费中心城市。

5.大力促进品牌消费

促进老字号传承保护与创新发展,大力推动品牌创建,培育一批能够展示国家和江苏产品优质形象的品牌和企业,推进江苏省老字号集聚街区建设。开展第二批江苏老字号认定工作,并探索扩大到工业领域。支持企业抢抓国家降低关税、扩大进口的机遇,积极代理国外品牌,满足消费需求。

6.强化促进便民消费

开展农产品产销对接和农商互联,多渠道拓宽贫困地区农产品营销渠道,指导各地推进农贸市场(菜市场)标准化改造。实施社区商业便民惠民工程,推动社区商业"三进三提升"。

7.促进汽车等重要商品消费

推进张家港汽车平行进口试点,争取年进口量突破 1 万辆。贯彻落实国家新修订的《二手车流通管理办法》和《报废汽车回收管理办法》。贯彻新修订的《成品油市场管理办法》,有序开展乙醇汽油推广和使用相关工作。

8.扩大服务消费

积极推动全省家政诚信服务平台建设,推动家政服务业提质扩容。发挥主场主导,加强政府引导,推动新建一批城乡便民消费服务中心,提升家政、餐饮等生活服务业标准化服务水平。

9.培育消费新热点

完善绿色产业和流通体系,大力引导绿色消费发展。继续开展国家级绿色商场创建,评定一批省级绿色商场。加快发展信用消费,引导金融机构加大对消费金融的支持力度,助力消费升级。

(二)推进流通转型创新

10.加强供应链创新与应用

积极推进供应链创新与应用,组织开展省级试点,创建全国示范城市和企业,完成苏州市供应链体系建设试点工作,加快南京、徐州流通领域现代供应链体系建设试点工作,推进南京、无锡、徐州等市城乡高效配送试点工作。

11. 推动实体商业创新转型

推动有条件的商品交易市场平台化转型,发展商品交易类互联网平台经济。复制推广无锡市梁溪区和徐州市云龙区经验。举办实体零售业创新发展高峰论坛。完善全省重点零售企业联系制度,推进大数据运用,吸纳具有更新业态、更新模式的零售企业发挥示范带动作用。

(三)大力发展电子商务

12. 推进电商平台发展

抓好《电子商务法》宣传贯彻工作。发挥江苏制造业优势,推进垂直电商平台发展。大力发展电商服务业,促进我省电子商务创新发展。深入推进阿里巴巴江苏总部项目建设和功能拓展。

13. 进一步推动电商示范引领

建设一批省级电商快递产业示范园;遴选 100 家左右电子商务园区、200 家左右电子商务企业作为 2019—2020 年度江苏省电子商务示范基地、示范企业;创建一批省级农村电商示范村和乡镇电商特色产业园(街)区。

(四)扩大消费领域开放

14. 加快服务业对外开放

鼓励服务性消费领域的外资引进,复制推广自贸试验区成果,扩大教育、文化、医疗等领域外资准入。加快流通领域对外开放,"走出去""引进来"并重,提升商贸流通业国际竞争力,以及在全球价值链中的地位。

15. 扩大消费市场开放

大力发展跨境电商进口,支持各地建设进口商品展销中心,加快培育具有市场引导、创业示范能力的跨境电商平台。推动苏州、南京、无锡等地抢抓机遇,加快发展"网购保税进口"业务。鼓励各地因地制宜开展跨境电商直购进口业务。

16. 高标准做好 2019 年进博会相关工作

进一步多渠道、全覆盖地提前做好进博会动员报名工作,动员各部门、各条线积极报名,统一有序组织参展采购。放大中国国际进口博览会溢出效应,瞄准全球优质商品和服务,建设常年展示交易平台,着力打造全球新品、高端品牌和原创品牌集聚地。

（五）进一步优化消费环境

17. 加快推进商务诚信体系建设

研究制定进一步推进电子商务诚信体系建设的方案。探索构建以信用为核心的新型监管服务体系,不断优化消费环境。加快商务诚信公众服务平台二期建设,推动成立省级商务领域信用建设行业组织。研究制定商务领域"红黑名单"管理办法,建立完善守信联合激励与失信联合惩戒制度。

18. 构建溯源放心体系

加快推进全省重要产品追溯体系建设。强化单用途预付卡等领域行业监管,推动预付卡管理地方立法。争取出台加强直销行业规范发展的指导性文件。

19. 进一步完善消费统计体系

探索开展服务消费统计工作,按高质量发展要求,形成涵盖商品消费、服务消费的新消费指标体系,引导消费促进和消费升级工作。

20. 不断完善城乡市场信息监测体系

进一步优化样本结构,保证数据报送质量,提高监测智能化水平,加强市场重要商品监测分析,做好节日消费品市场监测分析,不断提升公共服务水平。

（2019 年 3 月 5 日）

2019 年全省商务系统法治政府建设工作要点

2019 年,全省商务系统法治政府建设工作,要以习近平新时代中国特色社会主义思想为指导,全面贯彻落实党的十九大和十九届二中、三中全会精神,深入贯彻省委十三届五次全会精神。根据省委、省政府《江苏省贯彻落实〈法治政府建设实施纲要(2015—2020 年)实施方案》和《江苏省 2019 年法治政府建设工作计划》,结合全省商务工作实际,深入推进法治政府建设各项任务的落实,为建设"强富美高"新江苏,推动高质量发展走在前列提供坚实的法治保障。

一 依法全面履行商务工作政府职能

(一)推动商务改革向纵深发展

深入实施外资准入前国民待遇加负面清单管理制度,持续放宽市场准入;推广境外投资备案"单一窗口"。发展现代流通推动消费升级。加快商务大数据建设。改进商务发展专项资金管理方式。全面推进政务诚信建设,认真履行在招商引资、政府与社会资本合作等活动中与投资主体签订的各类合同。全面推行"双随机、一公开"监管,推进跨部门联合监管和"互联网＋监管"。

(二)扩大全方位高水平开放

深化"一带一路"经贸合作,持续强化服务监管。打造改革开放试验田,探索自贸试验区各项改革举措的叠加复制与集成创新。打造品牌化、市场化、国际化的展会平台。构建口岸开放新格局,进一步提升国际贸易"单一窗口"主要业务覆盖率,加快建设具有江苏特色的一流电子口岸。找准长三角区域一体化发展的切入点,优化我省对外开放布局,推进长三角市场一体化建设。

(三)全力防范商务领域风险

积极应对中美经贸摩擦,坚持"三项制度",运用"四体联动",妥善处理贸易摩擦;防范"走出去"的外部风险,为企业提供有针对性的国别风险分析,完善对外劳务纠纷和突发事件的应急管理体系;防范资金和政策风险,改革商务发展资金分配方式,加强经贸政策的合法性和合规性审查;防范商务领域安全生产风险。

二　完善依法行政制度体系

(四)推动重点领域商务立法

围绕深化改革、促进经济高质量发展、加强和创新社会管理等中心工作,加强重点领域商务立法。配合相关部门制定《江苏省营商环境优化办法》;就《外商投资法》配套规则条例提出立法建议;研究制定《江苏省对外劳务合作管理办法》;研究制定国家《二手车流通管理办法》和《报废汽车回收管理办法》的江苏实施方案。

(五)提高制度建设公众参与度

保障公众在制度建设中的知情权、参与权、表达权和监督权。涉及法律保护群体权益、行业利益的,专门征求有关群体、组织、行业协会商会的意见。对公民、法人和其他组织权利义务有重大影响,涉及人民群众切身利益的规范性文件,在向社会公开征求意见时,期限一般不少于 7 个工作日。

(六)加强规范性文件合法性审查

建立健全规范性文件合法性审查机制。严格执行材料报送、程序衔接、审核时限等工作要求,认真履行审核职责,充分发挥合法性审查机制对确保规范性文件合法有效的把关作用。规范性文件的合法性审查率达 100%,合法性审查的时间一般不少于 5 个工作日,最长不超过 15 个工作日;未经合法性审查或经审查不合法的,不得提交集体审议。拟定与贸易有关的政策措施时要符合世贸规则,加强合规工作。建立健全合规工作机制,认真履行合规职责,充分发挥合规机制的指导、督促作用。合规评估工作的时间一般不少于 7 个工作日,最长不超过 15 个工作日。

(七)健全规范性文件管理机制

规范性文件按程序和时限报送备案。实行规范性文件目录和文本动态化、信息化管理。定期清理规范性文件,清理结果向社会公布。开展规范性文件后评估。对不适应全面深化改革和经济社会发展要求的规范性文件及时修改和废止。

三 推进行政决策科学民主法治化

(八)强化行政决策规范化建设

建立重大行政决策全过程记录、材料归档和档案管理制度,实现重大行政决策年度目录事项全部立卷归档。重大行政决策集体讨论率达到 100%,合法性审查率达到 100%。涉及特定群体、行业利益的,与相关人民团体、社会组织、群众代表等进行沟通协商,听取意见建议。事关经济社会发展全局和群众切身利益的重大行政决策事项,进行社会稳定、环境和经济等方面的风险评估,形成风险评估报告。落实重大行政决策后评估制度。

（九）增强公众参与实效

在提出重大行政决策事项时，多方面征求群众意见，拓展公众参与的渠道，丰富公众参与的形式，如座谈协商、民意调查、社会公开征求意见、听证等。同时，加快建立健全决策信息公开机制、结果反馈机制、督促及责任落实机制，进一步健全充分倾听民意、广泛集中民智、反映各方诉求的科学民主决策体系。在重大行政决策活动中，注重发挥法律顾问、公职律师的作用。

四 严格规范公正文明执法

（十）全面推行行政执法"三项制度"

全面推行行政执法公示制度，全面、准确、及时、主动公开行政执法主体、人员、权限、依据、程序、救济渠道和随机抽查事项清单等信息。除法律、行政法规另有规定外，行政许可、行政处罚的执法决定信息在执法决定作出之日起7个工作日内公开。全面推行行政执法全过程记录制度，行政执法全过程记录、全面系统归档保存、全过程留痕和可追溯管理。全面推行重大行政执法决定法制审核制度，制定重大执法法制审核项目目录清单，审核执行率达到100%。

（十一）健全行政执法人员管理

全面实行行政执法人员持证上岗和资格管理制度。全面落实行政执法责任制，建立行政执法日常检查监督机制，每年开展执法案卷评查、抽查等形式的检查工作。执行行政执法和刑事司法衔接移送标准。

五 强化行政权力制约监督

（十二）深化政务公开

推动政务公开内容覆盖权力运行全过程和政务服务全过程，全面提升政务公开制度化、标准化和信息化水平。完善社会监督和舆论监督机制，完善政府新闻发言人、突发事件信息发布等制度,合法的依申请公开政府信息的答复率和及时率达 100％。

(十三) 强化内部监督

加强对政府内部权力的制约,对财政资金分配使用、国有资产监管、政府投资、公共资源转让等权力集中的部门和岗位,实行分事行权、分岗设权、分级授权并定期轮岗,强化内部流程控制,防止权力滥用。认真执行《江苏省行政程序规定》,严格规范作出各类行政行为的主体、权限、方式、步骤和时限,确保行政权力运行合法化、规范化。

(十四) 自觉接受外部监督

自觉接受党内监督、人大监督、监察监督、民主监督、司法监督。认真及时研究处理人大、政协对商务工作提出的有关意见。支持人民法院依法受理和审理行政案件,行政机关负责人对涉及重大公共利益、社会关注度高、可能引发群体性事件、公益诉讼等行政案件按规定出庭应诉。尊重并执行人民法院生效判决,及时向法院反馈司法建议采纳情况。自觉接受配合监察机关开展监督工作,及时向监察机关反馈相关建议采纳情况。

六　依法有效化解社会矛盾纠纷

(十五) 加强行政复议工作

提高行政复议规范化程度,规范行政复议答复行为,行政复议机构设置、人员配备与工作任务相适应,审查行政复议案件由 2 名以上行政复议人员参加,积极推行行政机关负责人参加行政复议案件听证,落实行政复议决定书网上公开制度。

(十六) 健全社会矛盾化解机制

坚持调解、仲裁、复议、诉讼等矛盾纠纷多元化化解机制有机衔接,提升人民群众对化解社会矛盾纠纷工作的满意度。推行"阳光信访",建立健全网上受理信访平台和办理制度,健全及时就地解决群众合理诉求机制。实行诉访分离,推进通过法定途径分类处理信访投诉请求,引导群众在法治框架内解决矛盾纠纷,完善涉法涉诉信访依法终结制度。

七 落实法治建设工作保障

(十七) 强化组织领导

党政主要负责人切实履行推进法治建设第一责任人职责,将推进依法行政、建设法治政府工作纳入年度商务工作计划。认真落实领导班子集体学法制度,每年至少举办 2 期以上集体学法活动。落实法治政府建设年度报告制度。强化法治政府建设情况的考核评价。

(十八) 加大法治宣传教育力度

广泛开展法治宣传教育活动,严格落实"谁执法、谁普法"的普法责任制,普遍实施以案释法。加强政府工作人员、行政执法人员法律培训,努力提升用法治思维审视改革发展问题、谋划改革发展思路、破解改革发展难题的能力。

(2019 年 4 月 23 日)

省商务厅关于印发促进社区消费推动社区商业"三进三提升"指导意见的通知

各设区市商务局，昆山市、泰兴市、沭阳县商务局：

为贯彻落实党中央、国务院和江苏省委、省政府关于促消费、惠民生的系列文件精神，推动我省社区商业发展，构建更加完善的社区商业服务体系，促进社区消费，满足人民的美好生活需要，省商务厅制定了《关于促进社区消费推动社区商业"三进三提升"的指导意见》，现印发给你们，请认真贯彻执行。

关于促进社区消费推动社区商业"三进三提升"的指导意见

社区商业以社区居民为主要服务对象，是满足城乡居民日常生活消费的重要载体。推动社区商业发展，有利于完善现代流通体系，推动经济、社会高质量发展；有利于促进消费升级，扩大消费规模；有利于保障和改善民生，满足城乡居民多样化的消费需求。根据党中央、国务院和江苏省委、省政府关于促消费、惠民生的系列文件精神，为构建更加完善的社区商业服务体系，促进社区消费，满足人民的美好生活需要，特制定本意见。

一 总体要求

以习近平新时代中国特色社会主义思想为指导,遵循商业发展规律与趋势,顺应居民消费特点与变化,以促进消费、服务民生为宗旨,以打造社区优质生活服务圈为目标,以农贸市场(菜市场)标准化改造、便民商业网点业态提升、社区商业中心功能完善等为重点,通过政府引导、市场运作、创新发展,推动社区商业"三进三提升",即连锁经营进社区,提升社区商业组织化水平;品牌企业进社区,提升社区商业品质化水平;电子商务等新业态、新模式进社区,提升社区商业便利化水平。

二 主要目标

促进"一刻钟"社区生活服务圈升级,让社区商业更集约,让社区生活更美好。

力争用 3—5 年时间,发展壮大一批新型社区商业运营管理本土企业,引进一批省外、境外优秀企业,培育一批创新品牌企业,通过连锁经营、品牌企业、新型业态的集聚与引领,进一步提升社区商业的组织化、品质化、便利化水平,使城乡社区商业布局更加合理、业态更加多元、功能更加完善、服务更加精细,形成更加贴近社区居民需求、具有更好体验感的社区消费新场景。按照1年启动、3年扩面、5年见显效的步骤,2019 年,全省改造升级 100 家农贸市场(菜市场),建设 1 500 个新型社区商业便利网点,创建 40 个电子商务示范社区。

三 重点工作

(一) 发挥规划引领作用,优化社区商业网点布局

按照新建社区、已建社区和农村社区等不同社区商业属性,突出"便民"与"宜居"相统一原则,加强规划统筹和分类引导。在新建社区,相对集中建设配

套商业服务设施,着力引入新业态、新模式,体现集约。在已建成社区,充分整合利用现有网点资源,做好业态调整和升级提升,突出特色。在农村社区,结合居民集中居住区建设,布局农贸市场、便利店、生资店、快递站等,叠加政务等方面服务,力求配套。配合相关部门落实好国家关于"新建社区商业和综合服务设施面积占社区总建筑面积的比例不得低于 10%"的规定。联合有关部门加强社区商业设施的用途监管,防止随意改变设施的用途和性质。

(二)强化网点设施建设,完善提升传统商业功能

推动农贸市场(菜市场)改造升级,规范公益机制建设,引导农贸市场(菜市场)向标准化、信息化、超市化和公益化方向发展。推动社区菜店建设,引导传统超市增加生鲜区域经营面积,鼓励销售净菜、半成品菜和成品菜。鼓励品牌商业连锁企业、电商平台企业建设新型社区便利店,或以特许经营、收购等形式,整合小、散社区商业店,改善店铺形象,叠加便民服务功能,提升供应链管理水平。鼓励企业进入公共服务场所,在高校、体育场馆、医院、公园、地铁、加油站等开设品牌连锁便利店、无人便利店、智能零售柜。鼓励建设改造邻里中心、社区商业街等社区商业中心,推动社区生活服务业集聚式发展,合理布局农产品零售、超市卖场(含便利店)、大众餐饮(含早餐)、家政服务(含维修、美发)等基本业态,并选择性发展休闲娱乐、文化教育、运动健身、医疗卫生、托幼养老、美容保健、市政服务、金融及其他有特色的便民服务业态。倡导绿色循环消费,完善社区再生资源回收网络,规范社区回收站(点)经营管理。

(三)推动电子商务进社区,促进居民便利消费

以居民生活需求为导向,构建线上线下互动融合的社区商业综合服务体系。加强电子商务企业与社区商业网点融合互动,打通电子商务、社区网点和配送平台信息链,提供现场体验、线上下单、网订店取、配送到家的"一站式"服务。推动品牌连锁零售企业提高信息化水平,将线下物流、服务、体验等优势与线上商流、资金流、信息流结合,拓展智能化、网络化的全渠道布局。鼓励便利店和餐饮企业借助线上平台提供线上下单、线下体验、配送上门等服务。支持家政、洗染、维修、美发等行业开展网上预约、上门服务等业务。鼓励和支持大型电商平台与社区合作,加快推进电子商务进社区,拓展社区电商产业链。

引导平台型企业建立社区商品和服务消费后评价体系,实行评价信息公开。积极推动电子商务与快递物流协同发展,利用信息技术整合电商、快递、社区便利网点等资源,发展社区共同配送和智能配送;加强与社区物业合作,借助其场地和人力资源优势,提供小区快递收发配送服务。继续开展电子商务示范社区创建工作,完善社区商业综合服务体系。

(四)推广新技术新模式,加快发展社区消费新场景

支持社区商业企业应用物联网、大数据、云计算、人工智能等现代信息技术,精准获取消费者需求信息,提升运营效率和服务质量。支持社区便利店打通店内服务到上门服务的通道,为社区居民提供便利、个性和专业的服务。鼓励社区商业企业应用"人脸识别"技术,发展"无现金支付""24 小时无人值守"等新型服务方式,开设 24 小时便利店、无人售货柜,保障夜间消费需求。支持发展"智慧微菜场",在社区设立有购物和冷藏功能的"智能提货柜",为社区居民购买生鲜产品提供便利。鼓励发展社区团购、网红店、快闪店、智慧商店等新业态,满足社区居民多样化、个性化的消费需求。

(五)发展农村社区商业,改善农村消费环境

推动乡镇中心农贸市场建设和改造,发展集购物、餐饮、教育培训、文化娱乐等于一体的乡镇商贸中心、商业街。依托农民集中居住区和乡镇商贸中心,发展多业种、多业态,满足居民生产、生活多方面需求的微商圈。鼓励和支持消费新业态、新模式向农村社区拓展。支持品牌连锁企业通过特许加盟方式整合现有农村便利店。推动快递物流网络设施与社区有效衔接,鼓励多站合一、资源共享,发展第三方配送、共同配送和智能快件箱,为农村居民社区网购解决"最后一公里"问题。鼓励有条件的地区结合历史文化、地方特色,打造商、旅、文相结合的特色商贸小镇。

(六)培育运营主体,做优做强企业品牌

大力培育社区商业主体队伍,形成一批从事农贸市场(菜市场)、超市卖场(含便利店)、大众餐饮(含早餐)、家政服务(含维修、美发)经营的品牌企业,鼓励引入知名的社区邻里中心、社区商业街运营管理企业,逐步实现社区商业的

专业化、规范化、标准化经营。积极支持本土品牌企业发展壮大,发掘和培育创新典型企业,鼓励引入国内外知名企业,引导骨干企业开展联合、兼并、收购,在做强企业品牌的同时,提升我省社区商业的组织化、标准化水平。引导社区零售企业提高供应链管理及服务能力,通过发展连锁经营、采购联盟等多种组织形式降本增效。支持社区零售企业新建或升级改造集研发、加工、配送、结算等于一体的加工配送服务中心("中央厨房")。鼓励老字号企业进社区,为社区消费提供优质商品和服务。

四　保障措施

(一) 强化组织领导

各地商务部门要把促进社区消费、推动社区商业"三进三提升"作为促进消费升级、满足人民美好生活需要的重要举措,增强使命感、责任感和紧迫感。要围绕落实省商务厅下达的社区商业建设任务,建立健全工作推进机制,落实相关工作举措。要充分调动和发挥多方面积极性,形成相互配合、共同推进的工作合力。

(二) 加大政策扶持

认真落实国家已出台的关于促进消费和发展连锁经营、电子商务、推动实体零售创新转型的政策举措,统筹用好省级商务发展专项资金,推动社区商业"三进三提升"。要与旧城改造、新农村建设等工作紧密结合,争取更多政策和资金支持。

(三) 做好协调服务

建立与社区商业企业的常态化沟通机制,及时听取企业意见建议。加强对社区商业建设工作的指导服务,引导合理配置社区商业业态。加强与相关部门沟通协调,及时帮助企业解决在证照办理、人员用工、物流配送及其他方面遇到的问题。

（四）促进行业自律

促进农产品流通、电子商务、餐饮、家政、美容美发、再生资源等行业协会、商会的健康发展，引导行业组织制定行业规范和服务标准，加强行业服务和行业自律。鼓励开展多种形式的培训和交流，提高经营者和从业人员的综合素质。

（五）加强总结宣传

总结提炼社区商业的典型案例，交流推广社区商业新业态、新模式，宣传社区商业"三进三提升"工作成效、做法，为社区商业发展营造良好舆论氛围。

（2019 年 5 月 13 日）

各设区市人民政府,省各委办厅局,省各直属单位:

《江苏省对外劳务合作管理办法》已经省人民政府同意,现印发给你们,请结合实际认真贯彻执行。

江苏省对外劳务合作管理办法

第一章 总 则

第一条 为规范对外劳务合作,保障劳务人员和对外劳务合作企业合法权益,促进对外劳务合作健康发展,根据《对外劳务合作管理条例》(国务院令第620号)(以下简称《条例》)及其他相关规章,制定本办法。

第二条 本办法所称对外劳务合作,是指组织劳务人员赴其他国家(地区)为国外的企业或者机构(以下统称国外雇主)工作的经营性活动,包括招收劳务人员,向劳务人员提供咨询,为劳务人员办理出境手续,协助办理劳务人员境外居留、工作许可手续,提供其他境外服务等。

第三条 国外的企业、机构或者个人不得在江苏境内招收劳务人员赴国外工作。任何单位和个人不得以商务、旅游、留学等名义组织劳务人员赴国外工作。

第二章　对外劳务合作经营资格

第四条　从事对外劳务合作应取得对外劳务合作经营资格。未依法取得对外劳务合作经营资格证书并办理登记，不得从事对外劳务合作。

第五条　设区市商务主管部门负责受理辖区内对外劳务合作经营资格的申报和批准工作，并颁发《对外劳务合作经营资格证书》（以下简称《资格证书》）。取得对外劳务合作经营资格的企业统称对外劳务合作企业。

第六条　企业申请对外劳务合作经营资格应当向所在地设区市商务主管部门提交符合《条例》第六条规定条件的证明材料。设区市商务主管部门应当自收到材料之日起 20 个工作日内进行审查，作出批准或者不予批准的决定。予以批准的，颁发《资格证书》；不予批准的，书面通知申请人并说明理由。设区市商务主管部门将新取得《资格证书》的企业名单报送省商务主管部门。

第七条　对外劳务合作企业应当自取得对外劳务合作经营资格起 5 个工作日内，在设区市商务主管部门会同同级财政部门指定的银行（以下简称指定银行）开设专门账户，缴存不低于 300 万元人民币的对外劳务合作风险处置备用金（以下简称备用金）。

备用金也可以通过向设区市商务主管部门提交等额银行保函的方式缴存，由指定银行出具受益人为商务主管部门的不可撤销保函，保函有效期至少两年。设区市商务主管部门负责保存保函正本，并在保函到期前一个月书面提醒对外劳务合作企业延长保函的有效期。设区市商务主管部门应当在企业缴存备用金后及时将企业名单向社会公布，并报省商务主管部门。

第八条　备用金用于支付《条例》规定的对外劳务合作企业拒绝承担或者无力承担的相关费用。备用金使用后，对外劳务合作企业应当自使用之日起 20 个工作日内将备用金补足到原有数额。

第九条　设区市商务主管部门建立备用金台账制度。每年 1 月，设区市商务主管部门将上年末本辖区备用金台账报省商务主管部门。

第十条　申请从事对外劳务合作业务的企业应当依法先在市场监督管理

部门办理登记注册,市场监督管理部门应明确告知申请人所需的相关审批事项和审批部门,并由申请人书面承诺在取得审批前不得从事相关经营活动。市场监督管理部门应当将核准的市场主体登记信息、吊销信息通过江苏省市场监管信息平台告知同级商务主管部门。

第十一条　具有对外劳务合作经营资格的企业发生名称、住所、法定代表人、注册资本等变更的,应当自市场监督管理部门核准变更登记之日起 10 个工作日内,向设区市商务主管部门办理《资格证书》变更手续,换领新的《资格证书》。

第十二条　具有对外劳务合作经营资格的企业停止开展对外劳务合作经营的,在向设区市商务主管部门申请注销其对外劳务合作经营资格时,应当交回《资格证书》原件,并对其派出的尚在国(境)外工作的劳务人员作出妥善安排,安排方案报设区市商务主管部门。

第十三条　对外劳务合作企业企业法人终止的,颁发《资格证书》的商务主管部门应当依法办理注销手续。

第三章　对外劳务合作企业经营行为

第十四条　对外劳务合作企业发布出国劳务招聘广告应当真实、合法,不得含有虚假或者引人误解的内容,不得欺骗、误导劳务人员。市场监督管理部门负责出国劳务广告监督管理工作。

未依法取得对外劳务合作经营资格证书的单位和个人,不得发布出国劳务招聘广告。

第十五条　对外劳务合作企业应按照规定及时办理外派劳务业务相关项目审查和劳务人员备案手续,遵守国家对外劳务合作统计制度,依法报送经营数据信息,接受商务主管部门的管理和监督。

第十六条　对外劳务合作企业应当为劳务人员办理出境手续,并协助办理劳务人员在国外的居留、工作许可等手续。对外劳务合作企业组织劳务人员出境后,应当及时将有关情况向中国驻用工项目所在国使(领)馆报告。

第十七条　对外劳务合作企业应当与国外雇主订立书面劳务合作合同,劳务合作合同应当载明《条例》中规定的与劳务人员权益保障相关的事项。

对外劳务合作企业在与劳务人员订立的书面劳务服务合同中应当载明劳务合作合同中与劳务人员权益保障相关的事项,以及服务项目、服务费及其收取方式、违约责任等。

对外劳务合作企业应当负责协助劳务人员与国外雇主订立确定劳动关系的合同,并保证合同中有关劳务人员权益保障的条款与劳务合作合同相应条款的内容一致。

第十八条　对外劳务合作企业与劳务人员订立劳务服务合同时,应当将劳务合作合同中与劳务人员权益保障相关的事项以及劳务人员要求了解的其他情况如实告知劳务人员,并向劳务人员明确提示包括人身安全风险在内的赴国外工作的风险,不得向劳务人员隐瞒有关信息或者提供虚假信息。对外劳务合作企业有权了解劳务人员与订立劳务服务合同直接相关的个人基本情况,劳务人员应当如实说明。

第十九条　对外劳务合作企业应当将驻外使(领)馆出具的确认函、劳务合作合同、劳务服务合同、劳务人员名单等有关材料录入到江苏省出国劳务管理与服务系统备案。

第二十条　对外劳务合作企业向与其订立劳务服务合同的劳务人员收取服务费,应当符合国务院价格主管部门会同国务院商务主管部门制定的有关规定,遵守行业协会有关对外劳务合作收费自律指导意见。对外劳务合作企业不得以任何名目向劳务人员收取押金或者要求劳务人员提供财产担保。

第二十一条　对外劳务合作企业应当为劳务人员购买在国外工作期间的人身意外伤害保险。但是,对外劳务合作企业与国外雇主约定由国外雇主为劳务人员购买的除外。

第二十二条　对外劳务合作企业应当安排劳务人员接受赴国外工作所需的职业技能、政治安全、安全生产、安全防范、卫生防疫知识、外语、文明礼仪以及用工项目所在国家(地区)相关法律、宗教信仰、风俗习惯等培训,掌握赴国外工作所需的相关技能和知识;未安排劳务人员接受培训的,不得组织劳务人员赴国外工作。培训结束后,劳务人员须通过由外派劳务考试中心(以下简称考试中心)组织的适应性培训考试。考试合格后,考试中心向劳务人员发放《外派劳务培训合格证》。

第二十三条　对外劳务合作企业应当配合国外雇主落实安全生产措施,

保障其外派劳务人员在国外的生产安全。对外劳务合作企业应当跟踪了解劳务人员在国外的工作、生活情况，协助解决劳务人员工作、生活中的困难和问题，及时向国外雇主反映劳务人员的合理要求。

第四章　政府服务和管理

第二十四条　省开放型经济工作领导小组负责统筹协调全省对外劳务合作管理工作。

第二十五条　县(市、区)级以上地方人民政府统一领导、组织、协调本行政区域内对外劳务合作监督管理工作，并负责本行政区域内境外劳务纠纷的处置。

县(市、区)级以上商务主管部门负责本行政区域内对外劳务合作监督管理工作。县(市、区)级以上公安、财政、人力资源和社会保障、外事、市场监督管理等有关部门在各自职责范围内负责对外劳务合作监督管理的相关工作。

第二十六条　县(市、区)级以上地方人民政府根据《江苏省对外劳务合作服务平台建设与管理暂行办法(试行)》的有关规定，结合本地区开展对外劳务合作的实际情况，组织建立对外劳务合作服务平台(以下简称服务平台)，为对外劳务合作企业和劳务人员提供相关服务，鼓励、引导对外劳务合作企业通过服务平台招收劳务人员。服务平台通过江苏省出国劳务管理与服务系统保存对外劳务合作企业和劳务人员信息。商务主管部门对服务平台提供业务指导。

第二十七条　县(市、区)级以上商务主管部门建立对外劳务合作不良信用记录档案，记录国内外企业、组织和个人在对外劳务合作领域的违法违规行为，以及对违法违规行为的处罚等情况。除涉及国家秘密、商业秘密或个人隐私及其他依法不予公开的信息外，涉及对外劳务合作的不良信用记录由商务、市场监督管理部门依法对外发布，并建立有关部门间信用信息共享机制。

第二十八条　省商务主管部门会同省有关部门建立对外劳务合作风险监测和评估机制，及时在江苏走出去综合服务平台发布有关国家(地区)安全状况的评估结果，提供预警信息，指导对外劳务合作企业做好安全风险防范。有关国家(地区)安全状况难以保障劳务人员人身安全的，对外劳务合作企业不得组织劳务人员赴上述国家(地区)工作。

第二十九条 财政部门对境外突发事件应急救援,对外劳务合作服务平台,"江苏省出国外派境外工作人员人身意外伤害保险"项目,外派劳务人员的适应性培训等予以资金支持。

第三十条 省和设区市商务主管部门每年按一定比例随机抽取辖区内对外劳务合作企业进行检查。检查事项包括:对外劳务合作企业是否足额缴纳备用金,对外劳务合作企业是否按规定报送统计资料,对外劳务合作企业是否按规定安排劳务人员接受适应性培训和考试。

第五章 境外劳务纠纷处置

第三十一条 处置境外劳务纠纷按照《江苏省境外劳务纠纷处置办法》相关规定执行。

第三十二条 对外劳务合作企业应当制定境外劳务纠纷处置应急预案,妥善处置因对外劳务合作业务引发的劳务纠纷。鼓励劳务人员通过司法渠道解决劳务纠纷。

第三十三条 县(市、区)级以上地方人民政府对境外劳务纠纷处置负有主体责任,涉事企业注册地或非法组织出国劳务的公民户籍所在地人民政府主要负责人为第一责任人。

县(市、区)级以上地方人民政府应当建立境外劳务合作纠纷处置联席会议制度。联席会议主要职能是负责协调处置境外劳务纠纷,并及时向上级有关部门报告纠纷处置进展情况和处置意见。联席会议根据需要,针对具体事件成立专项应急处置临时工作机构,统一协调、处置境外劳务纠纷。县(市、区)级以上地方人民政府应当每5个工作日向上级人民政府报告一次纠纷处置进展情况和处置意见。

第三十四条 省外事部门应当每7个工作日向中国驻境外纠纷发生地所在国使(领)馆报告一次纠纷处置进展情况。

第三十五条 对违反《条例》及本办法规定的行为,任何单位和个人有权向商务、公安、外事、市场监督管理等有关部门举报,接到举报的部门应当在职责范围内依法及时处理:

（一）涉及获得对外劳务合作经营资格后违规经营的，由商务主管部门牵头处理；

（二）涉及无对外劳务合作经营资格违规经营的，由市场监督管理部门牵头处理；

（三）涉及非法组织出国劳务的，由公安部门牵头处理；

（四）涉及公民自行出境务工的，由外事部门牵头处理；

（五）其他交由有权处理部门处理。

对不属于本部门职责范围内的举报，受理部门应当在5个工作日内移交有权处理部门处理，并将移交情况告知举报人。

第三十六条　对引发境外劳务纠纷的违法违规行为应当做到"发生一起，处置一起，处罚一起"，坚决遏制对外劳务合作领域的违法违规行为。

第三十七条　县（市、区）级以上地方人民政府对处理境外劳务纠纷态度消极、处理不及时或处置不当而引发群体事件，带来不良国际和社会影响的，应当由上级政府部门追究相关责任人责任。

第六章　附　则

第三十八条　对外投资企业向其境外企业派出非本单位员工的，适用本办法。对外承包工程项下外派人员赴国外工作的管理，依照《对外承包工程管理条例》以及国务院商务主管部门、国务院住房和城乡建设主管部门的规定执行。

第三十九条　对外劳务合作企业在江苏省内设立的分公司（子公司）从事对外劳务合作，应按本办法规定办理。

第四十条　组织劳务人员赴香港特别行政区、澳门特别行政区、台湾地区工作的，参照本办法的规定执行。

第四十一条　本办法自2019年8月31日起施行。

（2019年7月29日）

各设区市商务局,昆山市、泰兴市、沭阳县商务局:

现将《江苏省商务领域信用"红黑名单"管理办法(试行)》印发给你们,请遵照执行。

江苏省商务领域信用"红黑名单" 管理办法(试行)

第一条 为深入推进我省商务信用体系建设,加强商务领域信用监管,规范信用联合奖惩对象名单管理,完善守信联合激励和失信联合惩戒机制,根据《国务院关于建立完善守信联合激励和失信联合惩戒制度加快推进社会诚信建设的指导意见》《商务部关于印发商务信用联合惩戒对象名单管理办法的通知》《关于对国内贸易流通领域严重违法失信主体开展联合惩戒的合作备忘录》《关于对对外经济合作领域严重失信主体开展联合惩戒的合作备忘录》《关于对家政服务领域相关失信责任主体实施联合惩戒的合作备忘录》《江苏省关于建立完善守信联合激励和失信联合惩戒制度的实施意见》《江苏省公共信用信息管理办法(试行)》《江苏省商务诚信体系建设实施意见（2016—2020 年)》《江苏省商务领域社会法人失信惩戒实施办法（试行)》等有关规定，结合实际，制定本办法。

第二条　省、设区市、县（市、区)商务主管部门(以下统称各级商务主管部门)，对行政区域内商务领域信用"红黑名单"的认定、公开、应用、异议处理、信用修复和退出等活动，适用本办法。

由法律、行政法规授权或者受商务主管部门委托履行相关行政管理职能的组织，对商务领域信用"红黑名单"的认定、公开、应用等活动，适用本办法。

法律、法规、规章另有规定的，从其规定。

第三条　本办法所称商务领域信用"红黑名单"管理，分为"红名单"管理和"黑名单"管理。

"红名单"管理，是指商务主管部门，对商务领域各类诚实守信市场主体，依法依规开展认定，以及采取激励措施等管理活动。

"黑名单"管理，是指商务主管部门，对商务领域各类严重违法失信的市场主体，依法依规开展认定，以及单独或联合其他部门，采取公开曝光、行为限制、失信惩戒等措施，督促其纠正违法行为的管理活动。

第四条　在我省依法登记注册的商务领域各类市场主体，包括内贸流通、对外贸易经营、双向投资和对外经济合作等领域及须经各级商务主管部门行政许可或备案的企业等市场主体，依照相关法律法规商务部门具有监管、指导职责的企业等市场主体，均纳入本办法管理范围。

第五条　省商务厅各处室、直属单位负责对省级商务领域"红黑名单"的认定、审核、公开、异议处理、信用修复和退出工作，并统一发布由各设区市、县（市、区)商务主管部门报送的商务领域"红黑名单"。

各设区市、县（市、区)商务主管部门负责辖区内商务领域"红黑名单"的认定、审核、报送、异议处理、信用修复和退出工作。

鼓励行业协会商会、大数据企业、金融机构、新闻媒体、社会组织等各类单位和个人向认定单位提供相关主体的守信行为和失信行为信息，作为各级商务主管部门"红黑名单"认定的辅助参考。

第六条　商务领域"红黑名单"的认定应依法依规、严格审慎。各级商务主管部门按照"谁主管、谁认定、谁负责"的原则，对认定"红黑名单"的合法性、真实性和准确性负责。

第七条　商务领域各类市场主体有下列情形之一,且无违法失信行为的,将其列入信用"红名单":

(一)受到商务主管部门表彰或认可的,如获得各类试点、品牌、示范、中华老字号、江苏老字号等;

(二)诚实守信行为受到设区市及以上党委、政府依法依规组织评选或认定并已向社会公示的;

(三)符合商务主管部门管理要求的其他条件。

第八条　商务领域各类市场主体有下列情形之一的,将其列入信用"黑名单":

(一)通过虚假、隐瞒、欺骗等不正当手段取得各级商务部门行政许可或备案资质、项目及资金扶持、评优评先表彰的;

(二)被商务部门责令停产停业、撤销或吊销许可证、资格证书,以及被处以重大行政处罚、行政强制的;

(三)生产经营中发生重大安全生产责任事故的;

(四)在商务部门开展的相关重点工作中,经营者未达到行业领域标准要求且多次不配合或拒不整改的;

(五)法定代表人或者主要负责人因经营或者服务行为被追究刑事责任的;

(六)商务主管部门根据工作职能,依据法律、法规、规章和《江苏省社会法人失信惩戒办法(试行)》规定的其他严重失信行为。

第九条　"红黑名单"认定程序:

(一)"红名单"认定程序:各级商务主管部门根据认定标准生成信用"红名单"的初步对象,在省商务诚信行政监管平台进行信用审查,确保无失信记录及行政处罚记录。并与省级公共信用信息系统中的各领域"黑名单"进行交叉比对,确保已被列入"黑名单"的市场主体不被列入"红名单"。认定单位在门户网站或商务诚信公众服务平台对拟发布的"红名单"予以公示,公示内容为拟纳入"红名单"的事实、理由及依据,公示期限为7个工作日。经公示无异议的,可认定为"红名单";有异议的,由认定单位核实处理,对反映情况属实的,取消列入"红名单"。

(二)"黑名单"认定程序:各级商务主管部门根据认定标准生成信用"黑

名单"的初步对象。认定单位应当对拟纳入"黑名单"的主体履行告知程序,书面告知其拟被纳入"黑名单"的事实、理由、依据和享有的申辩权利等事项。认定对象经告知有异议的,应在收到告知书之日起 15 个工作日内,向作出认定的商务主管部门进行陈述和申辩,认定单位应当听取当事人陈述和申辩意见,并自收到异议申请之日起 30 个工作日内予以回复复核结果并说明理由。当事人提出的事实、理由和证据成立的,认定单位应当予以采纳。"黑名单"形成后,将其与公共信用信息系统各领域"红名单"进行交叉比对,如"黑名单"主体之前已被列入"红名单",应将失信记录报送当地社会信用管理部门。

第十条 "红黑名单"经公示无异议后,由认定单位负责人签署审核意见,并逐级上报。各设区市商务主管部门应于认定后 10 个工作日内向省级商务主管部门报送名单,报送的名单应包含如下信息:

(一)相关主体基本信息。包括法人和其他组织名称(或自然人姓名)、统一社会信用代码、全球法人机构识别编码(LEI 码)(或公民身份证号码、港澳台居民的社会信用代码、外籍人身份号码)、法定代表人(或单位负责人)姓名及身份证件类型和号码等。

(二)列入名单的事由。包括认定诚实守信或违法失信行为的事实、认定单位、认定依据、认定日期、有效期、法律文书等信息。

(三)相关主体受到联合惩戒、信用修复、退出名单的相关情况。

第十一条 按照依法公开、从严把关、保护权益的原则,全省商务领域信用"红黑名单"由省级商务主管部门通过门户网站、省商务诚信公众服务平台等途径向社会公众统一发布,并按照相关规定报送省公共信用信息系统。"红黑名单"的发布时限与名单的有效期保持一致。对涉及企业商业秘密和个人隐私的信息,发布前应进行必要的技术处理。

"黑名单"有效期 3 年。

第十二条 列入商务领域诚信市场主体,商务主管部门依照法律、法规和国家有关规定,采取下列激励措施:

(一)在日常检查、专项检查中优化检查方式,减少检查频次,为诚信主体提供公共服务便利。

(二)在行政许可中,实施"绿色通道"或"容缺受理"等便利服务措施。

(三)在实施财政性资金安排、项目申报、评先评优等活动中,给予优先考虑。

（四）支持其他社会机构查询使用商务领域"红名单"，对列入"红名单"的市场主体实施市场性、行业性、社会性激励。

第十三条　列入商务领域失信"黑名单"的市场主体，商务主管部门依照法律、法规和国家有关规定，采取下列惩戒措施：

（一）限制取得商务领域各类行政许可资质。

（二）将其列为日常重点监管对象，加强检查力度，增加检查频次。

（三）限制参加政府购买服务项目。

（四）限制参与创先评优。

（五）限制或取消商务领域优惠政策或者财政资金补贴。

（六）支持其他社会机构查询使用商务领域"黑名单"，对列入"黑名单"的市场主体实施市场性、行业性、社会性约束和惩戒。

（七）法律、法规、规章规定的其他惩戒方式。

第十四条　失信"黑名单"发布 6 个月以上，黑名单主体认为其通过履行义务商务违法行为已整改到位、失信行为已得到纠正，可向认定部门提出信用修复。信用修复申请人须向认定部门提供相关身份材料和已履行行政处罚材料，主动参加信用修复专题培训，公开做出信用修复承诺，提交信用报告，经认定部门核实后，确已整改纠正到位，可以决定允许信用修复，书面告知申请人，并按原渠道报送和发布。

距离前一次信用修复时间不到 1 年或 3 年内信用修复累计达 2 次的，不得予以信用修复。

第十五条　被公示的诚实守信"红名单"主体符合下列情形之一的，应当从公示名单中予以删除：

（一）被其他有关部门行政处罚列入"黑名单"的；

（二）经异议处理，"红名单"主体认定有误的；

（三）"红名单"主体主动申请删除其诚实守信行为信息的。

第十六条　被公示的严重失信"黑名单"主体符合下列情形之一的，应当从公示名单中予以删除：

（一）"黑名单"管理有效期届满自动退出的；

（二）在黑名单有效期届满前，认定部门允许信用修复的；

（三）经异议处理，黑名单主体认定有误的；

（四）其他允许退出黑名单的情形。

第十七条　各级商务主管部门可以根据本办法的要求，制定商务领域"红黑名单"认定、管理、异议处理和信用修复的内部工作程序，并报省级商务主管部门备案。

第十八条　本办法由江苏省商务厅负责解释，自印发之日起实施。

（2019 年 8 月 29 日）

各设区市商务局，昆山市、泰兴市、沭阳县商务局：

现将《开展省级高品位步行街建设实施方案》印发给你们，请结合实际，认真贯彻落实。

开展省级高品位步行街建设实施方案

步行街是城市商业和服务高度集聚的区域，是满足居民消费的重要场所，也是展示城市形象的重要窗口。开展省级高品位步行街建设，是贯彻落实《中共中央国务院关于完善促进消费体制机制进一步激发居民消费潜力的若干意见》（中发〔2018〕32号）、《国务院办公厅关于加快发展流通促进商业消费的意见》（国办发〔2019〕42号）和《省政府2019年度十大主要任务百项重点工作》的重要任务，是实施消费升级行动计划的重要举措，是内贸流通改革发展的突破口。为做好此项工作，特制定本方案。

一 总体要求

（一）指导思想

以习近平新时代中国特色社会主义思想为指导，贯彻落实新发展理念，推进供给侧结构性改革，着力改造提升一批高品位步行街，提高品牌集聚度、消费便利度、市场繁荣度，增强消费吸引力、商业竞争力、街区凝聚力，发挥步行街在引领商圈消费、提高消费品质、提升城市形象等方面"小切口、大成效"的重要作用，推动形成步行街与周边大型商业设施、社区便民商业和商圈相互补充、相互带动、相互促进的消费生态环境，更好服务高质量发展，更好满足人民日益增长的美好生活需要。

（二）基本原则

——政府引导，市场运作。发挥政府在规划引导、政策扶持、环境建设、服务监督等方面的作用，坚持市场化运作，吸引社会资本参与步行街的改造提升和运营管理，遵循市场规律，顺应消费趋势，因势利导地推动高品位步行街建设。

——立足存量，改造提升。立足对现有步行街改造提升，不盲目上马新项目，不搞重复建设。重新梳理步行街功能定位，优化业态结构和店铺布局，完善配套设施和服务功能，推动技术应用和业态创新，下大力气破除体制机制障碍，加快形成竞争新优势。

——对标先进，突出特色。学习借鉴国内外知名步行街发展经验，引导步行街提高发展水平。注重挖掘、整合、利用当地自然禀赋、历史文化、传统商贸、建筑风格等资源，突出步行街独有特色，吸引特定消费群体。

——以点带面，统筹推进。充分发挥城市在高品位步行街建设中的主体作用，支持具备条件的城市根据自身战略定位和经济发展水平，重点选择一批步行街进行改造提升，向高品位步行街转变，为全面推动步行街发展摸索方法、积累经验。

（三）工作目标

用 2—3 年时间,在全省设区市、有条件的县(市)重点培育 15 条左右基础设施完备、业态功能多元、国内外品牌集聚、服务供给健全、街区管理完善、文化底蕴深厚,具有全省乃至全国领先水平的高品位步行街,使其成为推动消费升级的重要载体、展示城市形象的靓丽名片、服务经济发展的重要引擎。

二 主要任务

（一）明确功能定位,增强消费吸引力

全面梳理本地区步行街发展现状,坚持分类指导、因街施策,重新规划调整各步行街功能定位,实现多样化、特色化、差异化发展。在此基础上,结合城市战略定位和现有工作基础,选好重点培育的目标对象,找准改造提升的主要方向,着力培育具有引领带动作用的高品位步行街。商圈中心城市要坚持集约化、品质化发展方向,注重培育区域领先的高品位步行街,打造消费地标,带动区域发展;其他城市要积极培育代表城市形象、反映地域特色的高品位步行街,形成独有特色,增强消费吸引力。

（二）优化业态结构,提高品牌集聚度

顺应消费升级趋势,把握特定客群需求,加快调整步行街业态结构,逐步从同质化、低端化、单一化向差异化、品质化、多元化发展。推进名品名店名街联动,鼓励“名品进名店”,加快培育当地特色品牌、老字号品牌,加强与“一带一路”沿线国家合作,积极引进国内、国际一线品牌,鼓励引入具有丰富经验和品牌资源的商业运营主体,大力发展品牌旗舰店、体验店、主题店和高端定制等新型业态,提高品牌集聚度。对于租约到期的公有产权店铺,鼓励通过政策带动引入知名度高、影响力大的品牌,以点带面推进品牌结构调整。具备条件的可采取统一回租或自持物业等方式,重新设计、重新布局、重新招商。

（三）加快创新转型，增强商业竞争力

运用现代信息技术，多维度搜集步行街客流数据和行为特征，推动步行街内客流、商品、交易数据信息开放共享，引导商家运用大数据技术分析顾客消费行为，准确把握消费偏好，开展精准服务和定制服务，灵活运用网络平台、移动终端、社交媒体与顾客互动，建立及时、高效的消费需求反馈机制，做精做深体验消费。支持实体企业加快与电商平台、专业机构合作，实现线上线下资源优势互补和协同应用。

（四）健全配套设施，提高消费便利度

贯彻绿色发展理念，推广应用绿色低碳设施设备。以构建和谐商业为出发点，完善各种人性化、无障碍公共服务设施，充分利用周边资源规划设立公共开放空间、停车位和绿化面积，建设城市走廊、垂直空间连接、地下步行网络等，积极构建立体、便利的步行体系。引导市内交通干线与步行街衔接，促进客流有序集聚和疏散，避免或减轻对公共交通环境的影响。加大网络基础设施投入，构建步行街智慧化信息服务平台，打造微信公众号、小程序或 APP 等智能终端窗口，实现智能导航、智能导购、智能停车、移动支付、快递配送等全方位智能服务，着力打造智慧街区。

（五）促进跨界融合，提高市场繁荣度

在步行街改造提升过程中，要注重地方特色产业发展、地域历史文化传播、旅游购物消费相融合，着力打造一批商旅文体会联动的重点项目，以商承文、以文带旅、以旅兴商。鼓励发展多层次体验式消费，举办形式多样的营销活动，借助各类购物品牌节、展览展销会等，拓展消费服务空间。大力发展跨境电商、保税展示销售、进口商品直销等业态，打造国际消费综合平台。探索推进免税店建设，积极落实离境退税政策，促进和扩大境外旅客消费。

（六）创新管理机制，增强街区凝聚力

积极探索形式多样的步行街管理机制，有条件的地区可建设高效、独立的综合管理队伍，提高步行街管理和服务水平。支持步行街商户组建商会、联盟

等自律组织,搭建政府与企业间沟通的桥梁纽带,促进企业间资源共享、抱团发展。建立定性与定量结合、以量化数据为主的统计评价制度和市场预警机制,动态监测步行街发展状况,引导商户科学调整经营策略。建立基于步行街商户的信用评价机制,加强对信用评级、信用记录、风险预警、违法失信行为等信息的披露和共享。以"百城万店无假货"活动为载体,加强步行街内商品质量和服务品质的管控,营造便利放心愉悦的消费环境。

三 工作程序

(一)试点选择

基本参照《商务部步行街改造提升评价指标(2019 版)》,结合江苏步行街特点和实际设置加分指标,形成《江苏省省级高品位步行街评价指标(2019 版)》,以此为依据选择确定纳入试点的步行街名单。步行街长度原则上1 000 米左右。商业基础较好的设区市可推荐2~3 条,其他设区市可推荐1~2 条。

(二)实施步骤

1. 地方推荐

按照自愿申报原则,由街区管理机构向所在地县(区)商务主管部门提出申请,提交试点初步思路。县(区)商务主管部门会同相关部门编制试点方案,经所在地政府批准同意后,向设区市商务主管部门申请。设区市商务主管部门将申报材料汇总,统一报送至省商务厅。推荐的步行街应具备区位优势明显、特色突出、知名度高、带动作用强等特点,且步行街改造提升工作列入城市政府工作重点,并按照要求编制推荐材料。

2. 专家审核

省商务厅组织专家从街区布局、街区环境、街区品质、街区服务、街区文化、街区管理、综合效益七个方面对各地推荐的街区申报材料进行审核,确定重点培育的省级高品位步行街试点名单。

3. 跟踪指导

市级商务主管部门负责指导步行街所在县区政府进一步细化工作方案,

明确主要任务和时间节点,并依此跟踪督导。

4. 组织验收

根据各试点步行街改造提升进展情况,委托第三方组织专家组,对达到验收条件的试点步行街进行验收评价,评价结果报省商务厅。省级高品位步行街达标分数原则上不低于 800 分,达到 900 分(含)以上优先列为商务部第二批步行街改造提升试点推荐对象。

5. 结果公布

省商务厅根据专家验收意见,必要时实地复核,确定验收合格的步行街名单,公布为省级高品位步行街。

(三)申报材料

推荐表和推荐材料参照附件。

四 工作要求

(一)加强组织领导

省商务厅将加强对各地工作的支持指导,合力培育一批基础好、带动作用强的高品位步行街。各地商务主管部门要进一步提高认识,充分借助城市政府积极性,推动建立政府领导牵头、各部门积极参与的工作机制,科学制定本地区高品位步行街改造提升方案,加强政策配套,精心组织实施,统筹协调推进。要发挥步行街行业组织作用,吸引专业机构、研究院所、专家学者等多方参与,为高品位步行街建设提供支持。

(二)强化政策支撑

省商务厅将会同相关部门,结合消费升级行动计划贯彻落实,研究出台推动高品位步行街建设的支持政策,将高品位步行街建设纳入省商务发展资金支持重点。各地商务主管部门要加快建立政府支持引导、社会多元参与的步行街投融资机制,在推进城市建设和落实扩大消费政策中,加大对步行街改造提升的支持力度。鼓励有条件的地区设立专项资金给予支持。在保障公共安全的情况下,放宽对户外营销活动、店铺装潢装修、户外广告等限制,取消不必要的审批程序或将审批权限下放,赋予步行街管理机构更大的自主权。

(三)加大宣传推广

省商务厅将组织专业媒体大力宣传推广优秀典型,适时举办交流研讨活动和现场推进会,组织行业协会、专业机构、业内专家等给予工作支撑,提高步行街的知名度和影响力。各地商务主管部门要及时总结高品位步行街建设中的好做法、好经验,针对新情况、新问题积极探索新思路、新举措。要积极组织媒体宣传报道,利用多种渠道开展国内外交流合作,扩大步行街影响,提升城市形象。

各地推荐材料(含推荐材料、推荐表的盖章纸质版和电子版)请于 2019 年 9 月 30 日前由各设区市商务主管部门统一报送至省厅流通处。

附件:

1. 江苏省省级高品位步行街推荐表(略)。

2. 推荐材料编制要求(略)。

3. 江苏省省级高品位步行街评价指标(2019 版)(略)。

(2019 年 8 月 29 日)

南京、苏州、连云港市人民政府，中国（江苏）自由贸易试验区工作领导小组各成员单位：

《中国（江苏）自由贸易试验区建设实施方案》已经中国（江苏）自由贸易试验区工作领导小组第一次全体会议审议通过。现印发给你们，请认真组织实施。

中国（江苏）自由贸易试验区建设实施方案

为贯彻落实《中国（江苏）自由贸易试验区总体方案》（国发〔2019〕16 号），加快推进中国（江苏）自由贸易试验区（以下称自贸试验区）建设，制定如下实施方案。

一 总体要求

以习近平新时代中国特色社会主义思想为指导，深入贯彻党的十九大精神，认真落实党中央、国务院关于建设自贸试验区决策部署，坚持和加强党对改革开放的领导，以供给侧结构性改革为主线，以制度创新为核心，进一步解放思想,聚焦定位、突出特色,深化改革、系统集成,推动全方位高水平对外开放,加快"一带一路"交汇点建设,着力打造开放型经济发展先行区、实体经济创新发展和产业转型升级示范区,把自贸试验区建设成为新时代改革开放的新高地。

力争到 2022 年,自贸试验区开放型经济制度体系更加完善,投资贸易自由化、便利化水平大幅提升,打造成市场化、法治化、国际化营商环境的示范标杆;实现开放与创新、科技与产业、金融与实体经济深度融合,建成一批具有国际影响力的先进制造业和现代服务业产业集群,初步形成自主可控的现代产业体系;在服务和融入"一带一路"建设、长江经济带发展和长三角区域一体化发展等国家战略,辐射带动区域经济高质量发展中的作用和地位更加突出。

二 区位布局

自贸试验区的实施范围为 119.97 平方公里,涵盖三个片区:南京片区 39.55 平方公里,苏州片区 60.15 平方公里(含苏州工业园综合保税区 5.28 平方公里),连云港片区 20.27 平方公里(含连云港综合保税区 2.44 平方公里)。

南京片区重点发展集成电路、生命健康、人工智能、物联网和现代金融等产业,建设具有国际影响力的自主创新先导区、现代产业示范区和对外开放合作重要平台。

苏州片区重点发展生物医药、纳米技术应用、人工智能、新一代信息技术、高端装备制造及现代服务业等产业,建设世界一流高科技产业园区,打造全方位开放高地、国际化创新高地、高端化产业高地、现代化治理高地。

连云港片区重点发展新医药、新材料、新能源、大数据和高端装备制造,以及航运物流、文化旅游、健康养老等现代服务业,建设亚欧重要国际交通枢纽、集聚优质要素的开放门户、"一带一路"沿线国家(地区)交流合作平台。

三 主要任务和措施

(一)打造国际一流营商环境

对标国际标准,加快转变政府职能,加大"放管服"改革力度,强化竞争政策的基础性地位,打造市场化、法治化、国际化的营商环境。

1. 完善地方立法

做好与相关法律法规"立改废释"的衔接工作,推动制定《中国(江苏)自由贸易试验区条例》。全面梳理现有相关法律法规,及时调整与国际经贸规则、自贸试验区改革创新不相适应的内容,为自贸试验区改革创新提供合法性依据,为市场主体合法权益提供稳定、透明的法治保障。(省司法厅、省商务厅牵头,各相关部门按职责分工负责)

2. 加大简政放权力度

依法赋予自贸试验区充分的改革自主权,研究制定自贸试验区赋权清单,将省级能够下放的经济社会管理权限,全部下放给自贸试验区,并根据发展需要适时调整。加强对片区业务指导,确保放得下、接得住、用得好。开展"证照分离"改革全覆盖试点,持续推进"多证合一"。(省政务办、省市场监管局、省司法厅牵头,各相关部门按职责分工负责)

3. 加大优化服务力度

加快推进"2个工作日内开办企业、3个工作日内获得不动产登记、30个工作日内取得工业建设项目施工许可证"改革。提升政务服务网办能力,不断扩大"不见面审批(服务)"覆盖面。深化办税缴费便利化改革,开展新办企业涉税业务一表办理。(省政务办牵头,省自然资源厅、省住房城乡建设厅、省市场监管局、江苏税务局等按职责分工负责)

4. 完善商事纠纷解决机制

加强商事审判队伍建设,推进南京法治园区建设,推动在自贸试验区内设立专门审判机构,提升法官队伍正规化、专业化、职业化水平。强化贸促会涉外商事调解功能,发展国际商事仲裁、调解等司法替代性解决机制,落实司法确认程序。(省法院、省司法厅、省贸促会等按职责分工负责)

5. 创新事中事后监管体制机制

加大放管结合力度,创新监管方式,推行"双随机、一公开"、联合监管等监管方式,建设"互联网+监管"系统。建立健全以信用监管为核心、与负面清单管理方式相适应的事中事后监管体系。配合做好外商投资安全审查工作。落实市场主体首负责任制,在安全生产、资源节约、环境保护等领域建立市场主体社会责任报告制度和责任追溯制度。深化综合行政执法体制改革。(省委编办、省市场监管局牵头,省政务办、省发展改革委、省司法厅、省自然资源厅、省生态环境厅、省交通运输厅、省农业农村厅、省商务厅、省文化和旅游厅、省应急管理厅、江苏税务局等按职责分工负责)

6. 加强金融风险识别防范

推动建立金融监管协调机制,加强金融风险监测分析,及时化解处置金融风险隐患。探索监管科技应用,提升防范金融风险能力。加强部门协调联动,强化反洗钱、反恐怖融资、反逃税工作。(省地方金融监管局、人民银行南京分行牵头,省公安厅、省市场监管局、江苏税务局、江苏银保监局、江苏证监局等按职责分工负责)

(二)打造开放型经济发展先行区

探索由商品和要素流动型开放向规则等制度型开放转变,探索"高质量引进来"与"高水平走出去"并举,探索开放与创新融合,以高质量开放推动高质量发展走在前列。

7. 推动投资自由化

全面落实外商投资准入前国民待遇加负面清单管理制度,自贸试验区负面清单之外的领域,按照内外资一致原则实施管理。对符合条件的外资创业投资企业和股权投资企业开展境内投资项目,探索实施监管新模式。允许外商投资企业将资本项目收入划转或结汇依法用于境内股权投资。(省发展改革委、省商务厅牵头,人民银行南京分行、江苏证监局等按职责分工负责)

8. 拓展对外开放领域

支持外商独资设立经营性教育培训和职业技能培训机构。制定实施细则,鼓励国外知名高校在自贸试验区开展中外合作办学。支持外商投资设立航空运输销售代理企业。统一内外资人才中介机构投资者资质要求,由自贸试验区管理机构负责审批,报省级人力资源社会保障部门备案。允许自贸试验区内外商独资建筑企业在全省范围内,不受投资比例限制,承揽中外联合建设项目。积极探索实施国际船舶登记制度,支持外资和合资航运公司入驻自贸试验区。支持外国船舶检验机构在自贸试验区开展船舶入级检验,并逐步放开船舶法定检验。(省教育厅、省人力资源社会保障厅、省住房城乡建设厅、省商务厅、省市场监管局、江苏海事局、连云港海事局等按职责分工负责)

9. 扩大金融领域对内对外开放

支持依法依规设立中外合资银行、民营银行、保险、证券、公募基金、持牌资产管理机构等法人金融机构。支持设立保险资产管理公司。探索自贸试验区内上市公司外资股东直接参与上市公司配售增发业务,支持外籍员工直接参与境内上市公司股权激励计划。扩大资本项目收入结汇支付便利化试点规模。积极开展合格境外有限合伙人(QFLP)试点。(省商务厅、人民银行南京分行、江苏银保监局、江苏证监局等按职责分工负责)

10. 建立健全外商投资服务体系

鼓励自贸试验区在法定权限内制定外商投资促进政策。实施重大外资项目"直通车"制度。推动投资促进、企业服务的市场化运作,加强与境内外投资促进机构合作,引导高质量外资项目集聚。完善外商投资促进、项目跟踪服务和投诉工作机制。推动建立外商投资信息报告制度和信息公示制度。(省商务厅牵头,省发展改革委、省政务办、省市场监管局等按职责分工负责)

11. 完善外商投资保护机制

建立完善地方政府招商引资诚信制度。深入实施公平竞争审查制度,防止出台排除、限制竞争的政策措施。清理和取消资质资格获取、参与公共服务项目建设、标准制定等方面的差别化待遇,实现各类市场主体依法平等准入。依法化解各类矛盾纠纷,加大产权保护力度,维护各类市场主体的合法权益。(省商务厅牵头,省法院、省发展改革委、省市场监管局等按职责分工负责)

12. 提高境外投资合作水平

创新境外投资管理,将自贸试验区建设成为企业"走出去"的窗口和综合服务平台。在苏州片区建设国家级境外投资服务中心。创新境外投资服务,推行境外投资备案管理"单一窗口"模式。投资境外非贸易类实体项目的自贸试验区内企业因外保内贷履约形成对外债务时,应办理外债登记,并纳入全口径跨境融资宏观审慎管理。依规开展人民币海外基金业务。(省发展改革委、省商务厅牵头,省外办、省政务办、人民银行南京分行、中国出口信用保险公司江苏分公司、中国进出口银行江苏省分行等按职责分工负责)

13. 提升贸易便利化水平

加快建设具有国际先进水平的国际贸易"单一窗口",推动与国际贸易有关的政府部门、企业间数据开放共享。探索建立海关、运输、口岸、货代、仓储、银行、金融等全链条信息可溯机制,推动监管互认和执法互助。探索建立食品、农产品检验检疫和追溯标准国际互认机制。扩大第三方检验结果采信商品和机构范围,放宽第三方检验鉴定机构准入条件。完善进口商品质量安全风险预警与快速反应监管体系。优化口岸通关流程,推进货物平均放行和结关时间体系化建设,按要求压缩整体通关时间。在自贸试验区内优先开展企业认证。创新出口货物专利纠纷担保放行方式,支持第三方服务机构为企业提供支持。稳步推进"两步申报"通关监管改革试点。加快实施货物贸易外汇收支便利化试点。(省商务厅、南京海关牵头,省交通运输厅、省农业农村厅、省市场监管局、人民银行南京分行、江苏海事局、连云港海事局、省知识产权局等按职责分工负责)

14. 支持自贸试验区口岸建设

支持南京片区设立综合保税区。支持南京、连云港片区申报建设汽车整车进口口岸。支持自贸试验区申报铁路对外开放口岸资质。支持依法依规建设首次进口药品和生物制品口岸。探索与自贸试验区外机场、港口、铁路以及海关特殊监管区域的联动发展。(省商务厅、南京海关牵头,省交通运输厅、江苏税务局、江苏海事局、连云港海事局、省药监局等按职责分工负责)

15. 创新生物医药监管模式

支持搭建生物医药集中监管和公共服务平台。开展进境生物材料风险评估,优化对细胞、组织切片等基础性原料的检疫准入流程。优化生物医药全球协同研发的试验用特殊物品的检疫查验流程。支持依法依规优化研究用对照药品一次性进口审批流程。支持在自贸试验区内建立备货仓库,简化1千克以内的药物样品、中间体出境手续。(南京海关、省药监局牵头,省卫生健康委等按职责分工负责)

16. 加快发展跨境电商

推动自贸试验区内综合保税区依法依规全面适用跨境电商零售进口政策。完善跨境电子商务综合试验区零售出口货物增值税、消费税"无票免税"配套措施,落实好国家对综试区零售出口跨境电商企业出台的所得税核定征收办法,跨境电商零售出口采取"清单核放、汇总统计"方式办理报关手续。支持连云港片区申报建设国际邮件互换局(交换站)和国际快件监管中心。加快推动跨境电商公共海外仓建设。(省商务厅、南京海关牵头,江苏税务局、省邮

政管理局、中国出口信用保险公司江苏分公司等按职责分工负责)

17. 发展贸易新业态、新模式

允许海关接受软件报关,探索数字化贸易等新型业态通关及出口退税方式。推动建设大宗商品集散中心,支持在海关特殊监管区域和保税监管场所设立大宗商品期货保税交割库,开展期货保税交割、仓单质押融资等业务。积极争取开展二手车出口试点。探索先进技术装备、关键零部件及其他机电产品(医疗器械等高风险产品除外)等平行进口。(省商务厅、南京海关牵头,省发展改革委、省公安厅、江苏税务局、江苏银保监局、江苏证监局等按职责分工负责)

18. 推动服务贸易创新发展

建立完善服务贸易创新发展跨部门协调机制,探索建立服务贸易全口径统计制度和创新发展评价机制。在自贸试验区重点发展数字化产品、研发设计、国际维修、检验检测、知识产权服务、文化等行业的服务贸易,打造以数字化贸易为标志的新型服务贸易中心。鼓励自贸试验区开展中医医疗、保健服务等中医药服务贸易。探索建设服务贸易境外促进中心,加大出口信用保险和出口信贷的支持力度,构建中小微服务贸易企业融资担保体系。推进人民币在服务贸易领域的跨境使用。(省商务厅牵头,省文化和旅游厅、省统计局、人民银行南京分行、南京海关、江苏银保监局、省新闻出版局、省中医药管理局、中国出口信用保险公司江苏分公司、中国进出口银行江苏省分行等按职责分工负责)

(三)打造实体经济创新发展示范区

深入实施创新驱动发展战略,汇聚国际创新资源要素,优化创新环境,推动更高水平开放与更深层次创新协调发展。

19. 构建开放创新载体

支持南京片区围绕集成电路、苏州片区围绕纳米和生物医药、连云港片区围绕医药等先进制造业集群建设培育省级以上制造业(产业)创新中心。加强与全球创新型城市、国际知名园区交流合作,深化江苏与重点合作对象国的科技合作。加强重大创新平台建设,鼓励外资设立研发中心,鼓励企业通过并购、自建、合作参股等多种方式在海外建设研发、孵化基地等协同创新中心、海外创新机构。争取国家技术创新中心、国家产业创新中心、国家重大科技基础设施及其分中心优先布局。（省发展改革委、省科技厅牵头,省工业和信息化厅、省商务厅、省外办、江苏证监局等按职责分工负责）

20. 深化科技管理体制改革

积极争取国家有关部门支持,授权自贸试验区探索高新技术企业认定流程和方式改革。探索推进职务发明创造所有权、处置权和收益权改革,鼓励高校、科研院所与职务发明人采取约定方式确认职务发明知识产权的处置权和收益权归属。（省科技厅牵头,省发展改革委、省教育厅、省财政厅、省商务厅、江苏税务局、省知识产权局等按职责分工负责）

21. 加强知识产权保护和运用

对接国际通行规则,实施最严格的知识产权保护制度。支持加快建设知识产权服务业集聚发展示范区,搭建国际知识产权服务合作平台,支持国外知识产权服务机构在自贸试验区依法设立办事机构,开展相关业务。依托省知识产权大数据平台,为自贸试验区企业技术创新、市场营销、进出口贸易提供知识产权信息服务支撑。加强南京、苏州知识产权保护中心建设,推动中国（江苏）知识产权保护中心建设,建立自贸试验区知识产权保护分中心,为企业提供快速维权、快速审查、快速确权、专利运营等服务,探索建立知识产权纠纷诉调对接、仲裁调解、人民调解等多元化的知识产权纠纷解决机制。创新知识产权融资产品,推动知识产权大数据在金融领域运用,引导银行建立健全对创新型企业评价机制。积极推广知识产权保险,探索开展知识产权证券化融资试点。完善知识产权评估机制、质押融资风险分担机制和方便快捷的质物处置机制。（省知识产权局牵头,省法院、省公安厅、省市场监管局、省地方金融监管局、人民银行南京分行、江苏银保监局、省新闻出版局等按职责分工负责）

22. 推动金融支持科技创新

积极争取开展债券、股权融资支持工具试点,鼓励符合条件的科技创新企业通过在科创板、创业板等首次公开发行股票并上市、发行公司债券等方式融资,提高直接融资比重。鼓励商业银行在自贸试验区设立科技支行等机构,开展科技金融业务。支持片区探索建立科技企业"白名单"制度,引导银行类金融机构按规定对名单内的企业开展无还本续贷业务,对名单内的高新技术企业提供主动授信。探索政府投资基金支持创新创业的投资收益让利政策和退出机制。研究设立跨境双向股权投资基金,促进境内外科技企业孵化和科技成果产业化。研究开展合格境内投资企业(QDIE)政策试点。(省科技厅、省财政厅、省国资委、省地方金融监管局、人民银行南京分行、江苏银保监局、江苏证监局、中国出口信用保险公司江苏分公司等按职责分工负责)

23.创新人才管理服务模式

探索国际人才管理改革试点,为在自贸试验区工作、创业、交流访问的外国人提供出入境便利。开展外国高端人才服务"一卡通"试点,完善"江苏省海外高层次人才居住证"制度,建设高层次人才一站式服务平台,对外国高端人才提供住房、子女入学、就医、社保等一站式服务。在自贸试验区开展职业资格国际互认试点,探索放宽自贸试验区聘雇高层次和急需紧缺外籍专业人才条件限制。争取国家授权允许港澳律师直接在自贸试验区内从事涉外涉港澳业务,并逐步扩展法律职业资格认可范围。允许外籍及港澳台地区技术技能人员按规定在自贸试验区工作。积极争取外籍高端人才雇佣的家政服务人员申请办理私人事务类居留许可政策。支持完善人才跨境金融服务。(省科技厅、省公安厅、省人社厅牵头,省发展改革委、省教育厅、省司法厅、省住房城乡建设厅、省卫生健康委、省商务厅、省医保局等按职责分工负责)

24.创新土地开发利用监管模式

支持对自贸试验区所在地的县(市、区)新增建设用地计划给予适度倾斜。推进低效用地再开发,促进土地高效集约利用。自贸试验区内土地可以按不同功能用途混合利用,允许同一地块或同一建筑兼任多种功能,产业用地可实行弹性年期供应,根据产业政策和项目类别可采取先租后让、租让结合、弹性出让等供地方式。完善工业企业资源集约利用综合评价机制,实行资源要素差别化配置。(省自然资源厅、省工业和信息化厅等按职责分工负责)

(四)打造产业转型升级示范区

以先进制造业集群培育为总抓手,以智能化、绿色化、服务化为重点实施大规模技术改造,大力度提升企业自主创新能力,培育自主品牌领军企业,优化产业结构和布局,提高现代服务业支撑能力,构建自主可控的现代产业体系。

25.发展前瞻性先导性产业

聚焦新一代信息技术、高端装备制造、纳米技术应用、生物医药、人工智能等前沿产业,实施自主可控技术攻坚行动和自主品牌企业培育工程,打造世界级先进制造业集群。在风险可控、依法依规前提下,积极开展高技术、高附加值、符合环保要求的旧机电产品维修和再制造,探索开展高端装备绿色再制造试点。积极开展医疗器械注册人制度试点,加快推进自贸试验区医疗器械产业创新发展。(省工业和信息化厅牵头,省发展改革委、省科技厅、省卫生健康委、南京海关、省通信管理局、省药监局等按职责分工负责)

26. 推动现代服务业集聚发展

重点发展现代物流、工业设计、科技服务、知识产权服务、信息技术服务、金融服务等生产性服务业。推动邮轮、游艇等旅游出行便利化。促进文物及文化艺术品在自贸试验区内的综合保税区存储、展示等。打造两岸企业家紫金山峰会、世界智能制造大会、中国(苏州)电子信息博览会等品牌化、市场化、国际化的会展平台,积极支持中国(连云港)国际物流博览会升格。探索对相关进口展览品免于办理市场准入手续,允许展后结转进入海关特殊监管区域及保税监管场所核销,销售或使用的展品按照有关规定办理市场准入手续。(省发展改革委、省商务厅牵头,省委台办、省教育厅、省科技厅、省公安厅、省工业和信息化厅、省交通运输厅、省文化和旅游厅、省地方金融监管局、南京海关、江苏海事局、连云港海事局、省知识产权局、省贸促会等按职责分工负责)

27. 大力发展总部经济

加大对总部经济的政策支持力度,优化跨国公司地区总部认定标准。推进企业跨境财务结算中心集聚发展,开展跨国公司总部外汇资金集中运营管理。跨境财务结算中心经批准可以进入境内银行间外汇市场交易。支持符合条件的跨国企业集团设立跨境人民币资金池,集中管理集团内人民币资金。探索支持符合条件的总部企业自主进行跨区域外发加工或深加工结转,实行集团总担保,完善企业"一本账册"、信用措施共享等海关监管制度,面向总部企业实施注册登记、通关、减免税、保税等业务"一站式"办理。(省发展改革委、省商务厅牵头,省财政厅、省市场监管局、人民银行南京分行、南京海关、江苏税务局、江苏银保监局等按职责分工负责)

28. 推动金融业创新发展

支持金融租赁、融资租赁行业发展,支持相关企业在自贸试验区内依法合规设立项目子公司(SPV 公司)开展境内外融资租赁业务及与主营业务相关的保理业务。依法依规创新绿色金融产品和服务。鼓励保险公司创新产品和服务,为能源、化工等提供保障。发展离岸保险业务,鼓励各类保险机构为"走出去"企业提供风险保障。支持自贸试验区内基金小镇依法合规开展私募投资基金服务。支持开展外债注销登记下放给银行办理试点。支持航运领域金融创新,开展建造中船舶抵押登记和船舶融资租赁登记。(省地方金融监管局、人民银行南京分行牵头,省发展改革委、江苏银保监局、江苏证监局、江苏海事局、连云港海事局、中国出口信用保险公司江苏分公司、中国进出口银行江苏省分行等按职责分工负责)

29. 大力发展信息技术产业

加快建设下一代互联网国家工程中心,推进互联网与制造业深度融合。积极争取国家集成电路设计服务产业创新中心并加快建设,打造集成电路千亿级产业集群。加快推进5G商用城市建设,鼓励在工业互联网、车联网、智能制造、智慧城市、4K高清、VR/AR等重点领域率先开展5G创新应用。支持南京片区、苏州片区参与国家级车联网先导区建设,推动车联网领域内重大技术攻关。支持开展国家大数据开放创新等示范试点。(省工业和信息化厅牵头,省发展改革委、省科技厅、省通信管理局等按职责分工负责)

30. 打造健康服务发展先行区

南京片区建设国家健康医疗大数据中心与产业园工程,探索开展干细胞等前沿医疗技术研究项目,瞄准世界药物研发前沿动态,开展重大疾病新药创制。在相关制度安排框架下,允许港澳台服务提供者按国家规定设立独资医疗机构。积极争取支持配置质子治疗系统等甲类大型医用设备。对社会办医疗机构配置乙类大型医用设备,取消床位规模要求。(省卫生健康委牵头,省发展改革委、省商务厅、省医保局、省药监局等按职责分工负责)

(五)打造服务国家战略的重要载体

精准定位、主动作为、加强合作,在服务和融入"一带一路"建设、长江经济带发展和长三角区域一体化发展等国家战略中实现区域经济高质量发展。

31. 建设"一带一路"开放通道

建设连云港海港物流、徐州铁路物流、淮安航空物流互为犄角的"物流金三角"。支持在自贸试验区内建立多式联运中心,探索建立以"一单制"为核心的便捷多式联运体系。促进国际中转、中转集拼、甩挂运输、沿海捎带业务发展。支持连云港片区规划建设铁路集装箱中心站。加快连云港—里海供应链基地等海外物流基地建设,提升中哈(连云港)物流合作基地建设水平。搭建新亚欧大陆桥陆海联运电子数据交换通道。加快推进连云港"一带一路"大数据中心建设,打造"一带一路"互联网数据开放交换共享试验区。推动将中欧班列(连云港)纳入中欧安全智能贸易航线试点计划。承接好外资经营国际船舶管理业务备案下放工作。(省发展改革委、省商务厅牵头,省工业和信息化厅、省交通运输厅、南京海关、连云港海事局、省通信管理局等按职责分工负责)

32. 加强"一带一路"国际产能合作

支持企业与相关国家机构合作,参与建设境外经贸合作区、产能合作区等,推进中阿(联酋)产能合作示范园、柬埔寨西哈努克港经济特区、中国—印尼"一带一路"科技产业园等项目。发挥政策性信用保险作用,支持和带动企业参与"一带一路"国际产能合作。引导区内优势行业龙头企业带动全产业链抱团走出去,探索设立境外股权投资企业,鼓励区内投资机构加大"一带一路"投资并购,逐步形成以我为主的国际产业链。(省发展改革委、省商务厅牵头,省外办、江苏证监局、省贸促会、中国出口信用保险公司江苏分公司等按职责分工负责)

33. 建立"一带一路"合作机制

加强与"一带一路"沿线重点国家海关检验检疫国际合作,深化与韩国海关关际合作项目,探索与俄罗斯、新加坡、哈萨克斯坦等国家海关建立关际合作机制。建立完善"一带一路"海事纠纷处理机制。积极推动与已签署"丝路电商"合作机制的国家开展地方对接、企业合作,加快培育面向境外投资和跨国经营的中介服务机构。(省发展改革委、省商务厅牵头,省司法厅、省外办、南京海关等按职责分工负责)

34. 更好推进长江经济带发展

把自贸试验区建设成为长江经济带生态优先、绿色发展的高质量窗口。开展生态环境科技创新行动,加快建设扬子江生态文明创新中心。支持建设长江"生态眼"多源感知系统,开展生态环境物联网监测和生态大数据智能分析,探索长江生态环境保护修复的协作机制,围绕新材料、生物技术等方向寻求前瞻性前沿技术突破。探索与其他长江经济带自贸试验区协同开放,建立跨省合作机制,促进区域产业转型升级。(省发展改革委牵头,省科技厅、省财政厅、省工业和信息化厅、省生态环境厅、省商务厅、江苏海事局等按职责分工负责)

35. 深度融入长三角区域一体化发展

推进与长三角其他自贸试验区联动发展,打造高水平国际化协同创新共同体,促进区域创新要素自由流动与高效配置,协同培育生物医药、集成电路、前沿新材料等国际领先的先进制造业集群和科创高地。推动片区高校、科研机构等与长三角城市间建立创新联盟,推进创新券通兑通用,加快科技成果转化与产业化。加快建设现代产业集聚区,主动服务长三角区域重点产业的优化布局和统筹发展。(省发展改革委牵头,省教育厅、省科技厅、省财政厅、省工业和信息化厅、省商务厅等按职责分工负责)

四　保障措施

(一) 加强组织领导

坚持和加强党对改革开放的领导,把党的领导贯穿于自贸试验区建设的全过程。成立中国(江苏)自由贸易试验区工作领导小组,加强自贸试验区统筹规划,把握创新试验方向,推动落实改革试点任务,协调解决发展中遇到的重大问题。省各有关部门、单位要树立"一盘棋"思想,切实履行职责,加强协调配合,细化工作分工,抓好各项改革试点任务落实,定期向省自贸试验区工作领导小组报送工作进展情况,形成协同推进自贸试验区建设的强大合力。

(二) 强化责任落实

南京市、苏州市、连云港市要按照党中央、国务院决策部署和省委、省政府工作要求,切实承担起自贸试验区建设主体责任,结合实际制定各片区建设实施方案和配套政策,把工作做细,制度做实。各片区要相互借鉴、互促共进、协同高效,形成各扬所长、错位发展、优势互补的发展格局和改革试验的整体效应。省自贸试验区工作领导小组办公室要加强对各片区工作督促指导,适时组织开展自贸试验区总结评估。

（三）抓好复制推广

及时总结改革试点案例成果，以国家级、省级高水平开放平台载体为重点，结合本地发展需求和实际情况，及时开展复制推广，推动自由贸易改革红利最大化。加强自贸试验区与省级以上经济（技术）开发区、高新技术产业园区、特别合作区、海关特殊监管区域等各类经济功能区联动发展，开展自贸试验区改革试点经验叠加复制和集成创新，适时启动自贸试验区联动创新区建设。

（四）营造良好环境

加强自贸试验区创新政策措施解读，做好统计监测分析工作，充分利用广播电视、平面媒体、互联网等渠道宣传自贸试验区建设进展及成效，营造共同推进自贸试验区建设的良好氛围。建立创新容错免责机制，形成鼓励改革创新、宽容失败的制度政策环境。

附件：
1. 首批落实清单 62 项任务分工表（略）。
2. 对接细化清单 51 项任务分工表（略）。
3. 深化改革清单 19 项任务分工表（略）。

（2019 年 11 月 17 日）

省商务厅关于印发支持中国(江苏)自由贸易试验区改革创新若干措施的通知

各设区市商务局,厅机关各处室、中心、所:

现将《省商务厅关于支持中国(江苏)自由贸易试验区改革创新的若干措施》印发给你们,请结合实际,认真贯彻落实。

省商务厅关于支持中国(江苏)自由贸易试验区改革创新的若干措施

为深入贯彻落实党中央、国务院自贸试验区工作决策部署,更好支持中国(江苏)自由贸易试验区南京、苏州、连云港片区(以下简称片区)深化改革创新,打造新时代改革开放新高地,提出如下措施。

一 加强统筹协调和指导服务

(一) 发挥中国(江苏)自由贸易试验区工作领导小组办公室牵头协调作用,建立完善省自贸办、相关部门、片区管理机构横向协调、上下联动的工作机制,构建自贸试验区

"企业需求直通车"制度,建立常态化问题解决机制。加强对片区改革创新指导服务,及时总结自贸试验区制度创新典型经验案例。

(二)支持片区加快对接高标准国际经贸规则,探索构建现代化治理体系,提升治理能力,打造现代化治理高地。支持片区依法科学编制发展总体规划、产业规划等。支持片区加强与国内外高端智库、第三方专业机构合作,开展自贸试验区重大理论实践问题研究,组织开展专题交流培训。

(三)抓住中国国际进口博览会、广交会等重大经贸活动契机,利用新苏合作理事会、苏港合作联席会议等境内外交流合作平台,发挥江苏省海外经贸代表处作用,加强对江苏自贸试验区的宣传推介。支持片区举办自贸试验区改革创新主题国际会议、论坛。

(四)指导片区推动党建与自贸试验区业务工作深度融合,以高质量党建引领推动自贸试验区工作高质量发展,结合特色产业、特色工作,创建独具特色的党建品牌。发挥片区基层党组织战斗堡垒作用和党员先锋模范作用,深入基层、深入企业、深入一线,创先争优、建功立业。

二 深化"放管服"改革

(五)按照"下放是原则,不下放是例外"的精神,加快推动将省商务厅承担的货物自动进口许可、限制进出口货物的许可证审批、部分易制毒化学品和石墨类相关制品进出口许可、从事拍卖业务许可、地方企业在境外开办企业(金融企业除外)备案、权限内外商投资企业(含非独立法人分支机构)设立及变更的审批、依法应由商务部审批的外商投资企业设立及变更(含非独立法人分支机构设立)的审批、经第三地转投资的台湾投资者确认、牵头组织对外资研发中心采购设备免退税资格进行审核认定、单用途商业预付卡发卡企业的备案、商业特许经营备案、对协议国家的纺织品出口原产地证核发、技术进出口合同登记、外派劳务项目审查与人员招收备案等14项经济社会管理权限下放给自贸试验区实施,并积极指导片区做好承接工作。争取商务部支持,为片区开放业务系统管理权限。

(六)将对外贸易经营者备案登记、石油成品油批发经营资格审批(初审)、石油成品油批发经营资格审批、石油成品油仓储经营资格审批(初审)、石油成品油仓储经营资格审批、从事拍卖业务许可、援外项目实施企业资格认定、进出口国营贸易经营资格认定、供港澳活畜禽经营权审批、报废机动车回收(拆解)企业资质认定、成品油零售经营资格审批、直销审批及其分支机构设立和变更审批、对外劳务合作经营资格核准等13项商务部门涉企经营许可事项,按照直接取消、告知承诺、优化审批等方式,实施"证照分离"改革试点,制定完善相关配套措施,指导片区落实到位。

(七)会同有关部门积极支持自贸试验区创新监管方式,在外商投资领域进一步强化审批与监管之间的衔接,全面推行以信用监管为核心的事中事后监管,对新技术、新产业、新业态、新模式实行包容审慎监管。

三　创新外资管理模式

(八)在自贸试验区推动电信、科研和技术服务、教育卫生、金融、文创旅游、航空运输销售代理、人才中介、经营性演出等领域扩大开放,放宽注册资本、投资方式、经营范围、股比等限制。放宽外商投资性公司设立申请条件,深入推进外商投资股权投资企业试点。借鉴北京市服务业扩大开放综合试点经验,积极复制借鉴相关经验做法,进一步推动自贸试验区服务业扩大开放。

(九)支持自贸试验区构建专业化、国际化、全方位、全过程的外商投资服务体系。在自贸试验区全面实施重大外资项目"直通车"制度,进一步强化部门协同,优化完善绿色通道,加大对重点企业、重点项目、重点问题的协调和服务力度。落实外商投资信息报告和信息公示制度。加大总部经济支持力度,优化跨国公司地区总部认定标准,落实跨境资金管理、高层次人才引进等总部政策,支持将自贸试验区加快打造成为创新型外资总部集聚区。

(十)完善外商投资权益保障机制,允许符合条件的境外投资者自由转移其合法投资收益。指导自贸试验区建立完善地方政府招商引资诚信制度。会同有关部门在自贸试验区加快建立健全外国投资者和外商投资企业知识产权保护体系,构建完善知识产权纠纷多元化解决机制。加强电子商务领域知识产权保护,完善电子商务平台专利侵权判定通知、移除规则。

四 | 促进外贸转型升级

（十一）支持自贸试验区内企业开展跨境电商进出口业务，进一步完善跨境电商零售进出口监管政策。支持连云港以片区为依托申报创建跨境电商综合试验区。支持区内企业在境外设立公共海外仓，提供仓储、物流、售后等一站式服务。支持符合条件的片区申报汽车整车进口口岸资质，并开展汽车平行进口业务，在风险可控、依法合规前提下，会同有关部门支持在自贸试验区海关特殊监管区域内开展平行进口汽车保税展示交易。支持各片区结合本地实际出台配套政策，培育进口产品展示交易平台。支持片区所在设区市对片区企业参加广交会展位分配予以适当倾斜。鼓励自贸试验区探索建立贸易调整援助制度，支持在自贸试验区设立进出口公平贸易工作站。

（十二）会同有关部门，优化省级《鼓励进口技术和产品目录》，结合自贸试验区重点发展产业，针对片区研究出台进口贴息政策。鼓励片区所在设区市参照省级政策，研究出台促进产业转型升级的进口贴息政策。

（十三）优化专项资金使用方向，支持连云港、南京、苏州中欧班列统筹有序发展。支持自贸试验区内企业在中欧班列沿线统筹设立办事处和海外仓，积极拓展与境外优质企业的战略伙伴关系，引导回程班列加快发展，提高重箱率。

五 | 推动服务贸易创新发展

（十四）推动自贸试验区生产性服务业提升国际化水平，支持检验检测、研发设计、知识产权等新兴行业拓展服务贸易，打造以数字化贸易为标准的新型服务贸易中心。促进南京片区国际知识产权金融创新中心、苏州片区保税检测区内外联动平台、连云港片区医药技术研发及技术进出口平台发展。积极支持南京片区承载国家中医药等服务出口基地溢出效应。加快推进自贸试验区版权贸易、影视制作、动漫游戏等服务走出去。积极协调有关部门向国家争取，支持片区根据发展需要，不断拓宽进境保税维修和再制造复出口业务产品范围。

（十五）在自贸试验区建立完善服务贸易创新发展跨部门协调机制，支持自贸试验区探索建立服务贸易全口径统计制度和创新发展评价机制。协调相关部门探索研究在合适领域分层次逐步取消或放宽对跨境交付、自然人移动等模式的服务贸易限制措施。积极推动中国银行等金融机构开展服务贸易领域小额汇款免审模式及在线审批业务。

六 支持企业"走出去"

（十六）支持苏州工业园区国家级境外投资服务示范平台建设，推动江苏海外商会、海外法务中心、中介咨询、海外安保等资源在示范平台集聚；利用长三角一体化合作机制，加大对示范平台的宣传推广；引导南京、连云港片区复制示范平台经验，建立分平台，为走出去企业提供集成化、专业化服务；推行境外投资备案"单一窗口"模式。

（十七）优先支持自贸试验区内企业建设境外经贸合作区，会同相关部门探索放宽区内企业建设省级境外经贸合作区的申请条件，对接国家开发性金融机构，加大金融支持力度。与相关部门协调配合，积极支持和推动区内企业在有条件的国家以人民币形式开展海外投资。

七 强化与口岸等平台载体联动发展

（十八）进一步拓展中国（江苏）国际贸易"单一窗口"功能，推进"单一窗口"在自贸试验区全面应用。积极帮助向上争取在自贸试验区率先开展国际贸易"单一窗口"相关应用项目试点。支持自贸试验区探索与区外机场、港口、铁路以及海关特殊监管区域的联动发展，推进口岸管理部门加强监管、优化服务、拓展功能。会同有关部门，鼓励连云港片区充分发挥海港水运口岸功能和自贸试验区政策优势，创新口岸海铁联运发展模式，不断提升自贸片区跨境贸易便利化水平。指导帮助苏州、连云港等片区申报铁路开放口岸资质，打造片区口岸开放新平台，形成片区口岸组合运行优势。鼓励徐州国际陆港探索海关特殊监管区域内的口岸功能叠加与创新，推动连云港、徐州、淮安口岸资源互通，助力"物流金三角"建设。

（十九）会同有关部门积极引导高端加工制造、关键零部件及技术的研发销售、售后服务等高附加值产业向自贸试验区内综合保税区集中，打造加工制造、研发设计、物流分拨、检测维修和销售服务等五大中心。支持自贸试验区内综合保税区探索便利化程度更高的贸易监管模式。积极引导综合保税区加快优势产业集聚，提升建设质量。支持南京片区申报建设综合保税区。

（二十）推动自贸试验区与开发区联动发展，支持南京片区集成电路、苏州片区纳米和生物医药、连云港片区医药等先进制造业集群建设，打造省级特色创新（产业）示范园区。在自贸试验区推行由政府统一组织开展区域评估。开展自贸试验区改革试点经验叠加复制和集成创新，积极支持自贸试验区联动创新区建设。

（2019 年 11 月 25 日）

关于进一步推进电子商务信用建设工作的通知 ·················

各设区市商务局、昆山市、泰兴市、沭阳县商务局：

根据省政府办公厅《全面加强电子商务领域诚信建设的实施意见》文件要求，我省将开通"电子商务信用公共服务平台"，推动电子商务信用公共服务和监督管理。为切实发挥平台效能，全面提升电子商务信用管理水平，结合我省商务工作实际，就进一步推进电子商务信用建设作出部署，望各级商务部门进一步明确主体责任，认真抓好贯彻落实。

一 推动电子商务信用信息互联共享

依托"电子商务信用公共服务平台"，开展电子商务企业库建设，依法依规归集电子商务主体的基本信息、信用评价、信用举报、信用奖惩等信息。整合行政机关、电子商务平台、消费者举报等信用信息，实现电子商务信用与其他领域相关信息互联共享。各级商务主管部门要积极收集审批备案、行政监管、政策支持、评优评奖等日常管理工作中产生的与电子商务信用相关的信息，进行筛选、分类、加工、分析后，向"电子商务信用公共服务平台"报送。大力推动商务部"电子商务公共服务平台"应用,积极组织本地电子商务企业(特别是示范企业)参与平台"信用共建"注册登记和信用档案维护,扩大本地企业应用平台建立、完善和公开信用档案的比例。

二 加强电子商务信用标准规范建设

各级商务主管部门要贯彻落实《电子商务法》精神,建立完善电子商务领域信用信息采集、共享、披露、管理、评价等方面的标准规范,构建电子商务信用管理类、服务类和信息类标准体系。积极指导当地企业参与电子商务国家标准和地方标准制定,逐步构建地方电子商务标准。着力开展农村电子商务标准化体系建设,组织农产品标准化制定和认证,提升农产品标准化水平。要引导、督促电子商务经营者依法从事经营活动,遵守法律和商业道德,诚实守信参与市场竞争,接受政府和社会监督。

三 完善电子商务信用评价体系建设

积极推动电子商务平台企业建立交易双方的信用互评、信用积分机制,探索建立交易后评价和追加评价及公开机制;组织信用评价体系建设全面核查,各级商务主管部门对当地电子商务平台企业交易情况评价体系建设进行调查摸底,了解掌握现状、发现存在不足、提出整改要求;加强对第三方信用服务机构的培育,支持第三方信用服务机构建立完善电子商务信用评价体系,依法采集电子商务信用信息,开展信用调查评估、信用信息应用和信用产品开发创新工作。

四 健全电子商务信用协同监管机制

各级商务主管部门要坚持以信用监管为核心,积极协同相关部门,落实电子商务经营者实名登记、信用记录建立、网销产品信息溯源、寄递物流企业及人员信用管理工作,开展非法网站和不法经营信息的整治,规范电子商务市场秩序。国家电子商务进农村综合示范县要以示范创建为契机,将电子商务信用建设纳入创建整体工作方案,作为推进农村电商规范发展的重点工作抓好落实,切实打牢农村电商信用建设的基础。各国家级和省级电商示范基地、示范企业要带头建立完善信用管控、预警和处理机制,履行好电商信用建设责任,发挥好示范引导作用。落实电子商务平台企业主体责任,引导电子商务平台企业建立有利于电子商务发展和消费者权益保护的商品服务质量担保、"先行赔付"、事前信用承诺公示等机制,建立完善交易双方信用记录,及时将恶意评价、恶意刷单、虚假流量、假冒伪劣、价格欺诈等失信行为纳入信用记录,并依法报送相关行业主管部门、监管部门。积极发挥电子商务行业协会的作用,强化电子商务企业自我信用约束和行业自律。

五　开展电子商务信用联合奖惩

加大对守信主体的激励力度,加强对守信主体的推介、扶持,在公共服务、示范评定、商贸活动、资金扶持等方面给予守信主体更多优先和便利;加大对失信主体的惩戒力度,创新制定失信联合惩戒措施,通过强化监管力度、提高检查频次、依法限制经营等有效措施,实时、动态监控企业失信行为,严厉打击整治失信行为;弘扬诚实守信文化,通过电视、报纸、网站等各类媒体平台,广泛开展形式多样的诚实守信文化主题宣传,积极选树诚信典型,宣传典型案例经验,浓厚诚实守信氛围;积极开展放心消费活动,打造放心消费品牌。

(2019 年 12 月 20 日)

2019 年江苏省商务厅大事记

1月2日,商务部王炳南副部长来南京调研夫子庙步行街,现场指导步行街改造提升试点工作,马明龙厅长、周常青副厅长陪同调研。

1月2日,马明龙厅长在南京出席省进出口商会年会暨迎新工作汇报会并讲话。

1月3日,省委、省政府在南京召开全省对外开放大会,省委娄勤俭书记发表重要讲话,会议由吴政隆省长主持并讲话。马明龙厅长与苏州市、南通市、盐城市和省发展改革委负责同志分别在大会作交流发言。

1月3日,接中共江苏省委组织部通知(苏组干〔2018〕660号):周晓阳同志任省商务厅副厅长试用期满正式任职,任职时间从2017年9月算起。

1月4—30日期间,孙津副厅长率全体驻外经贸代表先后赴南京市江宁区、南通市、如皋市、苏州相城区等地调研交流。

1月4日,商务部在北京召开"推动实施中非合作论坛北京峰会'八大行动'部分省市工作会议",全国30个省市商务部门负责人参加会议。姜昕副厅长代表省商务厅参会并作交流发言。

1月4日,周常青副厅长出席张家港市供应链应用与创新试点一期成果汇报会。

1月4日,孙津副厅长带队赴无锡调研 SK 海力士无锡工厂,主持召开"江苏省与韩国 SK 集团战略合作"研究小组联络员会议。省发展改革委、省工业和信息化厅、省教育厅、省财政厅、省卫生健康委以及无锡商务局、无锡高新区相关人员参加。

1月5日,李俊毅副巡视员出席江苏省家政诚信服务平台建设启动仪式并讲话。

1月8日,省教育集团国际交流协会在南京召开培训会,马明龙厅长出席会议并就"'一带一路'战略与教育"作专题讲座。

1月8日,省商务厅召开 2018 年度民主生活会征求意见座谈会,围绕学习贯彻习近平新时代中国特色社会主义思想、贯彻落实新发展理念、执行中央八项规定及其实施细则精神、机关自身建设等方面,广泛听取干部职工对厅领导班子和领导干部的意见建议。姜昕副厅长主持会议,驻厅纪检监察组、厅机关各处室、事业单位派员参加。

1月9日,陈晓梅副厅长在厅机关会见来访的徐州市徐东海副市长及徐工集团负责人一行,双方就境外经贸合作区及援外项目进行了交流。

1月9日,商务部亚洲司在盐城市举办中韩产业园第二次内部工作会议,孙津副厅长参会并讲话。

1月14日,孙津副厅长率驻外经贸代表赴江苏省产业技术研究院,与院党委书记、副院长胡义东及相关人员座谈交流。

1月15—22日,郁冰滢副巡视员带队赴扬州、镇江和南京三市开展农村假冒伪劣食品专项整治工作。

1月15日,中韩(盐城)产业园建设工作联席会议第四次会议在省商务厅召开。马明龙厅长与盐城市曹路宝代市长共同主持会议,孙津副厅长、张道洲副巡视员、李俊毅副巡视员出席会议。

1月15日,省政协十二届二次会议联组会议在华东饭店举行。郭元强副省长、省政协麻建国副主席出席会议,孙津副厅长参会。

1月16—18日,李俊毅副巡视员带队赴宿迁、淮安开展节日市场保供和商务领域安全生产工作情况检查。

1月16日,省商务厅召开专题会议,马明龙厅长向离退休老干部通报

2018 年全省商务工作情况。会议由周晓阳副厅长主持,张道洲副巡视员、李俊毅副巡视员以及相关处室主要负责人参加了会议。

1 月 16 日,马明龙厅长在厅机关会见省纪检监察学会江里程会长一行,并围绕阿里巴巴江苏项目有关情况进行座谈。

1 月 16 日,周常青副厅长带队赴苏州了解节日市场供应情况,并到南环桥市场和中国丝绸小镇震泽调研。

1 月 17 日,省商务厅召开年度海外工作会议,马明龙厅长、陈晓梅副厅长、周常青副厅长、孙津副厅长、高成祥组长、周晓阳副厅长参加会议。会议由孙津副厅长主持,会上举行了海外经贸代表党风廉政承诺仪式,15 位驻外经贸代表向马明龙厅长递交《江苏省驻海外经贸代表党风廉政承诺书》。

1 月 17 日,驻厅纪检监察组与厅驻外经贸代表召开党风廉政建设专题座谈会,高成祥组长到会讲话。

1 月 17 日、23 日,郁冰滢副巡视员带队赴镇江、泰州开展节日市场保供和商务领域安全生产工作情况检查。

1 月 18 日,孙津副厅长在厅机关先后会见了香港贸发局华东华中首席代表钟永喜、江苏代表张汶锋一行以及芬欧汇川特种纸业执行副总裁爱博德等一行。

1 月 20 日,国务院非洲猪瘟防控工作督导组对泗阳县非洲猪瘟疫情处置督导情况意见反馈会在南京召开,省政府刘大旺副秘书长主持会议,周常青副厅长参会。

1 月 21 日,马明龙厅长陪同郭元强副省长赴宿迁调研消费升级工作。

1 月 21 日,李俊毅副巡视员会见来访的罗马尼亚总理顾问、罗马尼亚罗中工商会会长尼古·瓦塞莱斯库先生及中国至中东欧纺织服装面辅料博览会代表团一行,双方就邀请江苏纺织品及原辅料制造企业参展事宜进行了交流。

1 月 23 日,国家口岸办在北京召开全国口岸办主任会议,海关总署党委委员、国家口岸办主任张广志出席会议并讲话。全国 31 个省区市和 5 个计划单列市口岸办主要负责同志参加会议,姜昕副厅长代表江苏参会并在分组讨论中发言。

1 月 23 日,省商务厅召开 2018 年"苏贸贷"工作座谈会,周常青副厅长出席会议并讲话。

1月25日,周常青副厅长组织召开长三角区域市场一体化工作座谈会。

1月25日,周常青副厅长赴省统计局与彭小年副局长就江苏服务消费统计工作进行对接。

1月28日—2月10日,由商务部、文旅部支持,故宫博物院等单位主办的"中华老字号故宫过大年展"活动在北京故宫举办,周常青副厅长参加开幕式及相关活动。

1月29—30日,商务部外资司叶威副司长带队赴无锡、苏州两市调研,重点了解当地商务部门在外商投资促进、保护和管理方面的思路和建议。孙津副厅长陪同调研。

1月29日,在宁厅领导以及厅机关各处室、事业单位主要负责同志等40余名党员,赴省廉政教育基地——王荷波纪念馆开展主题党日活动。

1月29日,孙津副厅长围绕"加强党内法规建设推动全面从严治党",为外事处、海外办党支部作专题党课辅导。

1月30日,马明龙厅长、周常青副厅长陪同郭元强副省长一行检查春节市场保供情况,先后对南京农副产品物流配送中心有限公司、金润发超市瑞金路店、进香河集贸市场等单位进行实地查看。

1月30日,省商务厅召开党组中心组学习扩大会议,厅党组书记马明龙同志主持会议,并组织学习近平总书记在中纪委三次全会上的重要讲话,高成祥组长传达了中纪委三次全会和十三届省纪委四次全会精神。学习结束后,马明龙同志组织召开2018年度党员领导干部民主生活会,通报2017年度民主生活会整改措施落实情况、民主生活会准备情况和征求意见建议情况。马明龙同志代表厅领导班子作对照检查,带头开展自我批评,厅党组成员分别开展批评与自我批评。省级机关工委、省纪委派员对民主生活会进行了督导。

2月12日,郭元强副省长来省商务厅走访调研并召开座谈会,省政府黄澜副秘书长参加调研,在宁全体厅领导、相关处室主要负责人参加座谈。

2月12日,周常青副厅长与工商银行江苏分行田耕副行长就进一步加强合作,更好地服务江苏外经贸企业发展进行座谈。

2月14日,吴政隆省长到省商务厅开展调研,郭元强副省长、省政府陈建刚秘书长参加。吴政隆省长首先考察了省电子口岸中国(江苏)国际贸易"单一窗口"服务平台,随后与全体厅领导、厅机关处室和事业单位主要负责人进行了座谈,马明龙厅长作了商务工作情况汇报。

2月15日,马明龙厅长与中信保江苏分公司潘水根总经理就进一步加强合作创新,推动江苏商务高质量发展进行座谈。陈晓梅副厅长、周常青副厅长、周晓阳副厅长以及相关业务处室负责同志参加座谈。

2月18日,省商务厅在南京组织召开社区商业便民惠民工作座谈会,研究社区商业"三进三提升"实施方案,周常青副厅长出席并讲话。

2月18日,省商务厅召开省级外经贸集团外贸工作座谈会,周晓阳副厅长出席会议并讲话,12家省级集团及子公司负责同志参会。

2月20日,"以开放创新推动江苏高质量发展走在前列"课题开题座谈会在南京举行,国务院发展研究中心隆国强副主任、郭元强副省长出席会议并讲话,孙津副厅长以及相关处室负责同志参会。省发展改革委、省科技厅、省工信厅、省政府研究室、省知识产权局等单位派员参加。

2月20日,省商务厅召开与阿里巴巴集团业务交流对接会,郁冰滢副巡视员到会并讲话。

2月20日,省商务厅召开数字贸易座谈会,姜昕副厅长出席会议并讲话,会议由李俊毅副巡视员主持,各国家级服务外包示范城市商务局分管局长及相关处室负责人、部分重点服务贸易(服务外包)企业负责人参加。

2月21—23日,商务部亚洲司罗晓梅商务参赞(副司级)一行来江苏调研对日经贸工作,孙津副厅长陪同。

2月21日,省商务厅在南京召开全省外经工作座谈会。陈晓梅副厅长出席会议并讲话,厅机关相关处室负责人、各设区市及省直管县(市)商务局分管领导参加会议。

2月21日,姜昕副厅长在厅机关会见来访的香港贸易发展局江苏代表处一行。

2月21日,外事处、海外办党支部召开2018年度组织生活会并开展民主评议党员工作,孙津副厅长作为普通党员参会。

2月22日,湖北省商务厅杨本初二级巡视员率联合调研组,来省商务厅开展"苏贸贷"融资平台工作调研。周常青副厅长与调研组座谈,双方就融资平台实施方案、运营成效、运营机构及工作职能、承办银行业务开展等方面进行了深入交流。

2月25—26日,商务部在南京举办规范补贴培训班,商务部贸易救济调查局史轶玮调查副专员作动员讲话,周晓阳副厅长参加开班仪式并致辞。

2月25日,江苏宁夏两省区在南京召开经济社会发展情况交流座谈会。省委娄勤俭书记、吴政隆省长、省政协黄莉新主席出席,马明龙厅长参会。

2月25日,全国人大代表、台盟中央常委、南京市委主委邹振球来省商务厅调研供应链企业政策诉求,周常青副厅长陪同调研并介绍江苏省相关工作情况。

2月25日,孙津副厅长赴商务部与欧洲司相关领导进行工作交流。

2月25日,全省中医药工作领导小组成员单位负责同志座谈会在南京召开,陈星莺副省长出席会议,李俊毅副巡视员参会并发言。

2月26—27日,2019年全国服务贸易和商贸服务业工作会议在北京举行,商务部王炳南副部长到会讲话,商务部服贸司冼国义司长作工作报告。姜昕副厅长参会并代表省商务厅在大会作交流发言。

2月26—27日,朱益民副厅长在泰州主持召开《江苏省开发区总体发展规划》苏中片区调研座谈会,听取南通、扬州、泰州三市商务局及14家省级以上开发区意见建议,并在泰州港经济开发区开展调研。

2月26—27日,全国外资工作会议在北京召开。商务部副部长兼国际贸易谈判副代表王受文出席会议并讲话,孙津副厅长参加会议。

2月26日,江苏、宁夏两省区在南京举办企业合作交流恳谈会,周常青副厅长参加会议。

2月26日,周晓阳副厅长应邀参加江苏省贸促会(国际商会)与境外机构新春交流会。

2月28日,商务部欧洲司余元堂副司长一行到徐州调研对英经贸工作,孙津副厅长陪同。

2月28日,省商务厅召开全省外贸工作座谈会,传达全省对外开放大会以及全国、全省商务工作会议精神,部署2019年外贸重点工作,周晓阳副厅长出席会议并讲话。

3月1—4日,第29届中国华东进出口商品交易会在上海新国际博览中心举行,江苏交易团共组织488家企业参展。周晓阳副厅长率团参展。

3月1日,周常青副厅长应邀赴沪参加"德国工商大会上海代表处及中国德国商会·上海成立 25 周年"庆典。

3 月 2 日，省政府与商务部在京签署部省合作框架协议。省委娄勤俭书记、吴政隆省长与商务部钟山部长举行了工作会谈，吴政隆省长、钟山部长分别代表双方签署协议。商务部王炳南副部长、任鸿斌部长助理，郭元强副省长参加签约仪式。马明龙厅长、周晓阳副厅长、张道洲副巡视员陪同参加相关活动。

3 月 4 日，马明龙厅长参加省开发区协会第四次会员大会暨中国投促会长三角地区联络处揭牌仪式。

3 月 5—6 日，中国对外贸易中心李晋奇主任一行来南京市开展广交会改革专题调研并召开品牌企业座谈会，周晓阳副厅长陪同调研并参加座谈。

3 月 5 日，厅党组首轮巡察工作动员会在厅机关召开，厅党组书记马明龙同志出席会议并讲话。

3 月 5 日，马明龙厅长在厅机关会见中国进出口银行江苏省分行张劢辉行长一行。

3 月 6 日，中国人民财产保险股份有限公司国际业务部总经理白伟和江苏分公司总经理夏玉扬率队来省商务厅，交流该司 2018 年支持江苏"走出去"工作情况及 2019 年工作打算，陈晓梅副厅长出席座谈。

3 月 6 日，省政府在昆山召开全省促进综保区高质量发展高水平开放工作推进会。郭元强副省长出席会议并讲话，省政府黄澜副秘书长主持会议。马明龙厅长就"如何发挥'省海关特殊监管区域联席会议'牵头单位作用、会同相关部门抓好落实"作专题发言，朱益民副厅长参会。

3 月 6 日，周常青副厅长赴句容市开展专题调研并慰问省商务厅参加科技镇长团挂职干部。

3 月 6 日，孙津副厅长在厅机关会见美国卡特比勒公司中国区副总裁张全胜一行。

3 月 7—8 日，姜昕副厅长赴南京调研口岸工作，在南京市口岸办、南京港集团、禄口机场分别召开座谈会，并实地考察禄口机场国际货运、旅客出入境情况。

3 月 7—8 日，商务部市场秩序司耿洪洲副司长带领国家第七督查组对江苏联合整治"保健"市场乱象百日行动开展专项督查，周常青副厅长陪同。

3月8日,周常青副厅长主持召开内贸流通行业供应链重点企业座谈会。

3月13日,省政府在盐城召开中韩(盐城)产业园发展工作协调小组第二次会议,郭元强副省长出席并讲话,黄澜副秘书长主持会议,马明龙厅长、孙津副厅长参会。

3月14日,2019年商务系统电子商务工作条线会议在盐城召开,郁冰滢副巡视员出席并讲话。

3月15日,省商务厅召开厅机关党的建设工作会议,厅党组书记马明龙同志出席会议并作总结讲话,厅机关党委书记陈晓梅同志部署2019年度机关党建工作要点,驻厅纪检监察组长高成祥同志传达省纪委十三届四次全会精神,安排部署驻厅纪检监察组2019年度主要工作。各处室(单位)及代管企业在会上签订了《全面从严治党责任书》。

3月15日,江苏省"好苏嫂"家政服务联盟信用平台上线仪式暨全省巾帼家庭服务联盟成立大会在南京举办。陈星莺副省长出席大会并讲话,李俊毅副巡视员参加会议相关活动。

3月18—19日,全国进出口工作会议在北京召开,商务部任鸿斌部长助理作工作报告。周晓阳副厅长参加会议并发言。

3月20日,吴政隆省长在省政府会见韩国SK海力士株式会社CEO李锡熙一行,郭元强副省长、省政府陈建刚秘书长、黄澜副秘书长、马明龙厅长参加会见。

3月20日,省商务厅召开2019年全省服务贸易和商贸服务业工作座谈会,姜昕副厅长、李俊毅副巡视员出席会议并讲话。各设区市和省管县(市)商务局、厅机关相关处室50余人参会。

3月20日,省商务厅召开2019年部门预算分解暨厉行节约会议。会议通报了2018年部门预算执行情况及2019年部门预算分解情况,传达了厅党组关于要从全面从严治党高度认真管控好2019年部门预算执行的会议精神,周常青副厅长出席会议并讲话。

3月20日,孙津副厅长在厅机关会见法国电力集团新能源公司中国海上风电项目开发总监宋飞、国华能源投资有限公司江苏分公司总经理顾素平等一行。

3月21日,孙津副厅长在厅机关会见新加坡企业发展局中国司副司长、新苏合作理事会新方秘书长郑光裕一行。

3月21日,省防震减灾工作联席会议在南京召开,樊金龙副省长出席会议并讲话,张道洲副巡视员参加。

3月22日,周常青副厅长出席"第六届(南京)国际节能与新能源汽车展览会暨高峰论坛"并致辞。

3月22日,全国市场采购贸易方式试点工作推进会在成都召开,商务部任鸿斌助理出席会议并讲话,周晓阳副厅长参加会议。

3月24—27日,商务部产业安全与进出口管制局支陆逊局长率队来江苏调研出口管制工作情况,了解美西方加严对华出口管制影响及江苏企业应对经验,并在无锡召开江苏省出口管制工作座谈会。马明龙厅长与支陆逊局长进行了工作交流,周晓阳副厅长陪同调研。

3月25日,朱益民副厅长参加第二届江苏省紫峰奖表彰典礼。

3月25日—4月2日,孙津副厅长陪同省政府黄澜副秘书长出访埃塞俄比亚和坦桑尼亚。

3月26日,马明龙厅长主持召开厅长办公会议,传达贯彻落实习近平总书记等中央领导关于响水"3·21"爆炸事故重要指示批示精神及省委、省政府领导相关批示和会议精神,通报2018年度厅党员领导干部民主生活会情况,审议相关文件,部署商务重点工作。在宁全体厅领导、厅机关处室、事业单位主要负责人参加会议。

3月27—28日,郁冰滢副巡视员赴淮安开展电商集聚发展专题调研。

3月27日,全省开发区条线工作会议在扬州召开,朱益民副厅长出席会议并讲话。

3月28日,郭元强副省长召开全省外经贸发展联席会议,研究讨论外经贸工作相关实施方案,部署稳外贸、稳外资工作,马明龙厅长作相关议题情况说明并汇报当前稳外贸、稳外资工作情况,联席会议成员和有关部门负责人讨论发言。陈晓梅副厅长、姜昕副厅长参会。会议结束后,郭元强副省长接着主持召开对外劳务管理工作协调小组会议,研究讨论对外劳务有关工作。

4月1日,马明龙厅长在省商务厅会见来访的新加坡企业发展局副局长尤善钶、中国司副司长胡丽燕、上海办事处主任叶栢安一行。

4月2日,周晓阳副厅长赴杭州调研跨境电商工作,并与浙江省商务厅就外贸相关工作开展座谈交流。

4月3—10日,马明龙厅长、周常青副厅长、张道洲副巡视员分别带队赴南京、淮安、无锡等地开展商务领域安全生产专项检查,并结合重点工作开展调研。

4月4日,李俊毅副巡视员出席省商贸服务行业安全生产工作推进会并讲话。省餐饮、烹饪、家庭服务等服务业行业协会及省外包、货代、会展协会负责人参加会议。

4月8—14日,中组部委托商务部贸易救济局承办的"地方贸易摩擦应对和补贴规范使用专题研究班"在扬州举办。全国23个省、自治区、直辖市和新疆生产建设兵团的40位市(地、州、盟)政府负责同志参加培训。商务部党组成员、部长助理任鸿斌出席培训动员会并作专题讲座,扬州市委组织部江桦部长致辞,周晓阳副厅长应邀以"创新机制、多措并举,全力做好国际经贸摩擦应对工作"为主题进行了交流发言。

4月8日,商务部党组成员、部长助理任鸿斌来江苏围绕外贸形势、贸易摩擦应对、推动外贸高质量发展等议题开展调研,马明龙厅长、周晓阳副厅长陪同调研。

4月9日,李俊毅副巡视员出席省商贸服务业安全生产工作推进会并讲话,各设区市商务局分管局长和处室负责人参加会议。

4月10日,马明龙厅长在省商务厅会见由上海美国商会主席郑艺、会长季恺文率领的代表团一行。

4月10日,郭元强副省长在省政府专门听取了坦桑尼亚FTC项目协调小组出访情况的报告,孙津副厅长参加汇报。

4月10日,省商务厅和省外商投资企业协会在南京联合举办江苏省外资政策法规宣讲会,孙津副厅长主持会议。各设区市及外商投资企业协会相关负责人、全省跨国公司企业代表共260人参会。

4月10日,山西省商务厅赵贵全副厅长一行来省商务厅调研,郁冰滢副巡视员与调研组举行座谈,双方就建立网络零售公共服务体系、打造中高端消费载体的做法以及推动内贸流通制度创新等相关情况进行了交流。

4月11日,郁冰滢副巡视员参加省政协"发展·民生"专题协商座谈会。

4月12日,省商务厅在苏州召开全省外资工作座谈会,孙津副厅长出席会议并讲话,各设区市、省直管县(市)商务局相关负责人参会。

4月13日,商务部副部长钱克明带队来江苏调研开发区相关工作,马明龙厅长、朱益民副厅长陪同调研。

4月15日—5月5日,第125届中国进出口商品交易会在广州举办,周晓阳副厅长率江苏交易团参加本届广交会并走访部分江苏参展企业。本届广交会江苏交易团下设25个分团,由11个省级分团、13个市(县)级分团及1个联合分团(由42家中小外贸企业组成)组成,共有2 369家企业参展。

4月15—16日,商务部市建司副巡视员胡剑萍带工作组赴南京、淮安两市检查商务系统相关防汛抗旱防台风工作,张道洲副巡视员陪同检查。

4月16—17日,朱益民副厅长带队赴连云港就加强分类指导、推进苏北开发区加快高质量发展进行调研。

4月16日,郭元强副省长到第125届广交会开展外贸形势和高质量发展调研,省政府黄澜副秘书长、马明龙厅长、周晓阳副厅长陪同调研。

4月16日,宁波市商务局副巡视员魏仁灿带队来省商务厅开展调研。周常青副厅长与调研组举行座谈,双方就融资业务实施方案、运营情况、运营机构及工作职能、承办银行业务创新等方面进行了交流。

4月17日,孙津副厅长出席首届"一带一路"商协会圆桌会议(盐城)峰会并致辞。

4月18—19日,全国贸易救济工作会议在北京召开。商务部党组成员、部长助理任鸿斌出席会议并讲话,商务部贸易救济调查局局长余本林作工作报告。周晓阳副厅长出席会议并以"加强机制建设有效应对国际经贸摩擦"为主题作了交流发言。

4月18日,李俊毅副巡视员率团参加第七届中国(上海)国际技术进出口交易会并出席开幕式。

4月19日,周常青副厅长在南京主持召开"了不起的老字号"宣传策划座谈会。

4月19日,周常青副厅长参加了财务处党支部和中信保江苏公司第一党支部在南京高淳开展的支部共建活动。

4月19日,孙津副厅长在省商务厅会见来访的美国国会助手代表团一行。

4月19日,省商务厅在南京召开全省市场体系建设工作会议,郁冰滢副巡视员出席会议并讲话。

4月22日,省商务厅召开商务系统"双随机、一公开"研究部署会议,张道洲副巡视员出席会议并讲话。

4月23—26日,郁冰滢副巡视员、张道洲副巡视员、李俊毅副巡视员分别带队赴常州、徐州、镇江等地实地检查商务领域安全生产工作。

4月24日,中央纪委国家监委驻商务部纪检监察组在第125届广交会召开座谈会,调研中央稳外贸部署落实情况,周晓阳副厅长参加座谈会并作了交流发言。

4月25日—5月2日,朱益民副厅长率开发区代表团赴挪威、以色列开展科技创新与产业合作推介活动。期间,代表团举办了江苏—挪威科技创新与产业合作推介会、江苏—以色列经贸交流会,还分别拜会了挪威、以色列相关政府机构、重要商协会和知名企业。

4月26日,孙津副厅长在省商务厅会见来访的美敦力公司大中华区副总裁滑瑾女士一行,双方就项目投资、产能转移、研发中心落地、沟通联络机制等事项进行了交流。

4月26日,由省商务厅和省贸促会、南京江北新区、南京市贸促会共同主办的第三届国际知识产权应用暨项目合作大会在南京举行。孙津副厅长、省贸促会王存副会长出席会议并致辞。

4月26日,周晓阳副厅长在广州实地考察调研跨境电商工作,并与广东省商务厅相关领导进行座谈交流。

4月29日,姜昕副厅长参加省志书办主办的《江苏省志·对外贸易志》《江苏开发区志》终审会。

4月29日,周常青副厅长主持召开"一带一路"供应链交汇点建设部分企业座谈会,郁冰滢副巡视员参加会议。

5月5日,马明龙厅长主持召开省人大2031号建议办理专题会议,省发展改革委、省科技厅、省交通运输厅、省统计局、南京海关等部门负责人参加会议。

5月7日,朱益民副厅长在省商务厅与来访的省发改委尹建庆副主任就自贸区有关工作进行了座谈交流。

5月7日,周常青副厅长带队赴徐州开展专题调研,与江苏师范大学党委书记华桂宏等人大 2031 号建议提出人进行座谈交流,汇报建议办理的工作方案、各相关部门答复建议的初步考虑,并征求建议人对建议办理的相关意见和建议。

5月7日,拉萨市电子商务创业者培训班在宿迁举行开班仪式。江苏省对口支援西藏拉萨市前方指挥部党委书记、总指挥沈海斌,宿迁市委常委、常务副市长史志军,郁冰滢副巡视员出席开班仪式并分别致辞。

5月8日,由中共宿迁市委、宿迁市人民政府、国台办经济局和中国国际电子商务中心共同主办的 2019 运河品牌电商大会在宿迁开幕,郁冰滢副巡视员出席开幕相关活动。开幕式后,郁冰滢副巡视员赴泗洪调研电子商务相关工作。

5月9—10日,商务部推进消费升级工作现场会在上海召开。商务部党组成员、副部长王炳南出席会议并讲话,商务部运行司副司长王斌主持,周常青副厅长参加会议。

5月10日,马明龙厅长主持召开厅长办公会,学习贯彻习近平总书记在第二届“一带一路”国际合作高峰论坛上的重要讲话精神,审议《江苏省开发区总体发展规划》《江苏省商务厅关于促进社区消费推动社区商业“三进三提升”的指导意见》,听取规范性文件清理工作汇报,研究明确各处室主要职责,部署近期工作。在宁厅领导、机关各处室及事业单位负责人参加会议。

5月10日,郁冰滢副巡视员带队赴汇鸿集团调研供应链工作推进情况。

5月12—19日,姜昕副厅长率省服务外包企业代表团出访葡萄牙、希腊。代表团参加了在葡萄牙里斯本举办的“欧洲服务外包共享峰会”,并在葡萄牙里斯本和希腊雅典举办了江苏经贸专场推介会。出访期间,姜昕副厅长率队分别拜访了葡萄牙投资贸易促进局和希腊哈兰德里市(HALANDRI)市政府。

5月13日,周常青副厅长在省商务厅与来访的拉萨市商务局扎西平措书记一行就对口支援工作进行了座谈交流。

5月13日,郁冰滢副巡视员在省政府参加全国就业创业工作暨普通高等学校毕业生就业创业工作电视电话会议。

5月15日,朱益民副厅长主持召开自贸试验区改革试点经验集成复制工作推进会,部署下一阶段工作。

5月15日,江苏省政府和宁夏自治区政府在南京召开2019第四届中国—阿拉伯国家博览会主题省(江苏)系列活动筹备对接会,周常青副厅长出席会议。

5月16—17日,周常青副厅长陪同江苏师范大学党委书记华桂宏等人大2031号建议提出人赴苏州开展座谈和实地调研。

5月16日,国务院召开促进生猪生产保障市场供应电视电话会,郁冰滢副巡视员在江苏分会场参加会议。

5月17日,马明龙厅长在省商务厅会见来访的墨西哥科阿韦拉州经济发展厅格拉厅长一行,双方就进一步加强经贸合作进行了交流。

5月17日,省商务厅与苏宁易购、商务部国际贸易经济合作研究院联合发布《2019年一季度家电消费趋势报告》,张道洲副巡视员出席发布会。

5月20日,省政府黄澜副秘书长召开综合保税区整改工作推进会,朱益民副厅长参加会议并汇报相关工作情况。

5月21—22日,高成祥组长带队对省商务厅参与"一带一路"交汇点建设相关工作和商务系统安全生产集中排查整治工作进行专项调研监督。

5月21日,周常青副厅长在省商务厅会见中非经济科技促进委员会会长吕明一行,双方就江苏省对非洲经贸合作、园区招商引资等工作进行交流。

5月21日,孙津副厅长在苏州出席由江苏发展大会秘书处、苏州市人民政府、香港江苏社团总会共同主办的"苏港携手·融合发展"专题论坛。

5月21日,第23届中国江苏出口商品展览会在日本大阪MY DOME展馆开幕,张道洲副巡视员率江苏外贸企业参展,并先后陪同驻大阪总领事馆商务参赞孙淑强、日中经贸中心会长村山敦、理事长浅田隆司视察展会。

5月22日,朱益民副厅长在省商务厅会见来访的连云港市政府吴海云副市长一行,双方就相关工作进行座谈交流。

5月22日,由省商务厅和省教育厅共同主办的江苏第二届"走出去"企业外国留学生招聘会暨"走出去人才地图"开通仪式在南京信息工程大学举办,周常青副厅长出席会议并致辞。全省97家重点"走出去"企业、92所高校及外国留学生代表共计300余人参加会议。

5月23日,朱益民副厅长和南京海关副关长彭伟鹏赴海关总署汇报江苏省综合保税区整改工作情况。

5月23日,孙津副厅长在省商务厅会见日本江苏总商会仇福庚会长一行。

5月24—31日,姜昕副厅长陪同省政府原副省长、两岸企业家峰会中小企业合作组副召集人张卫国赴台湾开展经贸交流活动。

5月24—25日,由省商务厅和省农业农村厅指导,中石化江苏分公司主办的"品味江苏,荟萃易捷"江苏特色商品展销会在南京国展中心举办,李俊毅副巡视员出席。

5月24日,由教育部、商务部等联合主办的第十届中国大学生服务外包创新创业大赛在无锡举办颁奖大会,马明龙厅长出席大会并为获奖单位颁奖。

5月24日,商务部外资司副司长叶威带队来江苏开展应对贸易摩擦调研并在南京召开座谈会。孙津副厅长在座谈会上作交流发言,省工业和信息化厅、财政厅、人力资源社会保障厅、南京海关派员参加。

5月24日,郁冰滢副巡视员、江志平副巡视员带队调研南京市农业供应链工作相关情况。

5月26—6月2日,省委娄勤俭书记率领江苏省友好代表团访问韩国和日本,马明龙厅长、孙津副厅长陪同出访。代表团在韩国首尔和日本东京举办了大型经贸合作交流会,娄勤俭书记分别在两场经贸合作交流会上发表了主旨演讲。

5月28—30日,朱益民副厅长带队赴宿迁就加强分类指导、推进苏北开发区加快高质量发展开展调研。

5月28日,周晓阳副厅长率团赴北京参加2019年中国国际服务贸易交易会。展会期间,南京市和无锡市分别举办了服务贸易专场推介活动。

5月29日,郁冰滢副巡视员在南京调研阿里巴巴南京空港智能骨干网项目、江苏总部项目等。

5月29日,甘肃省商务厅副巡视员李忠义带队来江苏开展农产品市场产销对接会,江志平副巡视员出席对接活动并与甘肃省商务厅进行了座谈交流。

5月31日,省消防安全委员会组织召开部分成员单位座谈会,周常青副厅长在会上就商务部门消防安全工作情况作交流发言。

5月31日,省商务厅组织召开供应链案例编写辅导暨分享交流会,江志平副巡视员出席会议并讲话。

6月2—4日，江苏在"2019中国北京世界园艺博览会"现场举办"江苏日"专场活动。全国政协原副主席马培华、省人大常委会副主任魏国强、中国贸促会副会长陈洲出席开幕式，姜昕副厅长参加相关活动。德国馆、英国馆等国外展馆的馆长应邀出席。

6月4日，孙津副厅长在省商务厅会见日本爱知产业振兴机构常务理事户田智雄一行，双方就加强经贸合作开展交流。

6月5日，省商务厅组织召开2019第四届中国—阿拉伯国家博览会主题省（江苏）系列活动筹备会议，周常青副厅长在会上部署相关工作。

6月5日，周常青副厅长在南京出席由省商务厅和西班牙驻沪总领馆、西班牙对外贸易和投资发展局（ICEX）联合主办，南京市商务局和苏交科集团股份有限公司协办的"西班牙：您在欧洲的伙伴——贸易与投资的全球平台"交流会。

6月6日，根据中央和省委部署，省商务厅召开"不忘初心、牢记使命"主题教育动员大会。厅党组书记、厅长马明龙出席会议并作动员讲话，省委"不忘初心、牢记使命"主题教育领导小组第四指导组组长余义和出席会议并作指导讲话，省商务厅党组成员、机关党委书记、副厅长陈晓梅主持会议。

6月6日，马明龙厅长在省商务厅会见江泰保险经纪公司董事长沈开涛一行，重点就"优投网"平台如何服务江苏"走出去"企业以及境外园区建设进行了深入探讨和交流。

6月6日，省商务厅举办2019年商务发展专项资金管理工作视频布置会，全省54个市县商务局分管局长、财务及相关业务处室负责人参加会议，周常青副厅长出席会议并讲话。

6月6日，省商务厅召开落实省信用办《关于运用江苏省信用联合奖惩信息系统实施联合奖惩的通知》工作部署会，张道洲副巡视员出席会议并讲话。

6月10日，马明龙厅长在省商务厅会见越南驻上海总领事宁成功一行，孙津副厅长参加会见。

6月10日，周常青副厅长调研南京市步行街改造提升和安全生产工作，并与相关部门进行了座谈交流。

6月11—12日，郁冰滢副巡视员赴镇江、兴化开展电商园区专题调研。

6月11日，省政府召开高质量推进"一带一路"交汇点建设新闻发布会，周晓阳副厅长出席发布会并答记者问。

6月12日，省人大常务副主任、党组副书记陈震宁率江苏代表团出席第二届南亚东南亚国家商品展暨投资贸易洽谈会开幕式。马明龙厅长、姜昕副厅长陪同参加。

6月13日，郁冰滢副巡视员赴扬州出席2019年全国"大众创业，万众创新"活动周江苏分会场启动仪式。

6月14日，吴政隆省长在省政府召开应对经贸摩擦专题会议，马明龙厅长、周晓阳副厅长参会并作工作情况汇报。

6月14日，孙津副厅长在南京出席由加中贸易理事会主办的"2019加拿大投资和贸易发展论坛"并致辞。

6月14日，郁冰滢副巡视员在南京参加苏北地区农民群众住房条件改善工作推进会。

6月14日，2019年南京市"消费促进月"活动启动仪式在新街口正洪广场举行。南京市副市长胡洪、张道洲副巡视员、南京市商务局局长孔秋云、南京市秦淮区区长司勇等出席启动仪式。

6月15—19日，2019年中俄博览会在哈尔滨国际会展体育中心举办，江志平副巡视员参加开幕式和第二届中俄地方合作论坛。

6月17—25日，郭元强副省长率江苏省友好代表团访问西班牙、爱尔兰、荷兰，周常青副厅长陪同出访。访问期间，省商务厅承办了江苏对西班牙投资企业座谈会、江苏—爱尔兰工商交流午宴、江苏—荷兰经贸合作交流会等3场重要经贸活动，并安排代表团访问了当地部分学校、企业和机构。

6月17—19日，中韩产业园合作协调机制第三次会议和中韩经贸联委会第23次会议在韩国召开，会议由商务部部长助理李成钢、韩国产业通商资源部通商次官补金龙来、外交部次官李泰镐在韩共同主持召开。孙津副厅长出席会议，并在中韩产业园合作协调机制第三次会议上就中韩（盐城）产业园建设情况作了发言。

6月17日，厅机关举行新提任干部宪法宣誓仪式，马明龙厅长监誓，姜昕副厅长主持，陈晓梅副厅长、高成祥组长出席会议，厅机关新提任处级干部参加宣誓，各处室有关同志观誓。仪式结束后，省商务厅召开新提任干部集体廉政谈话会议,马明龙厅长围绕政治忠诚、担当作为、廉洁从政3个方面对新提任干部提出明确要求,高成祥组长主持会议。

6月17日,马明龙厅长在省商务厅会见德国瓦克化学公司大中华区总裁林博(Paul Lindblad)一行。

6月18日,吴政隆省长在省政府会见美中贸易全国委员会会长艾伦一行,省政府陈建刚秘书长、马明龙厅长及省有关部门负责人参加会见。

6月19日,省商务厅在徐州举办全省服务外包业务统计培训会。李俊毅副巡视员出席会议并作开训动员,全省服务外包重点联系企业及商务部门外包条线200余人参加此次培训。

6月20日,马明龙厅长率队赴南京江宁滨江经济技术开发区,实地考察调研LG化学建设项目进展情况。

6月20日,2019年中国(徐州)国际服务外包合作大会在徐州举办。陈星莺副省长、中国贸促会(中国国际商会)陈洲副会长、商务部服贸司樊世杰副司长、姜昕副厅长及徐州市委市政府领导出席开幕式。开幕式结束后,姜昕副厅长与其他领导同台鉴签了服务外包系列合作项目。

6月20日,朱益民副厅长召开省有关部门座谈会,专题研究贯彻落实《国务院关于推进国家级经济技术开发区创新提升打造改革开放新高地的意见》(国发〔2019〕11号)精神,研提具体实施办法。

6月20日,孙津副厅长参加合作处(海外办)党支部"不忘初心、牢记使命"主题教育学习活动。

6月21日,马明龙厅长赴盐城开展"不忘初心、牢记使命"主题调研,考察了解应对贸易摩擦、重大外资项目落地及跨境电商推进等情况。

6月21日,商务部在北京召开全国品牌连锁便利店发展工作会议,张道洲副巡视员在会上介绍江苏工作经验。

6月24日,孙津副厅长出席由省商务厅与中国欧盟商会在南京共同举办的"江苏—欧盟双向投资论坛"并致辞。

6月25日,省商务厅召开党组中心组扩大会议,根据主题教育实施方案,组织开展"不忘初心、牢记使命"主题教育集中学习交流。厅党组书记、厅长马明龙同志主持会议,省委第四巡回指导组有关同志到会指导。

6月25日,孙津副厅长会见来访的新加坡企业发展局中国司副司长胡丽燕、上海办事处主任叶栢安一行。

6月25日,商务部市建司郑书伟副司长来江苏调研供应链创新与应用试点工作情况,郁冰滢副巡视员陪同。

6月25日,商务部流通司司长郑文赴南京市开展夫子庙步行街改造提升和推动便利消费改造调研,商务部驻南京特办特派员王选庆和张道洲副巡视员陪同调研。

6月26日,朱益民副厅长在省商务厅会见来访的南京大学自贸试验区综合研究院于津平院长一行,双方就自贸区有关事宜进行了座谈交流。

6月26日,西藏自治区商务厅党组成员、自治区供销社主任龙大克率有关部门和企业来南京召开西藏地产产品推介会,郁冰滢副巡视员率省内有关企业参会。

6月27—29日,第一届中国—非洲经贸博览会在湖南长沙举行。郭元强副省长、省政府黄澜副秘书长、周常青副厅长出席博览会开幕式及相关活动并考察江苏展区。江苏 50 余家企业及商务部门近 200 名代表参展参会。

6月27日,朱益民副厅长拜访省社科院夏锦文院长,就相关工作进行交流。

6月27日,孙津副厅长在省商务厅会见来访的阿联酋驻华大使馆商务参赞(全权公使)阿伊莎·珂芭依斯女士一行。

6月27日,"全球好物荔枝优选"好享购物品质升级发布会在南京举行,张道洲副巡视员出席发布会并致辞。

7月2日,省商务厅召开"两稳一扩"工作座谈会,交流总结全省各地贯彻落实中央和省委、省政府"两稳一扩"工作部署、应对经贸摩擦情况。在宁厅领导、各设区市商务局和厅机关相关处室主要负责人参加会议。马明龙厅长在会上就"两稳一扩"工作作了部署。

7月3日,根据省商务厅开展"不忘初心、牢记使命"主题教育安排,厅党组书记、厅长马明龙同志带领厅领导班子成员和机关各党支部书记赴中国第二历史档案馆,参观"共产党人的初心与使命"档案文献展,重温入党誓词,接受革命历史教育。

7月4日,陈晓梅副厅长实地走访南京部分企业,围绕企业应对中美贸易摩擦相关工作,开展"不忘初心、牢记使命"专题调研。

7月4日，孙津副厅长在上海与香港贸发局华东华中首席代表钟永喜、江苏代表张汶锋举行工作会谈。

7月7—10日，商务部台港澳司康文副司长带队来江苏调研对澳门及葡语国家经贸合作及泰州、扬州、南京三市港澳台资企业相关工作，孙津副厅长陪同调研组在泰州调研。

7月5日，省商务厅邀请省委党校李继锋教授，围绕弘扬"周恩来精神"、践行初心和使命作"不忘初心、牢记使命"主题教育专题辅导，厅党组成员、机关党委书记陈晓梅副厅长主持，厅机关全体党员参加，课后机关各党支部组织了学习讨论。

7月9日，厅党组召开"不忘初心、牢记使命"专题理论学习，厅党组书记、厅长马明龙同志主持会议，省委第四巡回指导组派员到会指导。厅领导班子成员、各支部书记参加会议。

7月10—12日，郁冰滢副巡视员赴连云港、宿迁，围绕如何以电商高质量发展推动消费升级，开展"不忘初心、牢记使命"专题调研。

7月10—11日，全国市场体系建设工作会议在重庆召开，江志平副巡视员参会并作大会交流发言。

7月10日，马明龙厅长赴苏州三星公司开展"不忘初心、牢记使命"专题调研，并与三星半导体、三星电子电脑等三星集团在苏州工业园区投资的企业高层举行座谈。

7月10日、17日，张道洲副巡视员分别到泗阳、常州，围绕乡镇居民消费情况开展"不忘初心、牢记使命"专题调研。

7月10日，李俊毅副巡视员带队走访调研无锡国家文化出口基地建设情况。

7月11—12日，姜昕副厅长带队赴南京市就中美经贸摩擦、优化口岸营商环境等相关工作开展调研。

7月11日，省人大常委会陈震宁副主任在苏州主持召开江苏外资企业营商环境座谈会，马明龙厅长、孙津副厅长参加会议，苏州、无锡、常州、南通部分外资企业高管参加座谈会。

7月11日，孙津副厅长带队赴苏州高新区调研招商引资工作。

7月12日，省商务厅在中国欧盟商会上海分会召开江苏开放创新发展国际咨询会议跨国公司推介会,孙津副厅长向与会公司推介江苏拟在第二届进博会期间举办的专场活动——2019 江苏开放创新发展国际咨询会议,并介绍了江苏营商环境建设的最新进展。

7 月 12 日,"2019 第六届紫金奖·老字号企业定制设计赛"启动仪式暨首场"企业开放日"在江苏紫金文创园举办,张道洲副巡视员出席活动。

7 月 16 日,郭元强副省长率队赴徐州调研徐州中铁"一带一路"物流园项目建设进展情况,并对下一步工作进行部署,姜昕副厅长陪同调研。

7 月 16 日,省商务厅在徐州召开全省外资工作交流会和全省招商引资工作交流会。全省各级商务、招商部门负责人参加会议,孙津副厅长出席会议并讲话。

7 月 16 日,李俊毅副巡视员出席江苏省家政服务诚信平台建设基地启动仪式并讲话。

7 月 17—19 日,商务部贸易救济调查局李增力副局长带队赴常州和镇江就对外贸易预警和法律服务工作进行调研,并实地走访了部分企业,周晓阳副厅长陪同调研。

7 月 18 日、8 月 8 日、8 月 22 日,姜昕副厅长带队分别赴南京海关、江苏海事局和江苏出入境边防检查总站,就加强口岸管理部门间协作与相关负责人员进行座谈交流。

7 月 18 日,孙津副厅长带队赴南京经济技术开发区调研南京知行电动汽车有限公司。

7 月 19—25 日,受厅党组委托,驻厅纪检监察组高成祥组长率队赴荷兰、英国,指导驻欧洲经贸代表处开展"不忘初心牢记使命"主题教育并检查驻荷兰、英国经贸代表处工作。出访期间,高成祥组长一行还拜会了荷兰北布拉邦省经济发展署、英国埃塞克斯郡政府、中国驻荷兰、英国大使馆经商参处、海牙中国文化中心等机构,并与英国江苏商会等商协会进行了交流。

7 月 19 日,为做好第二届进博会期间江苏开放创新发展国际咨询会议及相关配套活动的宣传邀请工作,省商务厅与上海美国商会在上海共同举办了专题推介会,陶氏化学、强生中国等近 30 家跨国公司相关负责人参加了会议,孙津副厅长出席会议并与参会人员就江苏营商环境、相关外资政策、国际咨询会议情况等进行交流。

　　7月19日,周晓阳副厅长赴镇江丹阳开展"不忘初心、牢记使命"专题调研,实地了解企业受中美经贸摩擦影响情况、需要政府部门协调解决的困难问题以及其他意见建议。

　　7月20日,中华两岸交流协会主办的"两岸青年半导体创新基地"揭牌仪式及两岸科研成果项目落地签约仪式在中国(南京)软件谷举办,孙津副厅长出席揭牌仪式并致辞。

　　7月22日,李俊毅副巡视员在北京出席由商务部和阿拉伯联合酋长国经济部共同主办的中国—阿联酋商务论坛。

　　7月23—24日,姜昕副厅长、李俊毅副巡视员出席全省数字经济时代产业转型升级策略培训班开班式。各设区市商务局相关人员、重点服务贸易和服务外包企业负责人参加培训。

　　7月23日,省审计厅李海洋副厅长率审计组一行进驻省商务厅,对马明龙同志任厅党组书记、厅长以来的经济责任履行情况进行常规审计,并同步开展稳外贸等政策落实情况跟踪审计。审计组进驻后召开了审计进点会,厅党组书记、厅长马明龙出席会议并讲话。

　　7月23日,张道洲副巡视员在江苏分会场参加农业农村部召开的全国非洲猪瘟防控工作视频会议。

　　7月24—26日,商务部欧洲司孟繁壮商务参赞率队来江苏开展英国脱欧影响专题调研。期间,调研组在厅机关召开了专题座谈会,孙津副厅长参加会议并发言。

　　7月24日,全省口岸办主任座谈会暨优化口岸营商环境推进会在南京召开,姜昕副厅长出席会议并讲话,各设区市口岸办主任参加会议。

　　7月26日、8月19日,省商务厅先后组织召开2019第四届中国—阿拉伯国家博览会主题省(江苏)系列活动筹备会议,周常青副厅长出席会议并讲话,省发展改革委、工业和信息化厅等相关厅局派人参加会议。

　　7月26日,第四届"全江苏看苏宁"消费促进月启动仪式在南京苏宁易购总部举行,张道洲副巡视员出席活动并致辞。

　　7月27日,第二届进博会倒计时100天上海城市服务保障工作推进大会在上海国家会展中心召开,张道洲副巡视员参加会议。

　　7月29日,为帮助全省企业进一步了解相关产品排除申请程序,提升运用国际规则有效维护企业权益的能力,省商务厅在南京举办经贸摩擦应对培训,周晓阳副厅长出席并讲话。省内近 180 家重点企业、19 家工作站和商务系统共计 260 人参加培训。

7 月 31 日,省商务厅与省司法厅等有关部门在南京举办"涉外法律服务业发展推进会暨共建海外法律服务中心"签约仪式,共同推动建设江苏驻埃塞俄比亚、驻阿联酋中阿产能合作示范园、驻俄罗斯等 6 个海外法律服务中心,周常青副厅长出席仪式并致辞。

7 月 31 日,孙津副厅长在厅机关会见来访的新加坡企发局中国司胡丽燕副司长、上海办事处叶栢安主任一行。

8 月 1 日,马明龙厅长主持召开省人大 2031 号建议办理专题会议,省发展改革委、科技厅、交通运输厅、统计局和南京海关等部门负责人参加会议。

8 月 1 日,商务部流通司王建平副司长一行调研指导江苏品牌连锁便利店建设工作,张道洲副巡视员陪同调研。

8 月 2 日,省政府与中国进出口银行在南京签署战略合作协议。签约前,省委娄勤俭书记、吴政隆省长会见了中国进出口银行董事长胡晓炼一行。郭元强副省长、中国进出口银行谢平副行长代表双方签约。省政府陈建刚秘书长、省委杨琦副秘书长、省政府黄澜副秘书长、马明龙厅长等参加会见和签约。

8 月 2 日,省委巡视办朱永安副主任带队来省商务厅召开部分国家级经开区专题座谈会,朱益民副厅长出席会议。

8 月 2 日,接中共江苏省委通知(苏委〔2019〕408 号):郁冰滢、王存、张道洲、李俊毅、江志平同志套转为省商务厅二级巡视员。

8 月 2 日,商务部在上海国家会展中心召开第二届进博会全国交易团工作会议。会议通报了第二届进博会筹办进展,并就相关重点问题作了说明。王炳南副部长出席会议并讲话,张道洲二级巡视员出席会议并作为重点交易团代表汇报工作进展和经验做法。

8 月 5 日,厅党组书记、厅长马明龙同志以"初心不改、使命不渝,奋力推动江苏商务高质量发展走在前列"为题给厅机关及贸促会副处级以上干部讲党课,会议由机关党委书记、副厅长陈晓梅主持,省委第四指导组余义和组长一行到会指导。

8 月 5 日,孙津副厅长在厅机关会见来访的德勤中国华东区主管合伙人、德勤中国创新领导人刘明华一行。

8月6日,第二届进博会江苏交易团工作会议在南京召开,江苏交易团团长郭元强出席会议。省交易团21个成员单位负责同志,16个交易分团团长及秘书长,交易团副团长兼秘书长马明龙厅长、张道洲二级巡视员参加会议。

8月7日,马明龙厅长陪同郭元强副省长赴陕西围绕国际陆港建设、高品位步行街等内容开展调研。

8月7日,山东省商务厅孙敢敏总会计师带队来省商务厅开展"苏贸贷"融资工作调研。周常青副厅长与调研组进行座谈交流,并介绍江苏"苏贸贷"融资平台的成立和运营情况,双方就融资平台实施方案、执行情况、推动措施、承办银行业务开展等方面进行了深入交流和讨论。

8月7日,"江苏省—莫斯科州投资贸易交流会"在省商务厅举行。会前,孙津副厅长会见了莫斯科州投资创新部代理部长安东·洛吉诺夫。安东·洛吉诺夫代理部长与孙津副厅长共同出席了会议并致辞。俄罗斯莫斯科州投资创新部组织的政府及企业代表团,与全省近30家外贸及"走出去"企业代表参会交流。

8月8日,省商务厅联合陕西省商务厅在南京共同召开苏陕扶贫协作共建"区中园"联席会议暨项目推介会,江志平二级巡视员出席会议并讲话。

8月12日,为深化"不忘初心、牢记使命"主题教育成效,厅领导班子部分成员及厅机关、省贸促会各处室主要负责同志赴省党风廉政警示教育基地参观见学。

8月13日,郭元强副省长召开座谈会,研究推进自贸试验区工作。马明龙厅长、朱益民副厅长以及南京、苏州、连云港市政府相关负责人参加会议。

8月13日,孙津副厅长在厅机关会见来访的韩国全罗北道就业经济局局长罗石勋一行。

8月14日,马明龙厅长在厅机关会见来访的强生中国副总裁阙非一行,孙津副厅长、省药品监督管理局相关人员参加会见。

8月14日,根据"不忘初心、牢记使命"主题教育工作安排,厅党组召开对照党章党规找差距专题会议。厅党组书记、厅长马明龙同志首先领学了习近平总书记在内蒙古考察并指导开展主题教育时的重要指示,以及党章、准则、条例部分章节。厅领导班子成员重点对照党章、准则、条例,对照"18个是否"，进行自我检查，逐一查找各种违背初心和使命的问题，制定整改措施。

8月14日，江苏省电力企业"走出去"联盟在南京启动，周常青副厅长参加启动仪式并讲话。该联盟由中国出口信用保险公司江苏分公司和中国能源建设集团江苏省电力设计院有限公司发起，省商务厅牵头成立，首次入盟企业38家。

8月15日，为引导和规范企业参与国际工程业务的总分包行为，促进项目的顺利实施，中国对外承包工程商会辛修明副会长率专家课题组在省商务厅召开了国际工程分包合同示范文本征求意见座谈会，周常青副厅长出席会议并讲话。

8月15日，郁冰滢二级巡视员赴菜鸟网络南京空港智能骨干网项目进行现场调研。

8月15日，江志平二级巡视员组织召开供应链创新与应用重点企业和重点产业链条培育工作协调会。

8月19—23日，江志平二级巡视员带队赴拉萨市开展农畜产品产销对接活动。

8月20日，马明龙厅长召开专题会议，研究江苏自贸试验区揭牌仪式及新闻发布会相关工作安排。

8月20日，省商务厅和中国国际进口博览局共同举办以"高品质、更美好"为主题的第二届进博会江苏交易团招商路演，商务部驻南京特派员王选庆、中国国际进口博览局副局长孔福安、商务部运行司有关领导、张道洲二级巡视员、江苏省进出口商会执行会长马海宁、中国银行江苏省分行副行长徐效强等出席活动。

8月22日，由中国国际进口博览局、昆山市人民政府、中国机床总公司共同主办的第二届进博会招商路演在昆山市举办。张道洲二级巡视员出席路演并致辞。

8月23日，省商务厅与国台办经济局、省台办、淮安市人民政府共同主办的第十四届台商论坛在淮安开幕。郭元强副省长出席论坛并致辞，马明龙厅长出席论坛并参加了"淮昆台资合作产业园"揭牌仪式。

8月23日，孙津副厅长在厅机关会见来访的斯里兰卡驻上海总领事马诺瑞·马莉卡瑞琪女士，双方就加强江苏与斯里兰卡经贸合作开展交流。

8月23日,第十二届中国—东北亚博览会在长春开幕,周晓阳副厅长率团参展,并出席大会开幕式及东北亚合作高层论坛。

8月26日,国务院新闻办公室举办新设一批自由贸易试验区政策吹风会,郭元强副省长出席并介绍江苏自贸试验区"实施三个探索、形成三个示范、打造三大亮点"的工作考虑,马明龙厅长参加会议。

8月26日,河南省商务厅党组成员、自贸办主任陈凯杰率队来省商务厅就自贸区工作进行座谈交流,朱益民副厅长参加座谈。

8月27日,郭元强副省长在南京会见美国康宝莱集团全球高级副总裁兼中国区董事长郑群怡,省政府黄澜副秘书长、孙津副厅长、省外办杨菁副主任参加会见。

8月28日,省商务厅召开"不忘初心、牢记使命"主题教育专题民主生活会。会议按照习近平总书记关于"四个对照""四个找一找"的要求,盘点收获、检视问题、深刻剖析,严肃开展批评与自我批评。厅党组书记、厅长马明龙主持会议,省委第四巡回指导组佘义和组长作点评讲话。

8月28日,孙津副厅长在厅机关会见美国佐治亚州经济发展署中国事务执行总监、中国首席代表徐思行女士一行,并主持召开江苏—佐治亚州投资交流会。

8月28日,省政府召开进一步完善促进消费体制机制新闻发布会。张道洲二级巡视员就当前江苏消费市场的运行情况及主要特征向媒体记者进行了解答。

8月28日,江志平二级巡视员参加"2019中国数字化供应链创新高峰论坛"并讲话。

8月30日,中国(江苏)自由贸易试验区揭牌仪式在南京举行。省委书记娄勤俭、省长吴政隆为中国(江苏)自由贸易试验区及南京、苏州、连云港3个片区揭牌,省委娄勤俭书记发表讲话,马明龙厅长、朱益民副厅长、周常青副厅长出席揭牌和签字仪式。

8月30日,郁冰滢二级巡视员在江苏分会场参加国务院召开的全国稳定生猪生产保障市场供应电视电话会议。

9月2日,省增强口岸国际运输能力课题工作小组在厅机关召开专题研究会议。课题研究小组组长姜昕副厅长主持会议,省交通运输厅、省综合交通运输学会、东部机场集团等课题工作小组成员单位派人参加会议。

9月3日,马明龙厅长主持召开厅自由贸易试验区工作领导小组第一次会议,听取工作情况汇报,研究部署下一阶段重点工作。

9月3日,周常青副厅长在厅机关会见英国国际贸易部环保与基建产业中国区主管邓书睿先生一行,双方就共建"一带一路"合作进行了探讨交流。

9月3日,2019(第七届)江苏互联网大会在南京国际博览会议中心开幕,郁冰滢二级巡视员出席开幕式。

9月4—5日,姜昕副厅长带队赴南通考察通州湾港区、南通电子口岸,并就口岸运行、电子口岸建设、优化口岸营商环境等相关工作与上述单位人员开展座谈。

9月4日,省商务厅在南京召开全省进出口公平贸易工作会议,周晓阳副厅长出席会议并讲话。全省各市(县)商务部门分管领导及业务处室负责人、省级进出口公平贸易工作站、省应对贸易摩擦联席会议相关部门约100人参加。

9月5—8日,2019第四届中国—阿拉伯国家博览会在宁夏银川举办。应宁夏回族自治区党委、政府邀请,江苏省担任了本届博览会唯一的主题省。省人大常委会副主任曲福田率江苏代表团参加博览会,马明龙厅长、周常青副厅长出席相关活动。展会期间,曲福田副主任在银川会见来访的阿拉伯联合酋长国经济部次长阿卜杜拉·萨利赫,马明龙厅长、省外办费少云主任、省发展改革委尹建庆二级巡视员陪同会见。

9月5日,张道洲二级巡视员参加省药品(医用耗材)集中采购领导小组会议。

9月5日,江志平二级巡视员参加省政协组织的"提升信息化建设水平推动农村产业振兴"督办活动。

9月6日,接中共江苏省委通知(苏委〔2019〕507号、508号):王显东同志任省发展和改革委员会副主任、党组成员,免去其省商务厅副厅长、党组成员职务。

9月8—11日,2019厦门国际投资贸易洽谈会暨丝路投资大会在厦门举办。孙津副厅长率江苏代表团参加厦洽会。期间,孙津副厅长出席了2019国际投资论坛主旨大会、第十七届全国投资促进机构联席会议等主题活动。

9月9—11日,商务部电商司贾舒颖副司长赴徐州、宿迁调研电商产业园和重点电商企业,郁冰滢二级巡视员陪同调研。

9月9日,姜昕副厅长带队赴徐州调研徐州中铁"一带一路"物流园项目。

9月9日,张道洲二级巡视员赴贵阳参加第九届中国(贵州)国际酒类博览会。

9月10—11日,周常青副厅长陪同国务院发展研究中心对外经济研究部张琪部长等人,赴徐州开展"以开放创新推动江苏高质量发展走在前列"专题调研。

9月10日,商务部电商司在徐州举办苏、鲁、皖三省电子商务和信息化培训班。电商司贾舒颖副司长、郁冰滢二级巡视员出席开班仪式。

9月10日,江志平二级巡视员应邀出席2019南京(国际)沐浴健康产业博览会暨南京第九届温泉文化节开幕式。

9月11日,康美包(苏州)有限公司亚太北区首席运营官范立冬一行来省商务厅拜访,并赠送"创优秀投资环境 为外商排忧解难"的锦旗。朱益民副厅长在厅机关会见了范立冬首席运营官一行,并代表省商务厅接受锦旗。

9月15日,江苏国际商品博览会在南京国际博览中心开幕,周常青副厅长出席开幕式暨启动仪式。

9月17日,2019中国·南京金秋经贸洽谈会在南京举行。省委常委、南京市委书记张敬华作城市推介,郭元强副省长出席并致辞,马明龙厅长出席开幕式。

9月19日,马明龙厅长、姜昕副厅长出席2019全球服务贸易大会开幕式。开幕式结束后,姜昕副厅长先后参加了国际文化艺术交流论坛和中美贸易摩擦对服务贸易的影响及应对专题研讨会。

9月20日,马明龙厅长召开省委深改委第六督查组反馈意见会议。

9月20日,第九届江苏国际餐饮博览会在江苏淮安举办,李俊毅二级巡视员出席开幕式并致辞。

9月20日,江志平二级巡视员参加第四届"双链共舞"精英论坛并讲话。

9月21日,第16届中国—东盟博览会、中国—东盟商务与投资峰会开幕大会在广西南宁举办。郭元强副省长出席博览会,并与参加本届东盟博览会的柬埔寨西哈努克省郭宗仁省长一行,就西哈努克港经济特区建设发展及进一步加强双方经贸合作进行工作交流,周常青副厅长陪同。

9月23日,省委常委、宣传部部长王燕文率江苏省庆祝中华人民共和国成立70周年成就展筹备工作领导小组成员检查展览现场,姜昕副厅长陪同检查并介绍了改革开放高质量展台相关情况。

9月23日,省政府黄澜副秘书长召开会议,研究"把自贸试验区建成新时代改革开放新高地"专题调研工作。周常青副厅长及省发展改革委、科技厅、金融监督管理局相关负责人参加会议。

9月23日,省商务厅召开2020年厅部门预算布置工作会议,周常青副厅长出席会议并讲话。

9月23日,张道洲二级巡视员参加省社会信用体系建设领导小组(扩大)会议。

9月24日,马明龙厅长陪同吴政隆省长赴苏州工业园区开展调研。

9月24日,全省电子商务进农村综合示范工作推进会在徐州睢宁召开,郁冰滢二级巡视员出席会议并讲话。

9月25—27日,周常青副厅长带队赴雄安新区围绕新区管理、行政审批制度改革等方面开展学习调研。

9月25日,新加坡—江苏合作理事会第十三次会议在苏州召开。江苏省人民政府省长吴政隆和新加坡总理公署部长兼财政部和教育部第二部长英兰妮,江苏省委常委、苏州市委书记蓝绍敏,副省长郭元强和新加坡贸易及工业部高级政务部长许宝琨,双方理事代表及新苏机构与企业代表160多人共同出席会议。双方代表围绕相关领域进行了专题发言并举行了项目签约仪式。马明龙厅长、孙津副厅长出席会议。

9月25日,姜昕副厅长赴沭阳参加省政府重大项目推进会。

9月26日,新苏合作理事会第十三次会议配套活动新加坡—江苏服务业合作论坛在南京举办,论坛由省商务厅和新加坡企业发展局主办,双方政府部门及企业代表约120人参加。郭元强副省长、英兰妮部长出席论坛并致辞,双方企业代表围绕"一带一路"倡议下的合作共赢进行了专题讨论,马明龙厅长出席论坛。

9月26日,2019年度长江经济带东西部国家级经开区交流合作活动在上海举行,朱益民副厅长出席活动并作交流发言。

9月26日,张道洲二级巡视员参加全省落实生猪生产保障市场供应工作会议,研究落实《国有稳定生猪生产促进转型升级的意见》的措施。

9月26日,江志平二级巡视员率队赴南京开展商贸流通领域"防风险、保安全、迎大庆"工作检查。

9月27日,郭元强副省长召开会议,研究中国(江苏)自由贸易试验区工作领导小组第一次会议筹备及专题调研工作,马明龙厅长、朱益民副厅长参加会议。

9月28—29日,产才融合发展暨全省园区人才工作推进会在苏州召开,姜昕副厅长出席会议。

9月30日,省委、省政府在国际青年会议酒店召开庆祝中华人民共和国成立70周年国庆招待会活动。周常青副厅长、孙津副厅长、王存副巡视员参加活动。

10月8日,马明龙厅长、周常青副厅长在厅机关会见来访的日本江苏总商会会长仇福庚一行,双方就推动江苏与日本经贸合作,进一步发挥总商会作用进行了交流。

10月9—10日,马明龙厅长陪同郭元强副省长赴上海专题调研自贸区建设工作。

10月11日,周常青副厅长到睢宁县实地调研双沟镇魏林村脱贫攻坚工作,走访慰问低收入农户。

10月11日,第二届进博会江苏交易团工程机械展前对接会在徐州举办,张道洲二级巡视员出席路演并致辞。

10月12日,陈晓梅副厅长召集中江公司负责人就该公司海外业务情况、打造"一带一路"交汇点的品牌形象等内容进行座谈交流。

10月15—27日,周晓阳副厅长率团参加第126届广交会,并调研参展企业。南京海关、中国进出口银行江苏省分行、中信保江苏分公司等单位负责同志参加调研。

10月15日,第四届澳门国际文化艺术品暨非物质文化遗产展览会(简称澳门文化展)在澳门金光大道会展中心隆重开幕。本届澳门文化展作为江苏庆祝新中国成立70周年系列活动之一,由省委宣传部指导,省商务厅与文化和旅游厅、省政府港澳事务办公室等部门共同主办。王江副省长、中联办薛晓峰副主任、澳门社会文化司谭俊荣司长等约 400 人出席开幕式,马明龙厅长在开幕式上代表主办方致辞并参加剪彩。

10 月 15 日,"2019 新时代江苏旅游发展论坛"在泰州兴化召开,姜昕副厅长出席开幕式及主论坛活动。

10 月 16 日,省商务厅召开徐工巴西工业园省级境外经贸合作区确认评审会,陈晓梅副厅长出席会议并讲话。

10 月 16 日,马秋林副省长在省政府会见强生公司中国区主席宋为群一行,省政府张乐夫副秘书长和朱益民副厅长等省有关部门负责人一同参加会见。

10 月 16 日,第六届江苏(盛泽)纺织品博览会在吴江盛泽开幕。张道洲二级巡视员出席开幕式,并陪同商务部国家茧丝办张静处长一行赴盐城调研江苏 2018 年度国家规模化集约化蚕桑基地建设项目。

10 月 17—18 日,第 24 届澳门国际贸易投资展览会("MIF 展")期间,江苏在澳门举办第九届江苏—澳门·葡语国家工商峰会暨江苏—澳门—佛得角合作论坛,郭元强副省长出席峰会并致辞,马明龙厅长在会上作江苏境外合作园区推介。

10 月 18—25 日,应省全面依法治省领导小组办公室邀请,朱益民副厅长作为第七督查组组长带队赴连云港市开展"营造法治化营商环境保护民营企业发展"专项督查,省司法厅、交通厅、律师协会派员参加。

10 月 18 日,江志平二级巡视员出席在盐城开幕的 2019 海峡两岸(江苏)名优农产品展销会。

10 月 21 日,孙津副厅长在南京会见来访的日本石川县商工劳动部宫下谦二次长一行,双方就推动江苏与日本经贸合作进行了交流。

10 月 21 日,江苏省外资总部经济推进大会在南京召开。郭元强副省长出席会议并讲话,孙津副厅长主持会议。会上发布了《江苏外资总部经济发展蓝皮书》,并向全省第九批、第十批认定的共计 58 家跨国公司地区总部和功能性机构授牌。

10 月 22 日,省委书记、中国(江苏)自由贸易试验区工作领导小组第一组长娄勤俭主持召开中国(江苏)自由贸易试验区工作领导小组第一次全体会议,省长、领导小组组长吴政隆出席会议并讲话,省委常委、常务副省长、领导小组副组长樊金龙,副省长、领导小组副组长郭元强,领导小组成员出席会议。马明龙厅长汇报了相关工作开展情况及下一步工作打算,周常青副厅长参加会议。

10月22日,第二届中国国际进口博览会江苏交易团第二次工作会议在省政府召开。副省长、江苏交易团团长郭元强出席会议。省交易团21个成员单位负责同志,16个交易分团团长及秘书长,马明龙厅长、周常青副厅长、张道洲二级巡视员参加会议。会议由省政府副秘书长黄澜主持。

10月22日,省政府在南京召开全省外贸稳增长工作座谈会。郭元强副省长出席并讲话,省政府副秘书长黄澜主持会议。马明龙厅长通报了2019年以来全省外贸运行情况,周晓阳副厅长参加会议。苏州、南通、南京三市进行了交流发言。13个设区市分管市长、商务局长,省财政厅、省税务局、南京海关、人行南京分行(省外管局)、中国进出口银行江苏省分行、中信保江苏分公司等单位有关负责同志参加会议。

10月22日,省口岸协会第三次会员大会在南京召开,姜昕副厅长出席会议并讲话。会议选举产生了新一届会长、副会长、秘书长、常务理事、理事、监事等组成人员。

10月22日,江志平二级巡视员应邀出席由新加坡江苏会主办,新加坡中国文化中心、中国驻新加坡旅游办事处联办的"骑行江苏 千里畅想"新加坡企业家骑行参访活动启动仪式并致辞。

10月23—24日,郁冰滢二级巡视员率队赴溧阳、江阴围绕推动现代农业建设迈上新台阶,进行电子商务进农村综合示范相关调研。

10月23日,全省供应链创新与应用工作推进会在南京召开,周常青副厅长出席会议并致辞,江志平二级巡视员主持会议。会议发布了《江苏省供应链创新与应用白皮书》和第一批省级供应链创新与应用重点培育企业和地方产业链条名单。

10月23日,孙津副厅长在南京会见由新加坡江苏会周兆呈会长率领的新加坡企业家代表团,双方就增进联系、加强合作进行友好交流。

10月25日,为进一步推动学习型机关建设,打通理论武装工作"最后一公里",省商务厅邀请省委党校原党史党建教研部主任董连翔教授,围绕《习近平新时代中国特色社会主义思想学习纲要》作专题辅导,厅党组成员、机关党委书记陈晓梅副厅长主持,厅机关全体党员参加。

10月28日,省商务厅和省地方金融监管局、中国证监会江苏监管局在南京联合召开江苏省上市公司海外投资大会暨"一带一路"投资推进会。省政府黄澜副秘书长、马明龙厅长出席会议,周常青副厅长主持会议。省有关部门及各设区市商务局负责同志、全省100多家上市公司高管、12家驻华投资促进机构代表、50多家金融机构和中介服务机构代表参会。

10月28日,孙津副厅长在南京会见来访的香港贸发局华东、华中首席代表钟永喜、江苏代表张汶锋、候任江苏代表张厦一行。

10月29日,马明龙厅长参加省人大重点处理建议督办会,汇报2031号重点建议办理情况。

10月29日,郁冰滢二级巡视员参加省委组织部、省委农工办举办的《中国共产党农村工作条例》专题培训班。

10月30—31日,商务部在河南郑州召开2019年地方商务部门推进"一带一路"建设工作会议,钱克明副部长出席并讲话,河南省副省长何金平到会致辞。周常青副厅长代表省商务厅在大会交流发言。

10月30日,根据省综合考核工作统一部署,省委编办、省政务办组成工作组,到省商务厅调研服务高质量发展目标推进情况。姜昕副厅长出席会议。

10月30日,周晓阳副厅长在厅机关会见来访的谷歌大中华区首席市场官黄介中先生一行,双方就如何通过技术合作,推动江苏跨境电商发展进行了交流。

10月31日,以"开放合作、共享未来"为主题的首届中韩投资贸易博览会在盐城开幕,省政协副主席阎立、韩国驻沪总领事馆总领事崔泳杉、中国国际贸易促进委员会副会长卢鹏起、商务部亚洲司司长彭刚、盐城市委书记戴源等出席会议并致辞,马明龙厅长出席开幕式并见证相关合作项目签约。

10月31日,荷兰北布拉邦省范德东克省长访问江苏期间,为进一步推动两省深化创新领域合作,省商务厅在南京举办江苏—北布拉邦高科技企业代表团商务交流会,孙津副厅长、北布拉邦省经济发展署杨佩莱署长、博林柯副署长出席会议。

11月1日,朱益民副厅长主持召开厅自贸试验区工作推进会,研究推进下一阶段重点工作。

11月1日,孙津副厅长在厅机关会见来访的荷兰北布拉邦省副省长荷奥特豪森一行,双方就加强双方投资贸易及科技创新领域合作,完善双边经贸合作机制以及科技创新领域的合作,完善双边经贸合作机制以及省商务厅驻荷兰代表处工作等相关议题进行了友好交流和探讨。

11月1日,周晓阳副厅长在厅机关会见来访的香港贸发局高级经理伍卓凡先生等一行,就跨境电商发展前景及有关经贸推广活动和平台进行了交流。

11月2日,由江苏省政府与香港贸易发展局共同举办的苏港合作联席会议第七次会议在南京举行,省委常委、常务副省长樊金龙,香港贸发局总裁方舜文出席会议并致辞,孙津副厅长在"借鉴香港经验,高质量推进江苏自贸试验区建设"专题中作交流发言。省委书记、省人大常委会主任娄勤俭,香港特别行政区行政长官林郑月娥,省委常委、常务副省长樊金龙,香港特别行政区政府政制及内地事务局局长聂德权,省委常委、省委秘书长郭元强,香港贸发局总裁方舜文共同见证马明龙厅长与香港贸发局中国内地总代表吴子衡签署苏港合作联席会议第七次会议纪要。

11月4日,朱益民副厅长赴深圳出席全省开发区创新发展专题培训班开班仪式并讲话。开班仪式结束后,朱益民副厅长带队赴广东自贸试验区广州南沙新区片区调研。

11月5—10日,第二届中国国际进口博览会在国家会展中心(上海)举办。马明龙厅长陪同省委常委、常务副省长樊金龙参加进博会开幕式和"世贸组织改革与自由贸易协定"分论坛。期间,江苏先后举办多场大型商务活动。本届进口博览会江苏交易团签约成交1 416笔,累计成交76.69亿美元,同比增长13.7%,成交采购商数量、成交规模和结构都好于上届。

11月6—7日,马明龙厅长、周常青副厅长陪同省委常委、常务副省长樊金龙,省政府副秘书长黄澜在第二届中国国际进口博览会参观调研。

11月6日,江苏省在上海举办以"高水平建设自贸试验区,推动江苏高质量发展"为主题的2019江苏开放创新发展国际咨询会议,吴政隆省长出席会议并讲话,省委常委、常务副省长樊金龙主持会议并介绍中国(江苏)自贸试验区情况,南京市代市长韩立明,省政府秘书长陈建刚、副秘书长黄澜,马明龙厅长、孙津副厅长出席会议。会前,吴政隆分别会见法国赛诺菲集团全球执行副总裁睿德等多名世界500强企业高管。

11月6日,朱益民副厅长和南京海关彭伟鹏副关长召开专题会议,研究推进综保区整改有关工作。

11月6日,周常青副厅长出席在上海举办的"中国—白俄罗斯商务论坛:经贸关系·合作前景·投资潜力"活动。

11月6日,周晓阳副厅长出席在上海国家会展中心举办的中国进出口银行支持进口融资签约仪式。

11月6日,李俊毅二级巡视员出席在上海举办的"2019向中国出口论坛"。

11月7日,由江苏省政府主办,省商务厅和南京市人民政府承办的中国(南京)跨境电商进口商品采购洽谈会在上海举办。省委常委、常务副省长樊金龙到会致辞。南京市代市长韩立明,省政府副秘书长黄澜,马明龙厅长、周晓阳副厅长出席活动。

11月7日,孙津副厅长在上海会见专程参加第二届中国国际进口博览会的美国伊利诺伊州商务厅副厅长玛尔格·玛科普罗丝女士一行,双方就加强江苏与伊利诺伊州的经贸合作进行了交流。

11月7日,孙津副厅长在上海出席澳大利亚维多利亚州之友商务交流会并致辞。

11月7日,由徐州市人民政府、江苏省商务厅主办,徐州市商务局具体承办的中国工程机械之都(徐州)产业对接会在上海举办。周晓阳副厅长出席活动并致辞,来自世界各地的40余家参展商和江苏省内的80余家工程机械类企业参加了产业对接会。

11月8日,姜昕副厅长出席在无锡举办的"2019'一带一路'新能源国际合作论坛"并致辞。

11月8日,江志平二级巡视员参加在南京国际展览中心举办的"第八届南京国际消费品博览会——青海(南京)商品大集"活动。

11月9日,第二届中新合作服务贸易创新论坛暨首届金鸡湖现代服务业峰会在苏州开幕,姜昕副厅长、李俊毅二级巡视员出席开幕式并见证相关合作项目签约。期间,姜昕副厅长出席了首届金鸡湖全球质量大会并致辞。

11月11日,马明龙厅长率厅相关处室主要负责同志参加省政风热线融合直播活动,受理群众咨询诉求、解答群众反映问题,江志平二级巡视员参加了直播活动,周常青副厅长陪同参加。

11月12日，"江苏省与韩国SK集团战略合作"召集人会议在南京举行，马明龙厅长主持，孙津副厅长出席会议。省发展改革委、省工业和信息化厅、省教育厅、省财政厅、省卫生健康委、南京大学、无锡市、常州市、盐城市以及韩国SK集团等单位派员参加会议。

11月13—17日，第二十一届中国国际高新技术成果交易会在深圳国际会展中心举办，周晓阳副厅长率团参会并调研参展企业。

11月13日，马明龙厅长受邀在全省党委政策研究室系统干部培训班以《当前开放型经济若干热点问题》为题授课。

11月13日，增强江苏口岸国际运输能力课题领导小组召开专题会议，领导小组第一组长史和平、组长马明龙、副组长姜昕等出席会议并讲话，会议审议了课题综合意见稿，并部署安排下一阶段工作。

11月14—21日，孙津副厅长带队出访德国、纳米比亚，并组织召开了江苏省—北威州合作联委会第一次会议，与两国政府机构、商协会、当地企业及全省在外投资企业进行广泛深入交流。

11月15日，省商务厅在扬州召开全省推进省级高品位步行街建设现场会。马明龙厅长出席会议并讲话，扬州市市长夏心旻、商务部驻南京特办王选庆特派员参加会议并致辞，周常青副厅长、商务部流通司赵涛处长、扬州市有关领导出席会议。

11月18日，中国对外承包工程商会副会长于晓虹率队来省商务厅就江苏对外承包工程及相关投资业务发展情况进行调研，陈晓梅副厅长出席调研座谈会。

11月18—22日，省保密局张莉莉局长率检查组对省商务厅开展为期一周的进驻式保密检查，就保密工作17个方面71项内容进行了全面深入检查。18日上午、22日下午，检查组分别在厅机关召开进驻式保密检查汇报会和情况反馈会，马明龙厅长与检查组进行了工作交流，周晓阳副厅长参加会议并汇报省商务厅保密工作情况。

11月18—22日，按照省政府部署，周常青副厅长带队赴苏州、泰州，对两地深化"放管服"改革、"不见面审批"等政策措施落实情况进行实地督查。

11月18—27日，姜昕副厅长随费高云副省长率领的江苏省友好代表团访问印度尼西亚、马来西亚、新加坡。

11 月 19 日,周常青副厅长出席南京市商务局召开的 2019 南京商贸流通高质量发展推进大会并致辞。

11 月 20—23 日,郁冰滢二级巡视员带队出席在山东济宁举办的第 18 届泛黄海中日韩经济技术交流会议,并围绕"以中国(江苏)自由贸易试验区建设为契机,深化江苏与日韩合作"主题发言。南京市、苏州市、连云港市、盐城市相关政府部门及企业代表组成的江苏省代表团参会。

11 月 23 日,省委书记娄勤俭在南京大学会见韩国 SK 集团会长崔泰源一行,省委常委、南京市委书记张敬华,省委常委、省委秘书长郭元强,省政协副主席、南京大学党委书记胡金波,马明龙厅长、省工业和信息化厅厅长谢志成、省外办主任费少云参加会见。

11 月 25—27 日,郁冰滢二级巡视员率队赴广东调研智慧商务建设工作。

11 月 25 日,马明龙厅长主持召开中国(江苏)自由贸易试验区专题工作组座谈会,贯彻落实 10 月 22 日省自贸试验区工作领导小组第一次全体会议精神,研究布置下一阶段重点工作。朱益民副厅长出席会议,并通报江苏自贸试验区工作开展情况。

11 月 25 日,马明龙厅长在厅机关会见中国江苏国际经济技术合作集团有限公司董事长王斌、江苏省海外合作投资有限公司董事长郑一敏一行,三方就共建江苏省驻阿联酋经贸代表处事宜进行交流并签署共建协议,朱益民副厅长、孙津副厅长参加会议。会后,马明龙厅长与王斌董事长、郑一敏董事长签署了共建江苏省驻阿联酋经贸代表处协议。

11 月 25 日,省商务厅和中国出口信用保险公司江苏分公司联合召开 2019 年度全省政策性出口信用保险工作会议。周常青副厅长出席会议并讲话。

11 月 26 日,省商务厅召开全省商务系统财务处长座谈会,周常青副厅长出席会议并讲话。会议通报了 2019 年全省商务发展资金使用等情况,各市就财务工作中好的经验做法、存在的问题和对商务资金管理的意见建议作交流发言。

11 月 27 日,朱益民副厅长参加商务部自贸区港司在厦门召开的新设自贸试验区工作推进会并作交流发言。

11 月 27 日,孙津副厅长在厅机关会见来访的巴西米纳斯州政府秘书长叶戈尔·埃托、州经济发展厅副厅长朱利安诺·阿尔维斯·品托和州发展银行办公室主任卢卡斯·迪卜一行。

11月28—29日,由商务部主办的全国供应链创新与应用成果展示会和全国供应链创新与应用试点工作推进会在厦门召开。商务部党组成员、副部长王炳南出席会议并讲话,江志平二级巡视员带队参会并作交流发言。

11月28日,省商务厅在南京召开全省外资工作座谈会,孙津副厅长主持会议并讲话。各设区市商务局分管局长、外资处(外企处)处长参会。

11月29日,孙津副厅长在厅机关会见泰国工业部前副部长、亚洲国际贸易投资商会顾问邬东·翁威瓦猜一行,双方就推动江苏与泰国在展会及贸易投资领域合作开展交流。

11月29日,孙津副厅长在厅机关与日本贸易振兴机构上海代表处小栗道明首席代表及来江苏参加第15届华东地区日商俱乐部恳谈会的部分日方代表座谈交流。

11月29日,省城乡社区建设联席会议办公室在南京召开全国社区建设部际联席会议督查江苏工作汇报会,郁冰滢二级巡视员参加会议。

11月30日,省委常委、省委秘书长郭元强主持召开自贸试验区建设专家咨询会,听取国务院发展研究中心、商务部研究院、复旦大学、中山大学等国内自贸试验区智库专家对江苏自贸试验区建设的意见建议。马明龙厅长、周常青副厅长参加会议。

12月2—4日,郁冰滢二级巡视员赴陕西西安参加全国电子商务工作会议。

12月2日,马秋林副省长在南京会见德国巴斯夫集团亚太区总裁柯迪文一行,省政府黄澜副秘书长、孙津副厅长及省有关部门负责人参加会见。

12月2日,俄罗斯特维尔州经贸推介会在南京举办,孙津副厅长、省文旅厅徐循华副巡视员、特维尔州政府相关部门负责人出席会议并致辞。

12月3日,为加强厅机关干部队伍建设,落实公务员职务与职级并行制度,厅机关召开民主推荐干部会议,马厅长主持会议并作动员讲话,厅领导陈晓梅、姜昕、周常青、高成祥、王存、张道洲、李俊毅、江志平出席会议。

12月3日,省商务厅召开安全生产专项整治专题会议,研究部署全省商务领域开展开发区、加油站和商业场所安全生产专项整治工作,周常青副厅长出席会议并讲话。各地商务主管部门分管安全的副局长、安全生产工作牵头处室负责人参加会议。

12月3日，孙津副厅长应邀出席上海美国商会第18届年度答谢活动。在沪期间，孙津副厅长与部分世界500强企业及行业领军企业代表进行了座谈交流，邀请重点企业参加2020年1月江苏外商投资企业座谈会，厅机关相关处室负责同志参加座谈。

12月4日，省商务厅组织召开省应对经贸摩擦工作专班例会，会议通报了2019年以来外经贸运行和近期应对工作开展情况，周晓阳副厅长主持会议并部署下一步工作。省委台办、省发展改革委等八个工作专班成员单位以及南京、无锡、常州、苏州、南通重点5市派员参加会议。会后，周晓阳副厅长组织重点5市商务局相关负责人召开稳外贸工作推进会并讲话。

12月4日，周晓阳副厅长在厅机关会见来访的香港贸易发展局华东、华中首席代表钟永喜一行，双方就贯彻落实贸易高质量发展，进一步加强苏港两地商贸交流与合作达成共识。

12月6日，姜昕副厅长主持召开关于增强江苏口岸国际运输能力课题报告征求意见会。省交通运输厅、南京海关、江苏海事局、江苏边检总站等部门及相关专家学者参加会议。

12月6日，省商务厅与德国北威州投资促进署驻南京代表处在南京共同举办江苏省—北威州经贸合作交流会，孙津副厅长出席交流会并致辞。

12月6日，由省商务厅和省贸促会主办的第十一届中国（江苏）企业跨国投资研讨会在扬州举办，王存二级巡视员出席研讨会并致辞。来自"一带一路"沿线国家和地区的驻沪使领馆官员，贸易投资促进机构负责人，商协会驻华代表，"走出去"专业服务机构代表，境外经贸合作区负责人，各市商务局、贸促会系统和全省企业代表300余人参加了研讨会。

12月9—16日，朱益民副厅长随省委常委、常务副省长樊金龙率领的江苏省友好代表团访问阿联酋和德国。出访阿联酋期间，省领导为江苏驻阿联酋经贸代表处揭牌。

12月9日，省商务厅邀请省委宣讲团成员、省委党校教育长孙文华教授，围绕党的十九届四中全会精神作专题辅导，厅党组成员、机关党委书记陈晓梅副厅长主持，厅机关全体党员参加。

12月9日,省商务厅在南京召开服务贸易创新发展试点工作座谈会,姜昕副厅长出席会议并讲话。省发改委等10个省级部门相关处室负责人,南京、苏州市商务局分管领导、服务贸易处处长,江北新区、苏州工业园区服务贸易职能处室负责人参加会议。

12月9日,国务院江苏安全生产专项整治督导组第一组到省商务厅进行调研指导,姜昕副厅长参加座谈并代表省商务厅汇报安全生产工作。

12月10—13日,第八期全省"对外承包工程高级管理人员培训班"在南京举办,陈晓梅副厅长出席开班仪式并讲话。全省工程承包企业海外业务经理和县市商务部门外经业务负责同志近百人参加培训。

12月12日,省商务厅和南京海关、省贸促会、大韩贸易投资振兴公社南京代表处在盐城联合举办"中韩FTA创新实践"主题论坛,孙津副厅长出席论坛并致辞。商务部、海关总署、国家贸促总会、韩国关税厅、新万金产业园等相关负责人出席论坛作主旨演讲及相关对话。相关单位负责同志和业务骨干,全省贸促系统以及进出口企业代表,约300人出席论坛。

12月12日,周晓阳副厅长在厅机关会见来访的中国纺织品进出口商会张新民副会长一行,双方就2019年贸易促进相关工作和2020年工作安排进行了交流。

12月12—14日,江志平二级巡视员应邀出席江苏省冷链学会在昆山举办的"国际冷链安全与节能高峰论坛"。

12月13日,省政府召开恢复生猪生产保障市场供应专题会议,王存二级巡视员参会并发言。

12月17日,孙津副厅长在厅机关会见来访的美国嘉吉公司中国区副总裁马征先生一行,双方就嘉吉公司在江苏最新业务发展情况及未来投资计划进行交流。

12月18日,马明龙厅长主持召开全省商务工作务虚会,厅领导重点围绕"明年形势怎么看、目标怎么定、工作怎么干"开展交流,厅机关各处室主要负责人列席会议。

12月18日,商务部外资司叶威副司长带领商务部、市场监管总局联合调研组在江苏调研外商投资企业信息报告制度推进情况以及外资企业经营情况。马明龙厅长和叶威副司长详细交流了全省外资工作情况,孙津副厅长陪同调研。

12月18日,国务院副总理、国务院自贸试验区部际联席会议召集人胡春华主持召开国务院自贸试验区部际联席会议第六次会议,研究推进自贸试验区下一阶段重点工作。省委常委、常务副省长樊金龙,副厅长朱益民参加会议。

12月20—22日,由省委宣传部、省商务厅等部门指导的第三届中国(江苏)老字号博览会在南京国际博览中心举行,周常青副厅长参加活动并致辞。商务部驻南京特办王选庆特派员、商务部流通司尹虹副司长、省贸促会尹建庆会长出席开幕式。

12月20日,长三角口岸城市群大通关合作皖苏项目对接会在安徽池州召开,姜昕副厅长出席会议并讲话。江苏省口岸协会、苏皖26个市县口岸办和47家企业的代表参加对接会。

12月20日,由香港特别行政区政府驻上海经济贸易办事处主办的"同根同心·共创双赢"2019香港巡回展览在南京举行,孙津副厅长应邀出席活动。香港特别行政区政府驻上海经济贸易办事处主任邓仲敏、省港澳办副主任张松平在开幕典礼上致辞。

12月20日,商务部流通司尹虹副司长来江苏调研指导南京夫子庙步行街改造提升和评估验收准备工作,王存二级巡视员陪同调研。

12月23日,东部机场集团有限公司举行南京禄口国际机场年旅客吞吐量突破3 000万人次鼓劲动员会,姜昕副厅长出席动员会并参加"7×24小时口岸通关保障"启动仪式。

12月23日,郁冰滢二级巡视员出席中国苏州电子商务助力内销大会。

12月24—25日,郁冰滢二级巡视员率队赴南通海门调研电子商务进农村综合示范工作。

12月24日,省委常委、常务副省长樊金龙主持召开会议,专题研究自贸试验区连云港片区工作,并提出明确要求。马明龙厅长参加会议并汇报相关情况。

12月25—26日,省商务厅在南京组织开展安全专项整治动员和培训会。王存二级巡视员出席开班仪式并讲话,全省各设区市、县(市、区)成品油市场主管部门人员共235人参加培训。

12月25日,周晓阳副厅长在厅机关会见来访的山东省商务厅副厅长吕伟一行,双方就2019年外贸发展情况、2020年外贸工作思路和贯彻落实高质量发展的相关政策举措进行了交流。

12月26日,省商务厅在南京召开猪肉市场保供座谈会,王存二级巡视员出席会议并讲话。厅机关相关处室负责同志、无锡市商务局相关同志以及海企集团、汇鸿集团、苏食集团、雨润集团、天鹏集团等企业代表参加座谈会。

12月27日,郁冰滢二级巡视员出席在江西南昌召开的2019年长三角区域市场一体化工作会并作大会交流发言。

12月28—30日,马明龙厅长赴北京参加全国商务工作会议,并以"精心招商推动进口博览会越办越好"为题作交流发言。

12月31日,马明龙厅长主持召开厅自贸试验区工作领导小组第二次会议,听取江苏自贸试验区地方立法情况汇报,研究部署2020年自贸试验区重点工作。

2019 年江苏省相关经贸数据

2019 年全省国民经济主要指标

金额单位：亿元

指　　标	1—12 月	
	绝对值	同比/%
1. 规模以上工业增加值	—	6.2
2. 全社会用电量/亿千瓦时	6 264.4	2.2
工业用电量/亿千瓦时	4 453.3	1.3
3. 固定资产投资	—	5.1
工业投资	—	—
房地产开发投资	12 009.3	9.4
4. 限额以上社会消费品零售总额	13 428.2	—1.2
5. 一般公共预算收入	8 802.4	2.0
税收收入	7 339.6	1.0
6. 一般公共预算支出	—	—
7. 金融机构人民币存款余额(月末)	15.3	9.4
8. 金融机构人民币贷款余额(月末)	13.3	15.2
9. 居民消费价格指数(上年同期＝100)	103.1	上涨 3.1 个百分点
10. 工业生产者出厂价格指数	98.9	下降 1.1 个百分点

2019 年沿海兄弟省市商务主要指标完成情况

指　标		广东	上海	浙江	山东	江苏	全国
1. 社会消费品零售总额/亿元	1—12 月	42 664.5	13 497.2	27 176.4	35 770.6	35 291.2	411 649.0
	同比/%	8.0	6.5	8.7	6.4	6.2	8.0
	占全国比重/%	10.4	3.3	6.6	8.7	8.6	100.0
2. 进出口/亿美元	1—12 月	10 359.0	4 938.0	4 471.4	2 962.8	6 294.7	45 753.0
	同比/%	−4.5	−4.2	3.4	1.3	−5.2	−1.0
	占全国比重/%	22.6	10.8	9.8	6.5	13.8	100.0
3. 出口/亿美元	1—12 月	6 289.4	1 989.4	3 345.1	1 614.4	3 947.8	24 984.1
	同比/%	−2.7	−4.0	4.2	0.8	−2.3	0.5
	占全国比重/%	25.2	8.0	13.4	6.5	15.8	100.0
4. 进口/亿美元	1—12 月	4 069.6	2 948.6	1 126.2	1 348.4	2 346.9	20 768.9
	同比/%	−7.1	−4.4	1.2	1.9	−9.7	−2.8
	占全国比重/%	19.6	14.2	5.4	6.5	11.3	100.0
5. 直接合同外资/亿美元	1—12 月	—	502.5	—	—	626.0	4 882.0
	同比/%	—	7.1	—	—	3.4	—
6. 实际使用外资/亿美元	1—12 月	—	187.1	—	146.9	261.2	1 381.3
	同比/%	—	8.1	—	18.6	2.1	2.4
7. 实际使用外资/亿元	1—12 月	1 522.0	—	—	1 014.6	—	9 415.2
	同比/%	4.9	—	—	23.5	—	5.8
8. 境外中方投资/亿美元	1—12 月	—	139.9	119.1	—	89.5	1 106.0
	同比/%	—	−17.1	−35.2	—	−6.1	−8.2

注：广东境外中方投资为实际对外投资额，上海、江苏为协议投资额。

2019 年全省社会消费品零售总额

金额单位:亿元

指　　标	1—12 月		
	绝对值	同比/%	比重/%
社会消费品零售总额	35 291.2	6.2	100.0
限额以上社会消费品零售总额	13 428.2	−1.2	100.0
限额以上批发和零售业	12 544.3	−1.6	93.4
粮油、食品、饮料、烟酒类	1 776.3	1.8	13.2
服装、鞋帽、针纺织品类	1 304.4	1.6	9.7
化妆品类	209.1	8.2	1.6
金银珠宝类	310.4	−0.5	2.3
日用品类	581.8	8.0	4.3
五金、电料类	141.4	−12.7	1.1
体育、娱乐用品类	52.1	−1.7	0.4
书报杂志类	209.6	19.8	1.6
电子出版物及音像制品类	6.2	−7.5	—
家用电器和音像器材类	916.2	0.4	6.8
中西药品类	431.4	10.6	3.2
文化办公用品类	245.5	−31.8	1.8
家具类	157.8	−2.0	1.2
通讯器材类	341.9	−23.0	2.5
煤炭及制品类	33.9	−38.6	0.3
木材及制品类	—	—	—
石油及制品类	1 556.7	−1.9	11.6
化工材料及制品类	—	—	—

（续表）

指　标	1—12 月		
	绝对值	同比/%	比重/%
金属材料类	—	—	—
建筑及装潢材料类	379.9	−4.5	2.8
机电产品及设备类	57.4	−27.8	0.4
汽车类	3 694.6	−1.6	27.5
种子饲料类	—	—	—
棉麻类	5.3	−35.5	—
限额以上住宿和餐饮业	883.9	5.2	6.6

2019 年全省各设区市及直管县（市）进出口情况

金额单位:亿美元

指标	进出口			出口			进口		
	累计金额	同比/%	比重/%	累计金额	同比/%	比重/%	累计金额	同比/%	比重/%
全 省	6 294.7	−5.2	100.0	3 947.8	−2.3	100.0	2 346.9	−9.7	100.0
南 京	699.6	6.8	11.1	435.3	14.9	11.0	264.3	−4.3	11.3
无 锡	924.3	−1.1	14.7	554.6	−2.3	14.0	369.7	0.8	15.8
徐 州	135.2	15.1	2.1	112.9	16.3	2.9	22.3	9.6	1.0
常 州	338.3	−1.6	5.4	252.4	0.7	6.4	85.9	−7.7	3.7
苏 州	3 190.9	−9.9	50.7	1 920.4	−7.2	48.6	1 270.5	−13.7	54.1
南 通	365.7	−5.2	5.8	248.9	−2.2	6.3	116.8	−11.1	5.0
连云港	93.5	−2.1	1.5	38.9	−6.4	1.0	54.6	1.2	2.3
淮 安	47.1	−6.1	0.7	33.8	0.4	0.9	13.3	−19.3	0.6
盐 城	96.1	0.7	1.5	64.1	6.3	1.6	32.0	−9.1	1.4
扬 州	113.1	−5.7	1.8	83.6	−2.1	2.1	29.4	−14.8	1.3
镇 江	112.0	−5.4	1.8	78.7	−1.4	2.0	33.4	−13.6	1.4
泰 州	144.7	−1.8	2.3	95.3	0.0	2.4	49.3	−5.1	2.1
宿 迁	34.3	−4.9	0.5	28.9	6.3	0.7	5.4	−39.2	0.2
昆 山	826.7	−7.3	13.1	557.0	−4.1	14.1	269.7	−13.2	11.5
泰 兴	43.3	−16.8	0.7	24.8	−21.0	0.6	18.5	−10.5	0.8
沭 阳	9.0	13.1	0.1	8.5	20.6	0.2	0.5	−46.9	0.0
苏南地区	5 265.1	−5.9	83.6	3 241.4	−3.1	82.1	2 023.7	−9.9	86.2
苏中地区	623.4	−4.5	9.9	427.9	−1.7	10.8	195.6	−10.2	8.3
苏北地区	406.1	2.9	6.5	278.6	7.2	7.1	127.6	−5.4	5.4

2019 年全省外商直接投资分国别/地区情况表

金额单位:万美元

国别	实际使用外资			协议注册外资			项目数		
	1—12月	同比/%	占比/%	1—12月	同比/%	占比/%	1—12月	同比/%	占比/%
全省	2 612 425	2.1	100.0	6 260 268	3.4	100.0	3 410	1.9	100.0
亚洲	1 981 002	4.3	75.8	5 296 027	22.5	62.7	2 537	5.3	74.4
欧盟	126 820	−13.2	4.9	2 502 118	877.6	29.6	301	−2.0	8.8
东盟	139 718	−8.1	5.3	280 671	1.1	3.3	219	16.5	6.4
香港	1 499 818	0.2	57.4	3 895 483	15.0	46.2	1 142	−5.0	33.5
韩国	136 552	28.6	5.2	408 657	33.5	4.8	235	4.4	6.9
新加坡	135 856	−3.1	5.2	227 273	18.1	2.7	160	30.1	4.7
英属维尔京群岛	117 948	28.0	4.5	102 898	662.0	1.2	49	16.7	1.4
台湾省	101 202	56.6	3.9	460 202	90.0	5.5	688	13.5	20.2
日本	91 458	25.5	3.5	163 657	125.2	1.9	145	20.8	4.3
美国	58 052	60.2	2.2	21 277	−87.2	0.3	184	−22.4	5.4
萨摩亚	38 540	−12.6	1.5	21 534	−75.8	0.3	41	−21.2	1.2
德国	33 265	20.0	1.3	69 966	18.8	0.8	92	−12.4	2.7
英国	31 911	106.4	1.2	123 278	126.2	1.5	49	−21.0	1.4
开曼群岛	21 074	−15.9	0.8	77 545	3.2	0.9	17	30.8	0.5
加拿大	11 715	47.2	0.4	26 515	−90.0	0.3	64	−28.9	1.9
毛里求斯	10 996	97.7	0.4	34 608	82 500.0	0.4	5	0.0	0.1
澳大利亚	5 223	−40.1	0.2	23 444	−26.2	0.3	57	−16.2	1.7

2019 年全省各设区市及省管县（市）外商直接投资情况

金额单位：万美元

省辖市（直管县）	实际使用外资			本期新批及净增资 3 000 万美元以上企业				本期外商投资企业			
	1—12 月金额	同比/%	占比/%	企业数	同比/%	占比/%	企业数	同比/%	占比/%	协议外资	同比/%	占比/%
全 省	2 612 425	2.1	100.0	941	−12.4	100.0	3 410	1.9	100.0	6 260 268	3.4	100.0
南 京	410 058	6.4	15.7	102	−8.9	10.8	558	27.1	16.4	852 128	−6.6	13.6
无 锡	361 972	−1.9	13.9	70	−22.2	7.4	282	−1.7	8.3	282 424	−69.4	4.5
徐 州	208 997	10.1	8.0	104	−38.5	11.1	212	−19.4	6.2	541 586	−5.3	8.7
常 州	250 202	3.3	9.6	80	−11.1	8.5	265	17.8	7.8	658 952	23.4	10.5
苏 州	461 545	2.0	17.7	166	−9.3	17.6	994	−1.9	29.1	1 134 204	5.8	18.1
南 通	266 528	3.2	10.2	120	−14.3	12.8	267	−9.2	7.8	742 654	6.0	11.9
连云港	61 402	1.8	2.4	38	81.0	4.0	82	13.9	2.4	339 257	217.6	5.4
淮 安	107 705	−8.9	4.1	56	−22.2	6.0	140	−16.7	4.1	323 181	14.1	5.2
盐 城	92 012	0.8	3.5	47	2.2	5.0	140	−2.8	4.1	421 938	112.6	6.7
扬 州	138 756	13.7	5.3	50	6.4	5.3	155	14.8	4.5	350 947	39.6	5.6
镇 江	65 957	−24.0	2.5	27	−6.9	2.9	119	40.0	3.5	137 299	38.0	2.2

（续表）

省辖市（直管县）	实际使用外资			本期新批及净增资 3 000 万美元以上企业			本期外商投资企业					
	1—12月金额	同比/%	占比/%	企业数	同比/%	占比/%	企业数	同比/%	占比/%	协议外资	同比/%	占比/%
泰 州	148 648	−1.4	5.5	56	3.7	6.0	126	−2.3	3.7	332 702	13.1	5.3
宿 迁	44 557	18.2	1.7	25	19.0	2.7	70	−25.5	2.1	148 011	40.1	2.4
昆 山	74 710	4.4	2.9	35	−10.3	3.7	266	−3.6	7.8	221 217	−3.8	3.5
泰 兴	37 502	1.7	1.4	16	23.1	1.7	28	0.0	0.8	114 867	8.0	1.8
沭 阳	10 814	18.0	0.4	7	16.7	0.7	15	25.0	0.4	54 246	28.4	0.9
苏南地区	1 549 734	0.9	59.3	445	−11.7	47.3	2 218	8.2	65.0	3 065 007	−13.4	49.0
苏中地区	548 018	4.2	21.0	226	−6.2	24.0	548	−1.8	16.1	1 421 288	14.0	22.7
苏北地区	514 673	3.5	19.7	270	−17.9	28.7	644	−13.1	18.9	1 773 973	40.1	28.3
沿海地区	419 942	2.5	16.1	205	−1.0	21.8	489	−4.1	14.3	1 503 849	49.5	17.8

注：
1. 泰州市数据中含靖江园区数。
2. 沿海地区包括南通市、连云港市、盐城市。

2019 年全省进出口分贸易方式情况

金额单位：亿美元

指 标	进出口			出口			进口		
	累计金额	同比/%	比重/%	累计金额	同比/%	比重/%	累计金额	同比/%	比重/%
全 省	6 294.7	-5.2	100.0	3 947.8	-2.3	100.0	2 346.9	-9.7	100.0
一般贸易	3 249.1	0.3	51.6	2 098.8	3.3	53.2	1 150.4	-4.6	49.0
加工贸易	2 364.7	-9.2	37.6	1 495.0	-3.5	37.9	869.7	-17.6	37.1
来料加工	211.3	-9.6	3.4	116.2	-1.2	2.9	95.1	-18.1	4.1
进料加工	2 153.4	-9.2	34.2	1 378.9	-3.7	34.9	774.6	-17.5	33.0
其他贸易	680.9	-14.6	10.8	354.1	-22.8	9.0	326.8	-3.4	13.9
外资企业	3 740.1	-8.0	59.4	2 147.1	-3.8	54.4	1 593.0	-13.1	67.9
一般贸易	1 326.7	-4.4	40.8	701.7	-3.1	33.4	625.0	-5.9	54.3
加工贸易	2 135.7	-10.2	90.3	1 334.6	-4.1	89.3	801.2	-18.8	92.1
来料加工	195.3	-10.5	92.4	107.1	-0.6	92.2	88.2	-20.1	92.7
进料加工	1 940.4	-10.2	90.1	1 227.4	-4.4	89.0	713.0	-18.7	92.1
其他贸易	277.7	-6.3	40.8	110.9	-4.3	31.3	166.8	-7.6	51.0
外投设备	12.2	18.7	100.0	0.0	—	—	12.2	18.7	100.0

注：“外资企业”及项下指标所列的"比重"为该指标占全省对应指标的比重。

2019年全省进出口分大类商品情况

金额单位:亿美元

指标	进出口			出口			进口		
	累计金额	同比/%	比重/%	累计金额	同比/%	比重/%	累计金额	同比/%	比重/%
全省	6 294.7	-5.2	100.0	3 947.8	-2.3	100.0	2 346.9	-9.7	100.0
一、按SITC分类									
初级产品	469.1	-5.9	7.5	55.0	-8.7	1.4	414.0	-5.5	17.6
食物	143.9	-5.9	2.3	28.2	-2.9	0.7	115.8	-6.6	4.9
原料	118.6	-11.8	1.9	19.6	-14.5	0.5	99.1	-11.2	4.2
矿业产品	206.5	-2.1	3.3	7.3	-12.8	0.2	199.2	-1.7	8.5
铁矿砂及其他矿	128.2	11.1	2.0	2.9	22.7	0.1	125.3	10.9	5.3
矿物燃料	78.3	-18.1	1.2	4.4	-27.0	0.1	73.9	-17.5	3.1
工业制成品	5 820.0	-5.2	92.5	3 888.2	-2.3	98.5	1 931.8	-10.6	82.3
有色金属	91.2	-0.5	1.4	34.3	-1.3	0.9	57.0	0.0	2.4
钢铁	133.7	-10.7	2.1	98.1	-13.4	2.5	35.6	-2.5	1.5
化学产品	694.2	-8.8	11.0	320.7	-7.0	8.1	373.5	-10.3	15.9
其他半成品	311.2	2.9	4.9	247.0	6.0	6.3	64.2	-7.7	2.7

（续表）

指 标	进出口			出口			进口		
	累计金额	同比/%	比重/%	累计金额	同比/%	比重/%	累计金额	同比/%	比重/%
机械及运输设备	3 368.1	−6.6	53.5	2 228.8	−2.9	56.5	1 139.3	−13.1	48.5
纺织品	256.8	−1.4	4.1	235.2	−0.7	6.0	21.6	−8.5	0.9
服装	259.1	−4.9	4.1	249.9	−5.7	6.3	9.2	22.9	0.4
其他制成品	705.7	1.1	11.2	474.3	3.6	12.0	231.4	−3.7	9.9
二、按其他分类									
高新技术产品	2 400.1	−9.0	38.1	1 443.0	−5.8	36.6	957.1	−13.4	40.8
机电产品	3 968.2	−5.9	63.0	2 606.5	−2.4	66.0	1 361.6	−12.0	58.0
纺织服装	516.2	−3.1	8.2	485.3	−3.3	12.3	30.8	−0.5	1.3
农产品（商务部口径）	181.7	−7.6	2.9	37.0	−8.0	0.9	144.7	−7.5	6.2

2019 年全省进出口分国别地区情况

金额单位：亿美元

指标	进出口			出口			进口		
	累计金额	同比/%	比重/%	累计金额	同比/%	比重/%	累计金额	同比/%	比重/%
全省	6 294.7	−5.2	100.0	3 947.8	−2.3	100.0	2 346.9	−9.7	100.0
亚洲	3 393.5	−5.8	53.9	1 805.5	0.3	45.7	1 588.0	−11.8	67.7
中国香港	268.9	−27.1	4.3	266.0	−27.2	6.7	2.8	−16.2	0.1
日本	590.4	−1.5	9.4	294.9	−0.3	7.5	295.5	−2.6	12.6
中国台湾	412.0	−6.9	6.5	117.7	2.2	3.0	294.3	−10.1	12.5
韩国	688.3	−12.6	10.9	259.7	15.7	6.6	428.6	−23.9	18.3
东盟	840.7	7.3	13.4	511.4	12.5	13.0	329.3	0.2	14.0
新加坡	134.5	5.4	2.1	82.7	15.4	2.1	51.8	−7.3	2.2
非洲	142.5	7.9	2.3	112.7	13.4	2.9	29.8	−8.8	1.3
欧洲	1 181.1	1.1	18.8	848.1	2.3	21.5	333.0	−1.8	14.2
欧盟	1 061.7	−0.1	16.9	766.5	1.8	19.4	295.2	−4.5	12.6
荷兰	185.1	−2.8	2.9	167.9	−1.6	4.3	17.3	−12.6	0.7
德国	261.8	−3.0	4.2	138.2	−0.2	3.5	123.6	−5.9	5.3

(续表)

指 标	进出口			出口			进口		
	累计金额	同比/%	比重/%	累计金额	同比/%	比重/%	累计金额	同比/%	比重/%
英国	116.7	1.6	1.9	102.0	4.6	2.6	14.6	−15.3	0.6
法国	84.1	9.3	1.3	59.0	14.2	1.5	25.1	−0.7	1.1
拉丁美洲	358.4	2.6	5.7	226.9	5.3	5.7	131.6	−1.8	5.6
北美洲	990.6	−14.8	15.7	848.1	−14.3	21.5	142.5	−17.6	6.1
加拿大	83.2	−4.2	1.3	59.5	0.2	1.5	23.7	−13.7	1.0
美国	907.4	−15.6	14.4	788.6	−15.2	20.0	118.8	−18.3	5.1
大洋洲	226.6	−0.2	3.6	106.6	−0.3	2.7	120.0	−0.1	5.1
澳大利亚	188.5	−0.5	3.0	84.5	−2.2	2.1	104.0	0.9	4.4
新西兰	18.2	−6.8	0.3	9.0	2.4	0.2	9.2	−14.3	0.4

2019 年全省各设区市及直管县（市）境外投资累计情况

金额单位:万美元

指 标	新批项目数			中方协议投资		
	1—12 月	同比/%	比重/%	1—12 月	同比/%	比重/%
全 省	827	5.2	100.0	894 502.8	−6.1	100.0
南 京	127	−11.2	15.4	145 699.6	−30.7	16.3
无 锡	116	12.6	14.0	144 664.3	−5.0	16.2
徐 州	28	33.3	3.4	20 419.9	1.8	2.3
常 州	85	1.2	10.3	85 240.7	1.3	9.5
苏 州	263	10.0	31.8	301 514.7	12.4	33.7
南 通	58	−14.7	7.0	94 285.5	−13.4	10.5
连云港	16	−27.3	1.9	12 838.2	−70.4	1.4
淮 安	11	57.1	1.3	9 486.4	10.3	1.1
盐 城	11	37.5	1.3	33 405.5	41.9	3.7
扬 州	37	94.7	4.5	13 461.0	80.5	1.5
镇 江	28	—	3.4	15 632.6	12.5	1.8
泰 州	36	2.9	4.4	14 686.3	28.5	1.6
宿 迁	11	22.2	1.3	3 168.0	478.2	0.4
昆 山	25	13.6	3.0	12 298.7	69.7	1.4
泰 兴	7	—	0.9	1 032.1	35.3	0.1
沭 阳	—	—	—	—	—	—
苏南地区	619	3.7	74.9	692 751.9	−4.9	77.5
苏中地区	131	7.4	15.8	122 432.8	−4.1	13.7
苏北地区	77	14.9	9.3	79 318.1	−17.5	8.9

2019 年全省各设区市及直管县(市)对外承包工程累计情况

金额单位:万美元

指 标	新签合同额			完成营业额		
	1—12 月	同比/%	比重/%	1—12 月	同比/%	比重/%
全省	680 364	3.2	100.0	778 352	−6.5	100.0
南 京	316 465	15.3	46.5	345 065	−1.0	44.3
无 锡	18 928	−49.1	6.0	18 908	−13.1	5.5
徐 州	18 822	−13.2	2.8	19 925	46.7	2.6
常 州	32 554	−13.8	4.8	36 865	−15.9	4.7
苏 州	57 091	36.7	8.4	49 376	45.5	6.3
南 通	151 367	0.6	22.2	147 766	0.9	19.0
连云港	2 974	—	—	1 512	—	0.2
淮 安	12 532	1 233.2	1.8	17 186	0.7	2.2
盐 城	705	—	—	602	—	0.1
扬 州	24 445	−28.9	3.6	36 573	−59.1	4.7
镇 江	12 453	133.8	1.8	37 407	−12.9	4.8
泰 州	32 027	−41.8	4.7	67 169	−10.8	8.6
宿 迁	—	—	—	—	—	—
昆 山	13 631	440.1	2.0	25 636	10.6	3.3
泰 兴	4 400	−68.8	0.6	28 319	−3.7	3.6
沭 阳	—	—	—	—	—	—
苏南地区	437 491	10.3	64.3	487 621	−0.7	62.6
苏中地区	207 839	−13.3	30.5	251 508	−19.2	32.3
苏北地区	35 033	54.9	5.1	39 225	28.0	5.0

2019 年全省各设区市及直管县(市)对外劳务合作累计情况

金额单位:万美元

指标	新签劳务人员合同工资总额			劳务人员实际收入总额		
	1—12 月	同比/%	比重/%	1—12 月	同比/%	比重/%
全 省	39 769	—26.6	100.0	86 888	9.1	100.0
南 京	6 526	—42.9	16.4	13 530	17.8	15.6
无 锡	305	—78.4	0.8	137	—78.7	0.2
徐 州	109	—	0.3	97	—	0.1
常 州	600	—74.5	1.5	1 829	23.3	2.1
苏 州	1 023	—31.4	2.6	4 207	7.7	4.8
南 通	19 275	—12.9	48.5	28 678	—9.1	33.0
连云港	5 153	—45.7	13.0	5 842	—10.7	6.7
淮 安	—	—	—	225	23.6	0.3
盐 城	1 085	—20.4	2.7	1 103	44.4	1.3
扬 州	1 345	82.2	3.4	6 654	—9.5	7.7
镇 江	2 578	23.8	6.5	145	—33.5	0.2
泰 州	1 204	—8.3	3.0	23 419	53.2	27.0
宿 迁	566	42.2	1.4	1 022	325.8	1.2
昆 山	—	—	—	—	—	—
泰 兴	242	—66.1	0.6	3 216	50.4	3.7
沭 阳	—	—	—	—	—	—
苏南地区	11 032	—41.2	27.7	19 848	11.9	22.8
苏中地区	21 824	—9.8	54.9	58 751	8.4	67.6
苏北地区	6 913	—38.6	17.4	8 192	6.0	9.4

2019 年中国出口 200 强江苏企业

金额单位:亿元

序号	全国排名	经营单位	出口金额
1	8	名硕电脑(苏州)有限公司	859.1
2	14	苏州得尔达国际物流有限公司	627.0
3	15	世硕电子(昆山)有限公司	585.0
4	16	戴尔贸易(昆山)有限公司	541.7
5	30	三星电子(苏州)半导体有限公司	265.8
6	33	纬新资通(昆山)有限公司	253.3
7	39	仁宝资讯工业(昆山)有限公司	233.1
8	44	吴江海晨仓储有限公司	220.6
9	47	海太半导体(无锡)有限公司	207.0
10	51	达富电脑(常熟)有限公司	192.3
11	52	吉宝通讯(南京)有限公司	190.6
12	62	苏州佳世达电通有限公司	165.3
13	67	江苏富昌中外运物流有限公司	151.9
14	84	仁宝信息技术(昆山)有限公司	128.9
15	104	希捷国际科技(无锡)有限公司	106.0
16	105	纬创资通(昆山)有限公司	104.7
17	110	昆山叶水福物流有限公司	101.3
18	120	江苏新时代造船有限公司	93.1
19	130	SK 海力士半导体(中国)有限公司	88.0
20	131	牧田(昆山)有限公司	87.1
21	139	天合光能股份有限公司	83.1
22	144	全球物流(苏州)有限公司	81.2

（续表）

序号	全国排名	经营单位	出口金额
23	145	江苏沙钢国际贸易有限公司	80.3
24	149	江苏天晨船舶进出口有限公司	78.5
25	154	南京 LG 新港新技术有限公司	75.7
26	155	苏州三星电子电脑有限公司	75.6
27	160	立讯电子科技(昆山)有限公司	74.1
28	166	捷普电子(无锡)有限公司	70.8
29	173	苏州通富超威半导体有限公司	68.6
30	174	星科金朋半导体(江阴)有限公司	66.8
31	193	徐州工程机械集团进出口有限公司	60.9
32	195	佳能(苏州)有限公司	60.5
33	197	微盟电子(昆山)有限公司	60.2
34	199	泰州乐金电子冷机有限公司	59.9

来源：中国海关杂志

2019 年中国进口 200 强江苏企业

金额单位:亿元

序号	全国排名	经营单位	进口金额
1	7	三星电子(苏州)半导体有限公司	942.1
2	31	名硕电脑(苏州)有限公司	371.1
3	44	中粮四海丰(张家港)贸易有限公司	327.5
4	56	苏美达国际技术贸易有限公司	268.0
5	65	SK 海力士半导体(中国)有限公司	221.7
6	69	海太半导体(无锡)有限公司	204.0
7	76	江苏中石油国际事业有限公司	190.9
8	95	江苏沙钢国际贸易有限公司	154.4
9	101	昆山飞力仓储服务有限公司	149.2
10	120	阿斯利康制药有限公司	132.4
11	121	友达光电(苏州)有限公司	132.3
12	125	乐金化学(南京)信息电子材料有限公司	128.6
13	130	苏州通富超威半导体有限公司	124.3
14	150	联峰钢铁(张家港)有限公司	111.3
15	151	耐克体育(中国)有限公司	110.9
16	159	苏州新宁公共保税仓储有限公司	108.5
17	164	博世汽车部件(苏州)有限公司	104.4
18	168	昆山新宁物流有限公司	102.9
19	176	乐金显示(南京)有限公司	99.3
20	185	无锡夏普电子元器件有限公司	94.8
21	199	中天钢铁集团有限公司	87.3
22	200	星科金朋半导体(江阴)有限公司	87.1

来源:中国海关杂志